Daniel Defoe

Przypadki Robinsona Kruzoe

Na podstawie tłumaczenia Józefa Birkenmajera

WYDAWNICTWO
OLESIEJUK

Ilustracje: Barbara Kuropiejska
Projekt okładki: Tadeusz Szlaużys

© 2016 Firma Księgarska Olesiejuk
Spółka z ograniczoną odpowiedzialnością Sp.j.
Wydawnictwo Olesiejuk, an imprint of Firma Księgarska Olesiejuk
Spółka z ograniczoną odpowiedzialnością Sp.j.
05-850 Ożarów Mazowiecki • ul. Poznańska 91
wydawnictwo@olesiejuk.pl
www.olesiejuk.pl • www.wydawnictwoolesiejuk.pl

ISBN SERII 978-83-274-5437-9
ISBN 978-83-274-5392-1

Partner kolekcji:

**ringier
axel springer**

Ringier Axel Springer Polska Sp. z o.o.
02-672 Warszawa, ul. Domaniewska 52
www.ringieraxelspringer.pl

Zamówienia i informacje o książkach z serii „Klub podróżnika":
Infolinia: 801 000 869, 22 336 79 01, pon.–pt. w godz. 8.00–18.00
www.literia.pl/klubpodroznika

Druk: DRUK-INTRO S.A.

Przyszedłem na świat w 1632 roku w mieście York. Rodzina moja, acz zacna, była cudzoziemskiego pochodzenia. Ojciec, przybysz z Bremy, najpierw osiedlił się w Hull, skąd dorobiwszy się majątku na kupiectwie, przeniósł się do Yorku. Tam ożenił się z moją matką z domu Robinson, której rodzice pochodzili ze starej, znanej w całym hrabstwie rodziny. Z tego to powodu nazwano mnie Robinson, a po ojcu Kreutznaer, lecz na skutek przekręcenia wyrazu, tak typowego dla Anglików, moje nazwisko wymawiano i pisano Kruzoe, co zostało powszechnie zaakceptowane nawet i przez moich współtowarzyszy.

Miałem dwóch starszych braci; jeden z nich, służąc w randze podpułkownika w angielskim regimencie piechoty we Flandrii, poległ w bitwie z Hiszpanami pod Dunkierką. Nie wiem, co stało się z moim drugim bratem, podobnie jak moi rodzice nie dowiedzieli się nigdy, co stało się ze mną.

Jako trzeci z kolei syn nie byłem przyuczany do żadnego zawodu, natomiast od młodości ciągnęło mnie do włóczęgi. Chciałem być żeglarzem. Pragnienie to było silniejsze od woli i rozkazów mego ojca, od próśb i nalegań matki, od przestróg przyjaciół.

Ojciec mój, człowiek poważny i roztropny, widocznie przewidywał, jaki czeka mnie los, bo rozumnymi radami starał się odwieść mnie od zamiaru. Pewnego dnia wezwał mnie do swego pokoju i żywo rozpytywał o przyczyny, dla których zamierzam opuścić ojcowski dom i rodzinne strony. Tłumaczył, że ojczyznę opuszczają jedynie ci, którzy albo wszystko stracili, albo też kierują się nieposkromioną chciwością zdobycia wielkich bogactw lub wsławienia się zuchwałymi wyprawami.

Nalegał z powagą i serdecznie, bym nie postępował jak młokos i nie rzucał się w przepaść nieszczęść, od których zabezpieczyło mnie urodzenie i ojcowski majątek.

Na zakończenie dodał, bym nie brał przykładu z brata, którego przestrzegał przed wyprawą wojenną do Flandrii, lecz nie znalazł posłuchu, co zakończyło się przedwczesną śmiercią młodzieńca.

Przyznaję, że byłem tą rozmową szczerze przejęty i postanowiłem nie myśleć już więcej o zamorskich wyprawach, ale wystarczyło zaledwie kilka dni, by powrócić do dawnych planów. Tym razem postanowiłem poszukać sprzymierzeńca w matce, licząc na to, że wstawi się za mną u ojca, i oświadczyłem jej, iż ciągle marzę o ujrzeniu szerokiego świata. Mam już osiemnaście lat, więc jestem wystarczająco dorosły, by wiedzieć, co jest dla mnie dobre.

Matkę moją bardzo rozgniewały te słowa.

– Jeżeli już koniecznie chcesz iść na własną zgubę – powiedziała – nie ma dla ciebie ratunku, ale bądź pewny, że nigdy nie otrzymasz naszego zezwolenia. Nie chcę przykładać ręki do twego zatracenia.

Choć matka wzbraniała się pośredniczyć między ojcem a mną, jednakże, jak później się dowiedziałem, powtórzyła mu całą naszą rozmowę, na co ojciec rzekł z westchnieniem:

– Ten chłopak byłby szczęśliwy, gdyby pozostał w domu, lecz dąży do tego, by stać się najnędzniejszym stworzeniem na świecie, a ja nic na to nie mogę poradzić.

Tymczasem upłynął bez mała rok, zanim wyrwałem się na wolność. Przez cały ten czas byłem głuchy na wszelkie propozycje zajęcia się jakąś pracą i często utyskiwałem na ojca i matkę, iż tak stanowczo sprzeciwiali się moim pragnieniom.

Pewnego dnia, kiedy przypadkowo zaszedłem do Hull, spotkałem jednego z moich kolegów. Wybierał się właśnie

w podróż do Londynu na statku swego ojca i zaczął mnie namawiać, żebym mu towarzyszył. Kuszenie nie trwało zbyt długo, bo już po chwili, niepomny na przestrogi rodziców, pozostawiając przypadkowi, kiedy i w jaki sposób o tym się dowiedzą, nie prosząc o błogosławieństwo Boże ani rodzicielskie, nie zastanawiając się nad skutkami ani okolicznościami, w nieszczęsną godzinę, dnia pierwszego września 1651 roku, wsiadłem na ów statek zdążający do Londynu.

Smutne przygody młodego awanturnika nigdy nie zaczęły się tak nagle i nie trwały tak długo. Ledwo wypłynęliśmy z ujścia Humber, zaczął dąć wiatr, a morze wzburzyło się okrutnie. Ponieważ przedtem nigdy nie pływałem po morzu, rozchorowałem się w sposób niedający się opisać, a w duszy poczułem wielką trwogę. Zacząłem poważnie zastanawiać się nad swoją sytuacją, uznając, że słusznie dosięgła mnie kara niebios za tak niecne opuszczenie rodzinnego domu. Przypominałem sobie wszystkie rozsądne rady mych rodziców, łzy ojca, błagalne prośby matki, a sumienie czyniło mi gorzkie wyrzuty z powodu lekceważenia ich przestróg.

Przez cały ten czas burza wzmagała się, a morze rozhulało się jeszcze bardziej, choć nie do tego stopnia, z jakim zetknąłem się nieraz później, ale i tego starczyło, aby napędzić strachu młodemu żeglarzowi. Liczyłem się z tym, że każda fala nas pochłonie, a statek zapadnie się w głębiny morskie i nie wypłyniemy już więcej na powierzchnię. W tych chwilach śmiertelnej trwogi czyniłem liczne śluby i postanowienia, że jeśli Bogu spodoba się zachować mnie przy życiu, wrócę prosto do domu i do końca życia nie wsiądę już na żaden statek, i trzymać się będę ojcowskich wskazówek.

Te rozważne i rozsądne myśli zaprzątały mój umysł tak długo, jak długo trwała burza, może nawet cokolwiek dłużej, ale nazajutrz wiatr zelżał, morze uspokoiło się, a ja zacząłem się z wolna do niego przyzwyczajać. Byłem jednak nieswój do końca dnia, cierpiałem bowiem nieco na morską chorobę.

Przed zachodem niebo się rozjaśniło, wiatr ucichł i nadszedł bardzo piękny wieczór. Słońce zaszło wolne od chmur i podobne wzeszło na niebo następnego ranka. Jego promienie przeglądały się w morzu gładkim i spokojnym, a lekki powiew wiatru popychał nas swobodnie naprzód. Dla moich oczu był to widok piękniejszy niż wszystko, co dotąd spotykałem w życiu.

Rześki, po dobrze przespanej nocy, bez śladu morskiej choroby, patrzyłem z podziwem na morze dziś tak piękne, spokojne i ciche. Wtedy to, jakby w obawie, by moje śluby nie trwały zbyt długo, zjawił się mój towarzysz, który namówił mnie do tej ucieczki, i rzekł, klepiąc mnie po ramieniu:

– No cóż, chłopcze, jak czujesz się po tym wszystkim? Założyłbym się, że miałeś stracha ostatniej nocy, kiedy dmuchał ten wiaterek.

– Ty to nazywasz wiaterkiem? Przecież to była straszliwa burza!

– Burza? O, głuptasie! To nic nie było. Na dobrym statku i pełnym morzu nie poczujesz nawet takiego wiatru. Ale z ciebie jeszcze marynarz słodkich wód; chodź na szklankę ponczu, a natychmiast zapomnisz o wszystkim. Patrz, jaką piękną mamy teraz pogodę.

Zatem zacząłem żyć po żeglarsku. Znalazł się poncz, którym upiłem się i utopiłem w nim całą moją skruchę, wszelkie rozważania nad przeszłością, wszystkie postanowienia na przyszłość. Słowem, kiedy morze uspokoiło się, a cisza przyniosła ulgę po burzy, przestał mnie nękać nawał myśli, zapomniałem o lękach i obawie, że pochłonie mnie ocean. Wróciły dawne pragnienia, puściłem całkowicie w niepamięć ślubowania i przyrzeczenia poczynione w chwilach trwogi. W taki to sposób w ciągu kilku dni odniosłem zupełne zwycięstwo nad swym sumieniem, choć jeszcze raz wystawiony zostałem na podobną próbę.

Szóstego dnia naszej żeglugi wpłynęliśmy do zatoki Yarmouth, gdzie byliśmy zmuszeni rzucić kotwicę i przeczekać niepomyślny wiatr południowo-zachodni.

Naszym zamiarem było wypłynięcie na Tamizę, ale wiatr dął nazbyt mocno, a po czterech czy pięciu dniach przybrał jeszcze na sile. Ponieważ zatoka nadawała się dobrze na przystań i zakotwiczenie było porządne, a takielunek bardzo mocny, przeto załoga, spokojna, nie przewidując żadnego niebezpieczeństwa, zwyczajem marynarzy wesoło spędzała czas. Tymczasem ósmego dnia rano wiatr wzmógł się gwałtownie, tak że trzeba było co prędzej ściągać żagle na maszcie głównym i uprzątnąć wszystko z pokładu, żeby okręt mógł poruszać się swobodnie. Jednak około południa fala podniosła się znacznie, bałwany tak silnie biły o nasz statek, że dziób się zanurzył, a fale bezustannie zalewały pokład; kilka razy zdawało nam się, że statek zerwał się z kotwicy.

Niebawem rozpętała się straszliwa burza. Nawet na twarzach majtków dostrzegłem oznaki trwogi i przerażenia. Słyszałem, jak kapitan, przechodząc obok mnie, szeptał do siebie: „Panie, zmiłuj się nad nami, inaczej zginiemy, zguba czeka nas wszystkich". Początkowo leżałem osłupiały w mej kajucie na tyle statku i wyrzucałem sobie, że złamałem przyrzeczenie, potem ogarnął mnie straszliwy lęk. Wyskoczyłem z kabiny i spojrzałem dokoła. Moim oczom ukazał się złowieszczy widok.

Góry wód toczyły się po morzu i rozbijały o nasz statek co kilka minut. Gdzie spojrzałem, samo zniszczenie. Na dwóch statkach zakotwiczonych obok nas musiano zrąbać maszty tuż przy pokładzie, a inne dwa, zerwane z kotwic, miotane wściekłością wiatru, zapędzone zostały na pełne morze bez żadnego masztu, zdane na łaskę i niełaskę losu. Lżejsze statki mniej ucierpiały, nie tak bite przez wodę, lecz i te potraciły reje przy żaglu.

Pod wieczór pierwszy oficer i sternik prosili kapitana, aby im pozwolił zrąbać maszt przedni, na co zgodził się dopiero wtedy, gdy go zapewniono, że w przeciwnym razie statek pójdzie na dno. Kiedy ścięto maszt przedni, maszt główny, stojąc samotnie, wywoływał takie wstrząsy statku, że musiano zrąbać również jego i oczyścić zupełnie pokład.

Nietrudno wyobrazić sobie, w jakim znajdowałem się stanie duszy ja, żeglarz tak świeżej daty. Lecz jeśli po tylu latach pamięć mnie nie zawodzi, to skrokroć więcej niż strach przed śmiercią dręczyły mnie wyrzuty sumienia z powodu moich poprzednich ślubowań i postanowień. Lecz najgorsze było jeszcze przed nami. Burza wzmagała się coraz bardziej, a sami marynarze przyznawali, że czegoś podobnego nie widzieli jeszcze nigdy w życiu. Mieliśmy dobry statek, ale tak szczelnie naładowany i tak głęboko zanurzony, że ludzie z załogi wołali, iż pójdzie na dno. Na szczęście, nie bardzo rozumiałem, co oznacza „pójście na dno", dopóki o to nie zapytałem.

Tymczasem burza doszła do takiej gwałtowności, że kapitan, sternik i jeszcze kilku ludzi z załogi uklękło, modląc się w oczekiwaniu na śmierć.

Na domiar złego jeden z marynarzy zameldował, że statek przecieka i nabrał już wody na półtora metra. Wszyscy rzucili się do pomp. Serce zamarło we mnie ze strachu i padłem na łóżko w kajucie, ale ocucono mnie i rozkazano spieszyć z pomocą.

Pracowaliśmy bez wytchnienia, ale wody na dnie wciąż przybywało. Nie ulegało wątpliwości, że statek musi zatonąć. A chociaż burza zaczęła tracić cokolwiek na sile, trudno było przypuścić, że uda nam się dopłynąć do portu. Kapitan kazał strzelać z armat na alarm. Jakiś mały statek, będący najbliżej nas, poświęcił swoją szalupę, wysyłając ją na pomoc. Z największym ryzykiem łódź zbliżała się do nas, jednak niepodobieństwem było zejść do niej ani też zbliżyć się do boku okrętu. Aż w końcu załoga, wiosłując z wielkim wysiłkiem i narażając swe życie, zbliżyła się na tyle, że nasi ludzie mogli rzucić im z rufy linę z pływakiem, która rozwinęła się na znaczną odległość. Uchwycili tę linę po wielu próbach i wtedy przyciągnęliśmy szalupę do tyłu naszego statku i spuściliśmy się do niej wszyscy. Kiedy wreszcie znaleźliśmy się w łodzi, nie mogło być mowy o tym, żeby dostać się na ich statek, przeto postanowiono kierować się w stronę lądu.

Tymczasem nasz statek na naszych oczach zatonął i wówczas zrozumiałem po raz pierwszy, co to znaczy „pójście na dno". Serce zamarło we mnie częściowo ze strachu, częściowo z przerażenia na myśl o tym, co mnie czeka. W tym nastroju wszyscy pracowali przy wiosłach, aby dostać się bliżej lądu, a gdy fala wyniosła nas wysoko, zobaczyliśmy mnóstwo ludzi biegnących wzdłuż brzegu; chcieli nam przyjść z pomocą, lecz my zbliżaliśmy się do lądu bardzo powoli i dobiliśmy do brzegu dopiero po okrążeniu latarni morskiej w Winterton, w miejscu gdzie brzeg opada ku zachodowi, w kierunku przystani Cromer. Tu w końcu wylądowaliśmy, jakkolwiek z niemałym trudem, zdrowi i cali wydostaliśmy się na brzeg i poszliśmy pieszo do Yarmouth, gdzie doznaliśmy bardzo ludzkiego przyjęcia zarówno ze strony władz miejskich, które wyznaczyły nam dobre kwatery, jak też ze strony kupiectwa i właścicieli okrętów, którzy zaopatrzyli nas w środki pieniężne na drogę czy to do Londynu, czy z powrotem do Hull – według potrzeb.

Gdybym poszedł wtedy za głosem rozsądku, wrócił do Hull, a stamtąd do domu, byłbym szczęśliwy, a mój ojciec, jak w biblijnej przypowieści, zarżnąłby tucznego cielaka, ciesząc się z mojego powrotu; usłyszawszy bowiem, że statek, na którym zbiegłem, zatonął na redzie koło Yarmouth, nieprędko otrzymał wiadomość, że na nim nie zginąłem.

Jednakże fatalny los popychał mnie z uporem naprzód wbrew wszelkiemu zdrowemu rozsądkowi.

Mój kolega, syn kapitana, który poprzednio dodawał mi odwagi, okazał teraz więcej lękliwości ode mnie. Kiedy zobaczyłem się z nim po dwóch czy trzech dniach pobytu w Yarmouth, wydał się dość przygnębiony i zniechęcony do dalszej podróży.

Co do mnie, mając trochę pieniędzy w kieszeni, wyruszyłem drogą lądową do Londynu. Tam nadal biłem się z myślami, jaki obrać model życia. Wracać do domu czy na morze? Przed powrotem powstrzymywał mnie przede wszystkim wstyd. Wyobrażałem sobie śmiech i naigrawania się sąsiadów, własne zakłopotanie nie tylko przed rodzicami, ale przed każdym napotkanym człowiekiem. Nieraz zastanawiałem się nad tym, jak pełne sprzeczności i nierozumne jest ludzkie usposobienie, szczególnie u młodych, którzy zboczywszy raz z dobrej drogi, bardziej wstydzą się skruchy niż przewinienia.

W tym stanie ducha pozostawałem czas jakiś, niepewny, co mam uczynić i jaki kierunek nadać swemu życiu, aż w końcu zwyciężyła chęć poznania nowych przygód i zacząłem wypatrywać sposobności do następnej podróży. Tym razem owładnęła mną natrętna myśl zdobycia majątku, tak że stałem się ślepy na wszelkie przestrogi.

W Londynie na szczęście trafiłem na dość dobre towarzystwo, co nieczęsto zdarza się takim młodym straceńcom, jakim ja byłem. Pierwszą znajomość zawarłem z kapitanem statku, który powrócił z Gwinei, a zachęcony pomyślnymi transakcjami postanowił powtórzyć wyprawę. Kapitan, usłyszawszy, że mam zamiar rozejrzeć się po świecie, zaproponował, abym towarzyszył mu w podróży, w charakterze gościa przy stole i kompana. Dodał przy tym, że gdybym chciał wziąć ze sobą jakieś towary, mógłbym je tam korzystnie sprzedać na własny rachunek, co mogłoby mnie zachęcić na przyszłość.

Uczepiłem się tej propozycji obiema rękami, zaprzyjaźniwszy się z kapitanem, uczciwym i szczerym człowiekiem, i udałem się razem z nim w podróż, zabierając ze sobą skromny pakunek, który dzięki bezinteresowności dowódcy statku zwiększyłem pokaźnie.

Była to moja jedyna pomyślna podróż, co przede wszystkim zawdzięczam prawości i zacności mego przyjaciela kapitana, przy którym również nieźle wyćwiczyłem się w umiejętnościach matematycznych i żeglarskich. Nauczyłem się obliczać kurs okrętu, robić obserwacje, słowem, wielu rzeczy niezbędnych dla żeglarza. W rezultacie podróż uczyniła ze mnie żeglarza i kupca, przywiozłem bowiem z powrotem pięć funtów i dziewięć uncji złotego piasku, uzyskanych z operacji handlowych, i spieniężyłem je w Londynie za bez mała trzysta funtów szterlingów. Rozbudziło to we mnie żądzę zysku, która przyczyniła się do mojej zguby.

Zostałem więc teraz kupcem gwinejskim i zacząłem przygotowania do nowej wyprawy. Niestety, przyjaciel mój zmarł wkrótce po powrocie, wsiadłem więc na ten sam statek dowodzony przez starszego oficera z poprzedniej podróży. Była to jednak najnieszczęśliwsza moja wyprawa.

Wziąłem ze sobą towaru za sto funtów, a dwieście złożyłem u wdowy po moim przyjacielu. Już od samego początku nie miałem farta, bo gdy nasz statek wziął kurs na Wyspy Kanaryjskie, o świcie został napadnięty przez okręt korsarzy tureckich z Sale, który począł nas ścigać, rozwijając wszystkie żagle. I my rozwinęliśmy wszystkie płótna, na ile tylko reje i maszty pozwalały, ale pirat brał nad nami górę i było widoczne, że po kilku godzinach nas doścignie. Przygotowaliśmy się więc do walki. Nasz statek miał dwanaście armat, rozbójnik osiemnaście.

Około trzeciej po południu już nas dogonił, lecz zamiast uderzyć z przodu, przez pomyłkę wycelował w bok. Przesunęliśmy osiem naszych armat na tę stronę i daliśmy z nich ognia. Pirat gotował się znowu do ataku, a my do obrony. Tym razem przywarł do naszego boku i sześćdziesięciu ludzi wdarło się na nasz pokład; zaczęli natychmiast rąbać nasze maszty i takielunek. Przyjęliśmy ich ogniem ze strzelb, pikami, skrzynkami z prochem i spędziliśmy z naszego pokładu. W końcu jednak statek nasz obezwładniono, trzech ludzi zabito, ośmiu zraniono, tak że byliśmy zmuszeni się poddać. Zawieziono nas jako jeńców do Sale, portu należącego do Maurów.

Nie obchodzono się ze mną okropnie, jak tego oczekiwałem. Nie popędzono tak jak innych w głąb kraju, lecz kapitan statku zatrzymał mnie jako swoją zdobycz, ponieważ byłem młody, zręczny i mogłem być mu przydatny. Myślałem, że oto nadeszła chwila, od jakiej nie może być już gorszej, tymczasem był to dopiero wstęp do dalszych nieszczęść. Liczyłem na to, że mój nowy pan zabierze mnie kiedyś ze sobą na morską wyprawę, gdzie być może nadarzy się okazja, abym odzyskał wolność. Lecz nadzieja okazała się płonna, bo kiedy wypływał na morze, zostawiał mnie w domu, a kiedy wracał z wyprawy, polecał mi sypiać w kajucie i pilnować statku.

Rozmyślałem tedy ciągle o sposobie ucieczki, ale przez dwa lata nie nadarzyła się żadna sposobność wprowadzenia tych zamiarów w czyn.

Zdarzyło się jednak coś, co na nowo obudziło we mnie myśli o próbie odzyskania wolności.

Często wypływałem z panem na połów ryb, bo byłem w tej sztuce daleko zręczniejszy od niego. Raz powziął zamiar, aby zaprosić do łodzi znajomych Maurów, i począł czynić przygotowania do wyprawy. Poprzedniego dnia zaopatrzył łódź obficiej niż zwykle w prowiant i polecił mi przygotować trzy strzelby z zapasem prochu i kul, chciał bowiem nie tylko łowić, ale i zapolować na ptaki.

Wypełniłem wszystko, jak mi polecono, i następnego ranka oczekiwałem w łodzi czysto wymytej i z wywieszoną flagą na przybycie mojego pana i gości. Tymczasem zjawił się tylko on sam i polecił mi wypłynąć z jednym służącym tudzież chłopcem i złowić trochę ryb na wieczerzę.

W tej chwili plany dotyczące wydostania się na wolność odżyły, bo cała łódź była teraz do mojej dyspozycji. Kiedy pan mój odszedł, rozpocząłem przygotowania nie do połowu, ale do dalekiej podróży.

Najpierw, chcąc powiększyć zapas żywności, przekonałem służącego, że nie wypada nam naruszać chleba pieczonego dla naszego pana. Przyznał mi słuszność i przyniósł duży kosz sucharów i trzy dzbany świeżej wody oraz skrzynię trunków. Zabrałem również bryłę wosku, wiązkę szpagatów i nici, siekierę, piłę, młot, wszystkie przedmioty bardzo nam później potrzebne, szczególnie wosk na świece.

I tak zaopatrzeni we wszystko, co potrzebne, wypłynęliśmy „na ryby". W forcie przy wejściu do portu znano nas dobrze i nie zwrócono na nas uwagi. Przepłynąwszy milę, zwinęliśmy żagiel, aby rozpocząć połów. Wiatr północno-zachodni nie był po mojej myśli, niemniej zdecydowany byłem na wszystko, bez względu na kierunek wiatru, i gotowy zdać się na los szczęścia.

Łowiliśmy czas jakiś bez efektów, bo ilekroć poczułem rybę w sieci, nie wyciągałem jej.

– Musimy wypłynąć dalej – powiedziałem do pomocnika – bo tutaj ryba nie chwyta.

Nie podejrzewając podstępu, sługa zgodził się i rozwinął żagiel na przodzie łodzi. Ja, siedząc przy sterze, poprowadziłem łódź blisko milę dalej i udałem, że zabieram się do łowienia. Tymczasem zbliżyłem się do niego od tyłu, chwyciłem go wpół i wrzuciłem do morza. Wypłynął natychmiast i błagał, abym go przyjął na pokład, obiecując, że popłynie ze mną choćby na koniec świata. Nie mogąc mu ufać, schwyciłem strzelbę i wymierzyłem w jego kierunku, mówiąc:

– Nigdy nie uczyniłem nic złego, ale teraz nie ręczę za siebie, jeśli nie zostawisz mnie w spokoju. Pływasz tak dobrze, że dopłyniesz do brzegu. Postanowiłem wydostać się z niewoli i nikt nie jest w stanie mi przeszkodzić.

Na te słowa zawrócił i popłynął w stronę lądu.

Zwróciłem się do chłopca, zwanego Ksury:

– Słuchaj, Ksury, jeśli dochowasz mi wierności, zrobię z ciebie wielkiego człowieka, w przeciwnym razie też wrzucę cię do morza.

Chłopiec uśmiechnął się do mnie tak pogodnie i niewinnie, że musiałem mu zaufać; jakoż przysiągł mi wierność i gotowość pójścia ze mną na koniec świata.

Dopóki płynący sługa mógł mnie dojrzeć, sterowałem na otwarte morze, lawirując pod wiatr, udając, że płynę w kierunku Cieśniny Gibraltarskiej. Któż bowiem mógłby przypuścić, że chcemy skierować się na południe ku barbarzyńskim brzegom, gdzie murzyńskie ludy na pewno otoczyłyby nas łodziami i pomordowały i gdzie w razie wylądowania czekała nas śmierć w pazurach dzikich bestii lub z rąk sroższych jeszcze od nich dzikich ludzi.

Ale kiedy zapadł zmrok, zmieniłem kurs i sterowałem wprost na południe, zbaczając nieco na wschód, żeby się jednak trzymać w pobliżu lądu. Mając dobry, silny wiatr i spokojne morze, płynąłem tak szybko, że nazajutrz, gdy ujrzałem ląd o godzinie trzeciej po południu, znajdowałem się o jakieś sto pięćdziesiąt mil na południe od Sale, a zatem daleko poza granicami państwa marokańskiego, a także ziemiami należącymi do innych tamtejszych władców. I rzeczywiście nie spotkaliśmy z tych ludów nikogo.

Jednakże strach przed Maurami i straszliwa obawa, żeby nie wpaść w ich ręce, pędziła mnie dalej naprzód. Nie przybijałem do lądu, nie rzucałem kotwicy przez pięć dni, aż doszedłem do wniosku, że nie muszę się już obawiać pogoni. Skierowałem się teraz ku brzegom i rzuciłem kotwicę w ujściu małej rzeczki. Nie znałem jej nazwy, nie wiedziałem, skąd płynie ani w jakim jestem kraju. Nie widziałem ludzi na brzegu i nie pragnąłem ich zobaczyć, najważniejszą dla mnie sprawą było znalezienie świeżej wody.

Pod wieczór wpłynęliśmy do zatoki. Miałem zamiar ruszyć wpław do brzegu, skoro tylko się ściemni, ale z nastaniem nocy z brzegu zaczęły dochodzić tak straszliwe wycia, ryki, charczenie i szczekanie dzikich zwierząt, że biedny chłopiec umierał ze strachu i błagał, abym nie wychodził na brzeg, dopóki się nie rozwidni.

– Zgoda, Ksury – odpowiedziałem – ale może się zdarzyć, że za dnia zobaczymy ludzi równie groźnych dla nas jak te bestie.

– To my dać im kule – odparł Ksury ze śmiechem – i oni uciec!

Taka była angielszczyzna Ksurego, którą przyswoił sobie podczas rozmów z niewolnikami. Radę jego uznałem za dobrą; rzuciliśmy naszą małą kotwicę i przeczekaliśmy noc, bo nie sposób było zasnąć, gdyż około drugiej albo trzeciej po północy ujrzeliśmy jakieś ogromne stworzenia, które schodziły na brzeg i rzucały się w wodę dla ochłody, przy czym wydawały tak ohydne ryki i wycia, jakich nigdy dotąd nie słyszałem.

Ksury był straszliwie wylękniony, a ja, prawdę mówiąc, także; przerażenie nasze jeszcze się zwiększyło, kiedy jeden z tych potworów zaczął ku nam płynąć. Ksury namawiał mnie, abyśmy podnieśli kotwicę i uciekli.

– Nie, Ksury – odpowiedziałem. – Mam inny sposób, popuścimy tylko liny kotwicznej i cofniemy się w głąb morza, tam nas nie dosięgnie.

Zaledwie wymówiłem te słowa, bestia wynurzyła się przed nami z ciemności w odległości dwu wioseł. Zaskoczony pobiegłem do kabiny i, schwyciwszy strzelbę, wypaliłem do zwierza. Zawrócił natychmiast i popłynął z powrotem do brzegu.

Mimo wszystko trzeba było jednak wyjść rano na brzeg po wodę, bo nie zostało jej już w łodzi ani kwarty. Ksury, nie bacząc na niebezpieczeństwo, zdecydował, że on jej poszuka. Gdy zapytałem go, jakie są przyczyny tej bohaterskiej decyzji, dał mi serdeczną odpowiedź, za którą pokochałem go odtąd na zawsze.

– Jeżeli dzicy ludzie przyjść – odezwał się – oni zjedzą mnie, a ty uciec.

– Dobrze, mój Ksury – odpowiedziałem. – Pójdziemy więc razem, a jeśli dzicy ludzie przyjdą, to zabijemy ich i nie będą mogli zjeść żadnego z nas.

Przyholowaliśmy łódź jak najbliżej brzegu i dobrnęliśmy do lądu, biorąc z sobą tylko broń i dwa dzbany na wodę.

Starałem się nie tracić z oczu łodzi w obawie przed dzikimi, którzy mogli wypłynąć na rzekę. Tymczasem chłopiec dojrzał dolinkę mniej więcej kilometr od brzegu i pobiegł w tę stronę. Po chwili równie szybko wracał ku mnie. Myślałem, że gonią go dzicy lub że ucieka przed jakąś bestią, i pobiegłem mu na pomoc, lecz on tymczasem niósł coś na plecach. Było to zwierzę podobne do zająca, jednak o nieco innej sierści i dłuższych skokach. Radości było niemało, bo czekało nas dobre pieczyste, a do tego Ksury znalazł dobrą wodę i nie spotkał żadnego dzikusa.

Z poprzedniej wyprawy morskiej, którą odbyłem w te okolice, pamiętałem, że Wyspy Kanaryjskie i Zielonego Przylądka leżą gdzieś niedaleko, ale nie mając przyrządów obserwacyjnych, nie mogłem się zorientować, na jakiej szerokości się znajdujemy, i nie wiedziałem, jak ich szukać. Miałem jednak nadzieję, że jeżeli będę trzymał się brzegów, dopłynę do miejsc, gdzie krążą angielskie statki handlowe, które przyjdą mi z pomocą i zabiorą ze sobą.

Według moich obliczeń znajdowaliśmy się w kraju leżącym między państwem marokańskim a Nigerią; była to ziemia pusta, bezludna, zamieszkała jedynie przez dzikie zwierzęta. Murzyni opuścili te okolice z obawy przed Maurami. Maurowie zaś nie chcieli się tu osiedlić z powodu jałowej gleby, a także ze strachu przed tygrysami, lwami, lampartami i innymi dzikimi bestiami.

Parę razy zdawało mi się, że widzę wierzchołek góry Teneryfy, najwyższego szczytu Wysp Kanaryjskich, i miałem wielką ochotę się tam skierować, lecz dwukrotnie przeciwne wiatry zmusiły mnie do powrotu ku brzegom; morze również było zbyt groźne dla mojej małej łodzi, tak że w końcu poprzestałem na moim pierwotnym planie i postanowiłem płynąć wzdłuż brzegu.

Kilkakrotnie musiałem lądować dla nabrania wody. Pewnego razu wczesnym rankiem rzuciliśmy kotwicę koło dość wysokiego przylądka i czekaliśmy na przypływ, który się właśnie zaczynał, aby dobić do brzegu. Ksury, który miał lepszy wzrok ode mnie, radził mi po cichu usunąć się z tego miejsca, bo tu – mówił – leży obok skały jakiś straszliwy potwór i śpi. Spojrzałem w to miejsce i zobaczyłem olbrzymiego lwa leżącego na brzegu w cieniu skały, która jakby zawisła nad nim.

– Ksury – rzekłem – pójdziesz na brzeg i zabijesz go!

– Ja zabić? – rzekł Ksury, patrząc na mnie wystraszony. – On mnie zaraz zjeść.

Poleciłem mu zachować się spokojnie, wziąłem najgrubszą z naszych strzelb, coś w rodzaju muszkietu, nabiłem ostro dwiema kulami, położyłem przy sobie, potem nabiłem podobnie drugą strzelbę, a trzecią – ponieważ mieliśmy ich trzy – naładowałem pięcioma kulami mniejszego kalibru. Wziąłem zwierza na cel, jak umiałem najlepiej; chciałem strzelić lwu prosto w łeb, ale leżał rozpłaszczony na brzuchu, z nosem wsuniętym między łapy, tak że kula ugodziła go w górną część łapy i strzaskała kość. Bestia zerwała się z pomrukiem, ale mając łapę złamaną, przysiadła, po czym podniosła się na trzech łapach i wydała najokropniejszy ryk, jaki słyszałem kiedykolwiek. Zdziwiło mnie, że nie trafiłem w głowę, pochwyciłem drugą strzelbę i choć lew się ruszał, wystrzeliłem i trafiłem go w łeb. Widziałem, ku mojej uciesze, jak upadł, nie wydawszy głosu, i leżał walcząc ze śmiercią. Ksury nabrał teraz odwagi i prosił, żeby go puścić na ląd. „Idź więc" – rzekłem i chłopiec wskoczył do wody i trzymając strzelbę w jednej ręce, popłynął do brzegu, podszedł do lwa, przyłożył mu lufę do ucha i dobił go strzałem w głowę.

Zwierzę było wspaniałe, ale niejadalne. Żałowałem trzech naboi straconych na bestię, która nam się na nic nie przydała. Jednak Ksury chciał z niego coś zabrać i poprosił mnie o siekierę.

– Po co ci siekiera? – spytałem.

– Ja jemu uciąć głowa – odpowiedział.

Tego jednak nie mógł dokonać, poprzestał więc na odcięciu łapy, rzeczywiście potwornie wielkiej.

Przyszło mi wówczas na myśl, że skóra lwa mogłaby się nam przydać. Postanowiłem więc obedrzeć lwa ze skóry, jeśli mi się uda. Wzięliśmy się obaj do jej zdejmowania, na czym Ksury znał się dużo lepiej ode mnie. Zajęło nam to prawie cały dzień, ale w końcu ściągnęliśmy skórę i rozwiesiliśmy na dachu kajuty, słońce wysuszyło ją w dwa dni i odtąd służyła mi za posłanie.

Ruszyliśmy na południe, płynąc bez przerwy przez dziesięć albo dwanaście dni. Oszczędzaliśmy bardzo nasze zapasy, które zaczęły się wyczerpywać, i wychodziliśmy na brzeg tylko po świeżą wodę. Zamierzałem dotrzeć do rzeki Gambii albo do Senegalu, to znaczy w okolice Zielonego Przylądka, gdzie spodziewałem się spotkać europejskie statki, które były naszą jedyną deską ratunku.

Trzymając się tego planu, dotarliśmy do terenów zamieszkałych. Dwa czy trzy razy zauważyliśmy ludzi stojących na brzegu i przyglądających się naszej łodzi. Byli czarni i zupełnie nadzy. Raz wzięła mnie ochota przybić do brzegu, ale Ksury stanowczo mi odradzał: „Nie iść tam, nie iść!". Podpłynąłem jednakże bliżej, trzymając się przezornie w pewnej odległości, i rozmawiałem z nimi na migi, dając do zrozumienia, że szukamy żywności. Dzicy dawali mi znaki, abym zatrzymał łódź, a przyniosą nam mięsa. Opuściłem żagiel i zbliżyłem się nieco do nich. Dwóch z nich pobiegło w głąb lądu i wróciło po chwili, niosąc dwa kawały suszonego mięsa i trochę zboża. Nie mieliśmy odwagi wyjść na ląd, a dzicy byli równie nieufni. W końcu jednak znaleźli bezpieczne wyjście, położyli żywność na brzegu i cofnęli się na znaczną odległość; wrócili dopiero wtedy, gdy wnieśliśmy zapasy na pokład.

Podziękowaliśmy im na migi, nie mogąc nic ofiarować w zamian. Wkrótce jednak nadarzyła się taka sposobność, bo gdy tak staliśmy przy brzegu, nagle dwie drapieżne bestie zbiegły ze zbocza wzgórza, kierując się ku morzu i budząc przerażenie tubylców. Wszyscy uciekli w popłochu. Zwierzęta rzuciły się do morza, pławiąc się w nim i nurzając jakby dla zabawy. W końcu jedno z nich zaczęło zbliżać się do łodzi; oczekiwałem go z dobrze nabitą strzelbą. Ksury tymczasem nabił dwie pozostałe. Jak tylko zwierz zbliżył się na odległość strzału, dałem ognia i trafiłem go w łeb. Natychmiast poszedł pod wodę, wypłynął i znów się zanurzył, walcząc ze śmiercią.

Niepodobna wyrazić zdumienia tych biednych istot na odgłos strzału z mej strzelby. Niektórzy mało nie pomarli ze strachu, upadając na ziemię, ale kiedy zobaczyli, że ów dziki zwierz leży pogrążony w morzu, a ja daję im znaki, aby podeszli bliżej, nabrali odwagi, zbliżyli się do brzegu i poczęli szukać drapieżnika. Za pomocą liny, którą okręciłem jego tułów, przyholowali go do brzegu i wciągnęli na ląd. Był to wspaniały cętkowany lampart.

Tubylcy mieli wielką ochotę na mięso zabitego lamparta, dałem im go przeto w upominku ku ich wielkiej radości. Zanim odpłynąłem, zostałem obdarowany świeżą wodą, nowym prowiantem oraz skórą z upolowanego przeze mnie lamparta.

Byłem teraz zaopatrzony w korzonki, gatunek jakiegoś nieznanego zboża i w wodę. Żeglowałem przez jedenaście dni, nie zbliżając się do brzegu. Wreszcie zobaczyłem ląd w kształcie półwyspu, wybiegający daleko w morze na odległość czterech do pięciu mil. Morze było tu spokojne, musiałem więc nałożyć sporo drogi, aby go okrążyć. Doszedłem do wniosku, że jest to być może Zielony Przylądek, a wyspy, które z daleka widziałem, są jego wyspami. Znajdowały się one jednak w tak dużej odległości, że nie wiedziałem, co uczynić; bałem się, że jeśli schwyci mnie ostry wiatr, nie dotrę ani do lądu, ani do wysp.

Zamyślony i pełen troski zszedłem do kajuty, kiedy nagle Ksuru wykrzyknął:

– Panie, panie, statek żaglowy!

Biedny chłopiec sądził, że to jeden ze statków naszego pana wysłany w pościg za nami. Ja jednak wiedziałem, że odpłynęliśmy zbyt daleko, aby mogli nas dosięgnąć. Wyskoczyłem z kajuty i poznałem, że był to portugalski statek. Postanowiłem puścić się na pełne morze w nadziei, że będę mógł porozumieć się z załogą.

Wkrótce jednak spostrzegłem, że mimo rozwinięcia wszystkich żagli, nie zdołam zabiec statkowi drogi i że minie mnie, zanim zdołam dać sygnał. Na szczęście widocznie oni mnie zauważyli, bo zmniejszyli żagle, abym mógł ich doścignąć. Zachęcony wywiesiłem banderę mego byłego pana jako sygnał nieszczęścia i dałem ognia ze strzelby. Dojrzeli jedno i drugie, bo potem mi powiedzieli, że zauważyli dym, choć nie słyszeli wystrzału. Na ten sygnał statek zatrzymał się i czekał na mnie. Po trzech godzinach do nich dopłynąłem.

Pytali mnie po portugalsku, hiszpańsku i francusku, kim jestem, ale nic nie rozumiałem; w końcu znalazł się majtek Szkot, któremu powiedziałem, że jestem Anglikiem i uciekłem z niewoli u Maurów w Sale. Wtedy z wielką uprzejmością za-

prosili mnie na statek razem z moim towarzyszem i całym ładunkiem.

Radość moja nie miała granic, ponieważ po tak długiej
i niemal beznadziejnej niewoli znów byłem wolny. Jakoż natychmiast zaofiarowałem kapitanowi cały mój dobytek, chcąc
okazać mu swoją wdzięczność, ale szlachetnie niczego nie
chciał przyjąć.

– Ocaliłem ci życie tak, jak pragnąłbym być uratowany,
gdybym znalazł się w podobnym położeniu. A przy tym,
gdybym wysadził cię w Brazylii, tak daleko od twojej ojczyzny,
i zabrał ci wszystko, co masz, zginąłbyś z głodu i w ten sposób
zabrałbym ci życie, które ocaliłem.

A jak był ludzki w słowach, tak równie szlachetny okazał
się w dotrzymaniu obietnic. Zabronił majtkom tknąć moich
rzeczy, wziął je pod swoją opiekę, dał mi ich dokładny spis,
żebym mógł je później odebrać, nie pomijając nawet trzech
glinianych dzbanów na wodę.

Moja łódź była w dobrym gatunku. Kapitan zauważył to
i chciał ją ode mnie kupić; zapytał, ile chciałbym za nią. Odpowiedziałem, że zbyt wiele mu zawdzięczam, abym miał sam
określać cenę, którą zostawiam do jego uznania. Zaofiarował
mi rewers na osiemdziesiąt talarów płatny w Brazylii, z tym że
jeżeli tam na miejscu ktoś zechce dać więcej, to on gotów jest
zrezygnować. Ofiarowywał mi również sześćdziesiąt talarów za
Ksurego, których nie miałem ochoty brać w obawie, że tym
sposobem sprzedałbym wolność biednego chłopca, który pomagał mi tak wiernie w odzyskaniu mojej. Gdy powiedziałem
to kapitanowi, przyznał mi słuszność i zaproponował układ,
że da chłopcu wolność za dziesięć lat, jeśli przyjmie wiarę
chrześcijańską. Kiedy Ksury wyraził na to zgodę, odstąpiłem
go kapitanowi.

Podróż do Brazylii mieliśmy pomyślną i w dwadzieścia
dwa dni przybyliśmy do zatoki de Todos los Santos, czyli
Wszystkich Świętych. W taki sposób zostałem ponownie wy-

zwolony z najnędzniejszych warunków życia. Teraz wypadało pomyśleć o przyszłości.

Nigdy nie zapomnę tego, ile dobrego zawdzięczałem kapitanowi. Nie chciał wziąć ode mnie pieniędzy za podróż, dał mi dwadzieścia dukatów za skórę lamparta i czterdzieści za skórę lwa, polecił wydać wszystkie moje rzeczy, kupił ode mnie to, czego chciałem się pozbyć, a mianowicie skrzynkę z nabojami, dwie strzelby, resztę wosku pszczelego, co w sumie dało około dwustu dwudziestu talarów. Z tym zasobem gotówki wysiadłem na ląd w Brazylii.

Wkrótce po przybyciu kapitan umieścił mnie w domu równie uczciwego i zacnego jak on człowieka, który był właścicielem plantacji i cukrowni. Mieszkałem u niego czas jakiś, gdzie nauczyłem się uprawy trzciny cukrowej i wyrobu cukru. Przekonawszy się, jakie plantatorzy wiodą dostatnie życie i jak prędko dorabiają się majątku, postanowiłem zabiegać o pozwolenie na osiedlenie się w Brazylii i założyć plantację. Po otrzymaniu zgody nabyłem tyle nieuprawnej ziemi, na ile wystarczyło mi pieniędzy, i zaprojektowałem osadę i plantację, biorąc pod uwagę pieniężne zasoby, jakich spodziewałem się z Anglii.

Miałem sąsiada, z pochodzenia Anglika, o nazwisku Wells, którego plantacja przylegała do mojej, szczerze ze mną zaprzyjaźnionego. Przez pierwsze dwa lata nasze dochody ledwie starczyły na utrzymanie. Powoli jednak stawaliśmy się coraz bardziej zamożni, tak że trzeciego roku hodowaliśmy już tytoń i poszerzyliśmy znacznie obszar gruntu pod plantację trzciny cukrowej. Brak nam było jednak rąk do pracy i pożałowałem, że rozstałem się z moim Ksurym.

Ale niestety! Nie był to mój pierwszy ani ostatni błąd. Nie było innej rady, jak iść naprzód. Podjąłem się zajęcia tak sprzecznego ze sposobem i rodzajem życia, jakie mnie pociągało, dla którego opuściłem dom ojca i odrzuciłem wszystkie jego dobre rady i wskazania. To, co mam obecnie, mówiłem sobie nieraz, mogłem mieć łatwo w mojej Anglii pośród przyjaciół.

Tymczasem nie miałem nikogo, z kim mógłbym pomówić, oprócz mego sąsiada i to tylko od czasu do czasu. Wszystko, co mi było potrzebne do życia, musiałem zdobyć sam, i często mawiałem, że żyję jak człowiek rzucony na bezludną wyspę. Jakże byłem wtedy niesprawiedliwy! I jakże zasłużoną karą było wszystko, co mnie później spotkało!

Pewnego dnia odwiedził mnie mój drogi przyjaciel i opiekun – kapitan, który przybył z powrotem do Brazylii. Jego statek zacumował tu prawie na trzy miesiące w celu zabrania ładunku i przygotowań do drogi. Kiedy w rozmowie nadmieniłem mu o moim małym kapitale, który zostawiłem w Londynie, dał mi przyjacielską i życzliwą radę.

– Panie Angliku – odezwał się do mnie swoim zwyczajem – daj mi listy i urzędowe pełnomocnictwo skierowane do osoby, przechowującej twoje pieniądze w Londynie, a ja przywiozę je waćpanu za moim, da Bóg, powrotem. Wobec tego jednakże, że sprawy ludzkie zawsze narażone są na zmiany i klęski losu, nie dawaj pan poleceń na więcej niż sto funtów szterlingów, to znaczy na połowę pańskiej gotówki. W ten sposób wystawisz na hazard połowę, a jeśli przybędę tu pomyślnie z powrotem, wtedy będziesz mógł, mój panie, otrzymać resztę tą samą drogą.

Rada była tak świetna i brzmiała tak życzliwie, że nabrałem do niego pełnego przekonania. Przygotowałem list do owej czcigodnej wdowy, u której złożyłem swe pieniądze, jak również pełnomocnictwo na imię kapitana.

W odpowiedzi wdowa wysłała moją należność, a także dodała z własnej kieszeni hojny dar dla kapitana za jego dobroć i okazane mi serce.

Kupiec w Londynie nabył za moje pozostałe sto funtów towarów angielskich wskazanych przez kapitana i posłał je prosto do Lizbony, a opiekun mój przywiózł mi je w całości do Brazylii; co więcej, dodał do nich z własnej inicjatywy różne narzędzia, wyroby żelazne i naczynia, niezmiernie pożyteczne przy uprawie plantacji.

Kiedy towary nadeszły, szczęście moje nie miało granic. Zacny kapitan przywiózł mi również niewolnika i nie chciał nic przyjąć w zamian prócz odrobiny tytoniu z mojej plantacji.

Nie dość na tym; towary sprzedałem bardzo korzystnie, zyskując na nich prawie w czwórnasób. Moja plantacja mocno stanęła na nogach. Kupiłem sobie Murzyna niewolnika i przyjąłem służącego Europejczyka.

Ale nadmierne powodzenie często prowadzi nas do rychłej zguby, i tak też było ze mną. Rok następny przyniósł mi wielkie korzyści z plantacji, zebrałem pięćdziesiąt wielkich bel tytoniu z własnego gruntu prócz tych, które dałem sąsiadom w zamian za różne przedmioty pierwszej potrzeby. Tych pięćdziesiąt bel, każda około pięćdziesięciu kilogramów wagi, dobrze wysuszonych, leżało w składzie, oczekując floty z Lizbony. Teraz przeto, zwiększając kapitał i zasięg interesów, począłem snuć projekty przewyższające moje możliwości.

Żyjąc od czterech lat w Brazylii i mając coraz wyższe dochody z plantacji, nie tylko przyswoiłem sobie język portugalski, ale zawarłem także znajomości i przyjaźnie zarówno z sąsiadami plantatorami, jak i z kupcami z San Salvador. Nieraz opowiadałem im o mych dwóch wyprawach do brzegów Gwinei, o handlu z Murzynami, od których za paciorki, świecidełka, noże, nożyczki, siekierki, lusterka i tym podobne drobiazgi można nabyć nie tylko złoty piasek, nasiona kardamonu i kość słoniową, ale i Murzynów niewolników do pracy w Brazylii.

Z wielką uwagą słuchali moich opowiadań, a zwłaszcza o handlu niewolnikami, który był jeszcze wtedy bardzo ograniczony, wymagał bowiem tak zwanego asiento, to jest zezwolenia od króla hiszpańskiego lub portugalskiego.

Pewnego razu, będąc w towarzystwie kilku kupców i plantatorów, bardzo poważnie rozmawialiśmy o tych sprawach. Nazajutrz z rana trzej spośród nich przyszli do mnie i oświadczyli, że długo rozmyślali na temat naszej wczorajszej rozmowy i mają dla mnie pewną propozycję. Kiedy dałem im słowo, iż wszystko, co usłyszę, pozostanie między nami, oznajmili, że każdy z nich ma plantację i brak im rąk do pracy. Postanowili zatem uzbroić statek i wysłać go ku brzegom Gwinei w celu przywiezienia niewolników. Nie mieli zamiaru zajmować się handlem Murzynami, ponieważ nie mogliby sprzedać ich publicznie, chcieli tylko zrobić tę jedną wyprawę i przywieźć robotników na użytek własnych plantacji. Zaproponowali mi dozór nad tym ładunkiem, przeprowadzenie transakcji handlowej na wybrzeżu Gwinei. Nie inwestując, otrzymałbym taką samą liczbę niewolników, jaka przypadłaby każdemu z nich.

Propozycja taka byłaby z pewnością interesująca dla człowieka nieposiadającego wiele, ale nie dla mnie, który w ciągu czterech lat dorobiłem się majątku szacowanego na trzy do czterech tysięcy funtów szterlingów.

Ale że od urodzenia byłem burzycielem własnego szczęścia, nie potrafiłem oprzeć się pokusie. Oświadczyłem zatem, że chętnie pojadę z nimi, jeżeli w czasie mej nieobecności zapewnią opiekę nad moją plantacją i postąpią z nią wedle mej woli, w razie gdybym nie powrócił. Spisaliśmy umowę, do której załączyłem testament na wypadek mojej śmierci. Kapitana, który ocalił mi życie, uczyniłem generalnym spadkobiercą, zobowiązując go jednocześnie, by połowę dochodu zatrzymywał dla siebie, drugą zaś przesyłał do Anglii.

Krótko mówiąc, wydawało mi się, że poczyniłem wszelkie kroki, by zabezpieczyć plantację i moje dochody, starając się w ten sposób uśpić wyrzuty sumienia.

Działałem na oślep, słuchając raczej nakazów kaprysu niż głosu rozsądku. Gdy statek przysposobiono i załadowano, gdy wszystko przygotowano tak, jak ustalono w umowie, wsiadłem na pokład – w złą godzinę – dnia pierwszego września 1659 roku, dokładnie osiem lat od momentu, kiedy to w Hull opuściłem ojca i matkę i postąpiłem tak niemądrze wobec własnych interesów.

Nasz statek miał sto dwadzieścia ton wyporności, sześć dział i czternastu ludzi załogi, nie licząc kapitana, jego służącego i mnie. Nie mieliśmy wielkiego ładunku towarów prócz świecidełek do handlu z Murzynami.

Skierowaliśmy się na północ od naszego wybrzeża, zamierzając płynąć ku brzegom Afryki przetartą trasą, między 10. i 12. stopniem szerokości północnej. Pogodę mieliśmy bardzo dobrą, choć upał był niemiłosierny aż do Przylądka św. Augustyna. Następnie wypłynęliśmy na pełne morze, straciliśmy z oczu ląd i skierowaliśmy się ku wyspie Fernando de Noronha. Po dwunastu dniach żeglugi przekroczyliśmy równik i znajdowaliśmy się, wedle naszych ostatnich obserwacji, pod 7. stopniem 22 minutami szerokości północnej. Wtedy niespodziewanie rozszalał się huragan zwany tornado i zupełnie pomieszał nasze obliczenia. Przyszedł z południowego wschodu, skręcił na północny zachód, po czym zaczął dąć w kierunku północno-wschodnim tak straszliwie, że przez dwanaście dni mogliśmy tylko dryfować. pozwalając się nieść tam, gdzie kierowały nas losy i zaciekłość wichury. Nie trzeba dodawać, że w ciągu tych dwunastu dni każdy z nas oczekiwał, iż statek lada chwila zatonie, nikt zaś nie spodziewał się ujść z życiem.

Oprócz trwogi wśród załogi zapanował smutek, ponieważ straciliśmy trzech naszych ludzi. Jeden zginął od febry tropikalnej, a dwaj zostali zmyci z pokładu. Dwunastego dnia, gdy się trochę uciszyło, kapitan był w stanie ustalić nasze położenie; okazało się, że znajdujemy się pod 11. stopniem szerokości północnej i że zniosło nas o 22 stopnie długości zachodniej od Przylądka św. Augustyna. Inaczej mówiąc, byliśmy przy brzegach Gujany albo północnej części Brazylii za rzeką Amazonką i blisko rzeki Orinoko.

Kapitan przekonywał mnie, że należy zawrócić, gdyż statek był sfatygowany i przeciekał, natomiast ja byłem temu przeciwny. Po przestudiowaniu mapy wybrzeży amerykańskich doszliśmy do wniosku, że aż do Wysp Karaibskich nie natrafimy na kraje zamieszkane, postanowiliśmy przeto skręcić ku wyspom Barbados, dokąd spodziewaliśmy się dotrzeć w ciągu piętnastu dni, rezygnując z wyprawy ku brzegom afrykańskim.

W tym celu zmieniliśmy kierunek i posuwaliśmy się między północą a wschodem, aby dojść do jednej z wysp zamieszkanych przez Anglików, gdzie spodziewaliśmy się znaleźć pomoc. Jednak inne szlaki pisane były naszej podróży. Gdy znajdowaliśmy się na szerokości 12 stopni 18 minut, dopadł nas drugi sztorm, który poniósł nas z taką zaciekłością ku zachodowi, z dala od wszelkich dróg handlowych, że gdybyśmy nawet zdołali ocalić życie, czekało nas raczej niebezpieczeństwo spotkania się z ludożercami niż powrót do ojczyzny.

Wczesnym rankiem, gdy wicher wciąż jeszcze dął silnie, jeden z naszych ludzi krzyknął:

– Ziemia!

Zaledwie zdążyliśmy wyskoczyć z kajuty, nasz statek natknął się na mieliznę i zatrzymał tak nagle, iż fale gwałtownie wdarły się na pokład.

Komuś, kto nigdy nie był w podobnej sytuacji, niełatwo przyszłoby opisać lub choćby uświadomić sobie okropność naszego położenia. Nie wiedzieliśmy, gdzie się znajdujemy: na wyspie czy na stałym lądzie, zamieszkanym czy bezludnym? Wichura nieznacznie tylko przycichła i liczyliśmy się z tym, że statek w każdej chwili rozpadnie się na kawałki. Siedzieliśmy bezradni, patrząc na siebie i oczekując śmierci.

Tymczasem statek tkwił zbyt mocno w piasku, byśmy zdołali go stamtąd wyciągnąć, i mogliśmy myśleć jedynie o sposobach ratowania życia. Tuż przed burzą mieliśmy jeszcze łódź za rufą statku, ale roztrzaskała się o ster, a szczątki zostały porwane przez fale. Była jeszcze druga łódź na pokładzie, ale nie wiedzieliśmy, jak ją spuścić na morze, a nie było czasu do stracenia.

Udało się to w końcu naszemu oficerowi, wspieranemu przez resztę załogi. Weszliśmy zaraz do łodzi i cała jednostka zdała się na miłosierdzie boskie, bo choć burza ustała, bałwany nadal biły niemiłosiernie.

Wiosłowaliśmy z wysiłkiem, dążąc ku lądowi z ciężkim sercem, ponieważ przeczuwaliśmy, że łódź musi roztrzaskać się o brzeg na tysiąc kawałków.

Nie wiedzieliśmy, jakie to będzie wybrzeże: skaliste czy piaszczyste, płytkie czy strome? Jedyną dla nas nadzieją była możliwość dostania się do jakiejś zatoki lub ujścia rzeki, skąd mogliśmy wypłynąć na spokojniejsze wody. Ale nie nadarzyła się taka sposobność. Im bliżej byliśmy lądu, tym wydawał się nam groźniejszy od morza.

Gdy tak przepłynęliśmy jakieś półtorej mili, nagle od rufy przytoczyła się fala olbrzymia niby góra, która porwała nas z taką wściekłością, iż przewróciła łódź za jednym zamachem, i w jednej chwili wszyscy znaleźliśmy się pod wodą.

Niepodobna opisać zamętu myśli, jakiego wówczas doznałem. Wprawdzie pływałem doskonale, jednakże nie mogłem wydobyć się na powierzchnię, aby złapać oddech. Na koniec jedna z fal porwała mnie, a raczej uniosła ku wybrzeżu, tam, rozbiwszy się, odeszła z powrotem i pozostawiła mnie na niemal suchym lądzie. Miałem tyle przytomności umysłu i tyle jeszcze tchu w sobie, iż podniosłem się na nogi i usiłowałem biec dalej, zanim następna fala zmiecie mnie z powrotem. Ale ujrzałem za sobą zwały wody tak potężne jak góry i zaciekłe jak wróg, z którym nie miałem siły już walczyć.

Mogłem tylko wstrzymać oddech i starać się utrzymywać nad wodą, kierując się wciąż ku wybrzeżu.

Znów spadła na mnie fala, grzebiąc mnie na dziesięć metrów w swym łonie i pociągając z ogromną siłą i szybkością za sobą na znaczną odległość, ku brzegowi. Zaparłem się jednak w sobie i starałem się płynąć razem z falą.

Już byłem bliski uduszenia, gdy naraz poczułem, że fala wynosi mnie w górę i że mam ramiona i głowę ponad wodą. Trwało to zaledwie dwie sekundy, które wystarczyły jednak do złapania oddechu i nabrania odwagi. Wkrótce znowu przywaliła mnie woda, ale już nie na tak długo, aż wreszcie udało mi się wymacać grunt pod nogami. Stałem przez kilka chwil, dopóki nie złapałem powietrza w płuca, a gdy woda nieco ze mnie ociekła, puściłem się z całych sił ku stałemu lądowi. Morze nie dawało jednak za wygrane; dwakroć jeszcze byłem porwany przez fale i poniesiony.

Drugie uderzenie mogło stać się dla mnie fatalne: bałwany rzuciły mnie na skałę z taką siłą, iż straciłem przytomność, a tym samym możność ratunku. Całe szczęście, że ocknąłem się tuż przed powrotem fali i widząc, co się święci, chwyciłem się mocno skalnego cypla i wstrzymałem oddech, póki woda się nie cofnęła. Znów puściłem się biegiem i znalazłem się tak blisko brzegu, że bałwany nie mogły mnie już porwać i zagarnąć. Z wielkim trudem wygramoliłem się na sterczące wzniesienie brzegu i siadłem na trawie.

Byłem wreszcie na lądzie, cały i bezpieczny. Podniosłem oczy w górę i dziękowałem Bogu za wybawienie z iście beznadziejnego położenia.

Chodziłem po wybrzeżu, podnosząc dłonie ku niebu, zatopiony w myślach o moim ocaleniu; czyniłem jakieś niedające się opisać gesty i ruchy, wspominałem towarzyszy, z których ani jeden nie ocalał. Nigdy ich już nie zobaczyłem, a jedyny ślad, jaki po nich pozostał, to trzy kapelusze, czapka i dwa trzewiki, z których każdy był od innej pary.

Rzuciłem okiem w stronę okrętu osiadłego na mieliźnie. Ledwie mogłem go dostrzec, tak był daleko i tak wysokie zasłaniały go fale.

„Boże – mówiłem sobie w duchu. – Jak to możliwe, bym taką przestrzeń przepłynął do brzegu?"

Gdy już nieco oswoiłem się ze swoim położeniem, zacząłem rozglądać się dokoła, aby zorientować się, gdzie się znajduję i co powinienem teraz zrobić. Byłem przemoczony do nitki, nie miałem w co się przebrać, co gorsza, nie miałem co jeść ani pić, czekał mnie więc głód albo może śmierć w paszczy dzikich zwierząt. Nie miałem żadnej broni, bym mógł coś upolować lub obronić się przed napaścią. Nie miałem przy sobie nic prócz małego noża, fajki i odrobiny tytoniu w pudełku. Ogarnęła mnie taka rozpacz, iż począłem biegać jak szaleniec. Myślałem ze strachem o zbliżającej się nocy, kiedy mogłem stać się łupem polującej zwierzyny.

Jedyną deskę ratunku widziałem w rozłożystym drzewie, na które postanowiłem się wdrapać i przesiedzieć na nim całą noc, a nazajutrz rozejrzeć się, jaka śmierć mnie czeka, bo nie miałem już żadnej nadziei na przeżycie. Przedtem jednak odszedłem kilkadziesiąt metrów od brzegu w poszukiwaniu wody. Ku wielkiej radości znalazłem ją szybko i napiłem się do syta, po czym żując odrobinę tytoniu, aby oszukać głód, wdrapałem się na drzewo. Zmęczony nadmiarem trudów, zapadłem niebawem w głęboki sen.

Gdy się zbudziłem rześki i pokrzepiony, był już jasny dzień na niebie. Pogoda była piękna, burza ucichła, a morze nie szalało już i nie huczało jak poprzednio. Jednak zdumiało mnie najbardziej to, że statek nie znajdował się na piaszczystej mieliźnie, ale uniesiony przypływem, zbliżył się do skały, o którą się uderzyłem. Ponieważ statek zdawał się stać prosto i spokojnie w miejscu, postanowiłem dostać się na pokład, żeby uratować dla siebie choćby najpotrzebniejsze rzeczy.

Kiedy zszedłem z drzewa, rozejrzałem się wokoło jeszcze uważniej. Pierwszą rzeczą, jaką wypatrzyłem, była łódź, która znajdowała się o jakieś dwa kilometry na prawo ode mnie, przypędzona wiatrem i falami do brzegu. Zacząłem iść wzdłuż wybrzeża, by dostać się do niej, ale napotkałem przeszkodę w postaci zatoki szerokiej na pięćset metrów, więc na razie zrezygnowałem z tej przeprawy i zawróciłem z drogi. Bardziej pochłaniała mnie myśl o dostaniu się na statek, gdzie spodziewałem się znaleźć przedmioty niezbędne do utrzymania się przy życiu.

Po południu morze było bardzo spokojne, a odpływ tak duży, iż mogłem przybliżyć się co najmniej o dwieście metrów do statku. Zrzuciłem z siebie odzież, gdyż upał był nieznośny, i jąłem brnąć przez wodę. Gdy dotarłem do statku, napotkałem nową trudność – jak wspiąć się na pokład? Burta sterczała wysoko nad wodą i nie było na niej nic, czego mógłbym się uchwycić. Opłynąłem statek dwa razy dokoła i za drugim razem wyśledziłem małą linkę, której dziwnym trafem nie zauważyłem poprzednio; zwisała nisko koło łańcuchów kotwicznych, więc uczepiłem się jej i choć z wielkim trudem, wdrapałem się na dziób statku. Przekonałem się, że był dziurawy i już w znacznej mierze wypełniony wodą. Usadowił się na łasze twardego piasku w ten sposób, że rufa wystawała ponad nią, dziób zaś nachylił się ku samej prawie wodzie, dzięki czemu kajuty były suche. Pierwszą moją czynnością było sprawdzenie, co na statku uległo zepsuciu, a co ocalało. Do znajdujących się na nim zapasów żywności też nie dostała się woda. Ponieważ byłem bardzo głodny, napełniłem kieszenie sucharami, potem zaś zacząłem jeść łapczywie, rozglądając się jednocześnie za innymi rzeczami, nie mając czasu do stracenia. W głównej kajucie znalazłem nieco rumu, więc pociągnąłem porządny łyk, co mnie bardzo pokrzepiło. Teraz potrzebna była łódź, na której przewiózłbym potrzebne mi rzeczy. A że potrzeba jest matką wynalazku, przeto przyszedł mi do głowy pomysł.

Mieliśmy na statku kilka zapasowych rej, kilka wielkich drągów drewnianych i ze dwie luźne bomsztangi masztowe. Zrzuciłem tego w morze tyle, ile potrafiłem udźwignąć, przywiązując każdą część liną, aby nie została porwana przez prąd. Gdy się z tym uporałem, wszystkie drągi związałem mocno razem, tworząc coś w rodzaju tratwy, na którą położyłem w poprzek kilka krótkich desek. Przekonałem się, że mogę chodzić po nich całkiem wygodnie, natomiast nie mogę ich zbytnio obciążać, gdyż drzewo było zbyt lekkie. Wziąłem się więc do roboty i, pociąwszy piłą ciesielską jeden z masztów na trzy części, dołączyłem je do tratwy. Ciężka i trudna była to praca, ale nadzieja uzyskania rzeczy potrzebnych do życia dodawała mi siły, jakiej bym nie zdobył w innych okolicznościach.

Teraz już moja tratwa była dostatecznie mocna, aby unieść nawet wielki ciężar. Najpierw załadowałem wszystkie deski, które miałem pod ręką, potem otworzyłem i wypróżniłem trzy marynarskie kufry i pierwszy z nich napełniłem żywnością, a więc chlebem, ryżem, trzema serami holenderskimi, pięcioma kawałami suszonego koziego mięsa oraz resztką zboża do żywienia kur, które wzięliśmy ze sobą na pokład. Znalazłem też kilka skrzyń z napojami należącymi do naszego szypra oraz pięć lub sześć galonów araku, które spuściłem wprost na tratwę. Gdy byłem tym zajęty, przypływ zaczął przybierać i woda porwała mi kurtkę, kamizelkę i koszulę, które zostawiłem na piasku. Zostałem więc tylko w tym, co miałem na sobie, a więc w pończochach i płóciennych, sięgających kolan spodniach. To mnie zmusiło do rozejrzenia się za jakimś przyodziewkiem. Było go pod dostatkiem, ale wziąłem tylko tyle, ile mi było potrzebne, ponieważ najpilniejszą dla mnie rzeczą było znalezienie narzędzi do pracy na lądzie. Z trudem udało mi się dotrzeć do skrzyni cieśli okrętowego, która była dla mnie skarbem cenniejszym niż cały ładunek złota. Nie przeglądając nawet jej zawartości, zrzuciłem ją na tratwę, po czym zabrałem się do szukania broni i amunicji. W kapitańskiej kajucie znalazłem dwie dobre guldynki, dwa pistolety, woreczek śrutu i dwa zardzewiałe pałasze oraz dwie baryłki z prochem.

Załadowawszy tratwę, miałem problem, jak z tym wszystkim dostać się na ląd. Nie miałem ani żagla, ani steru, a najlżeszy wiatr mógł od razu przewrócić mój wątły stateczek.

Sprzyjały mi trzy okoliczności: gładkie i spokojne morze, przypływ, słaby wietrzyk wiejący w stronę brzegu. Dobrawszy więc trzy złamane wiosła oraz parę dodatkowych pił, siekierę i młotek ruszyłem na morze.

Przez około kilometr tratwa moja płynęła wybornie, choć fala znosiła mnie nieco w bok od miejsca, gdzie wylądowałem poprzednio. Idąc prądem, spodziewałem się znaleźć tam jakiś strumień lub rzekę, która służyłaby mi jako przystań.

Było tak, jak sobie wyobrażałem. Ukazało się przede mną niewielkie wgłębienie lądu, w które wdzierał się prąd przypływu. Kierowałem więc tratwą, jak tylko umiałem, by utrzymać ją pośrodku owego strumienia. O mało się nie rozbiłem, bowiem tratwa osiadła jednym końcem na mieliźnie; niewiele brakowało, a cały ładunek zsunąłby się w wodę. Natężyłem wszystkie siły, opierając się plecami o skrzynie, aby je utrzymać w miejscu. Tak zeszło mi blisko pół godziny. Gdy woda nieco się podniosła, tratwa odzyskała równowagę i poczęła znów kołysać się na powierzchni; silnie wiosłując, znalazłem się wreszcie u ujścia małej rzeczki, niesiony w górę prądem przypływu. Wypatrywałem odpowiedniego miejsca do lądowania, gdyż nie chciałem zapuszczać się zbyt daleko w górę rzeki w nadziei, że przecież kiedyś dostrzegę jakiś okręt na morzu.

W końcu wyśledziłem z prawej strony rzeczki małą zatokę. Skierowałem ku niej z wielkim trudem moją tratwę i podpłynąłem na odległość wiosła ku brzegowi. Brzeg był stromy, więc nie pozostało mi nic innego, jak czekać na jeszcze większy przypływ. Kiedy woda podniosła się na dostateczną wysokość, popchnąłem tratwę do brzegu i tam ją umocowałem, wbiwszy w grunt po obu jej stronach dwa złamane wiosła. Doczekałem się odpływu i wówczas osiadłem z tratwą i z całym ładunkiem na brzegu cało i bezpiecznie.

Następnie postanowiłem rozejrzeć się po okolicy i wyszukać odpowiednie miejsce na schronienie dla siebie i zabezpieczenie mego dobytku. Nie wiedziałem jeszcze, gdzie przebywam: na wyspie czy stałym lądzie? Na zamieszkanej czy bezludnej ziemi?

Mniej więcej o kilometr ode mnie widać było strome wzniesienie, górujące nad innymi wzgórzami. Wziąłem jedną ze strzelb, pistolet oraz rożek z prochem i śrut i tak uzbrojony poszedłem w tamtym kierunku na zwiady. Wdrapawszy się na szczyt, przekonałem się, ku wielkiemu memu zmartwieniu, iż znajduję się na wyspie otoczonej ze wszystkich stron morzem. Nigdzie nie było widać lądu prócz kilku skał oraz dwóch mniejszych wysepek leżących na zachodzie.

Stwierdziłem również, że kraj był bezludny i zamieszkany chyba tylko przez dzikie zwierzęta. Dotąd jednak żadnego z nich nie spotkałem.

Widziałem jedynie obfitość różnego ptactwa. W drodze powrotnej ustrzeliłem wielkiego ptaka siedzącego na drzewie. Myślę, że był to chyba pierwszy strzał, jaki rozległ się na wyspie od stworzenia świata. Ledwo wypaliłem, ze wszystkich stron porwała się chmura ptactwa, wrzeszcząc i pokrzykując na różne głosy. Ów ptak, którego ustrzeliłem, z ubarwienia i dziobu był nieco podobny do jastrzębia, mięso jego cuchnęło padliną i nie nadawał się do jedzenia.

Poprzestawszy na tych odkryciach, wróciłem ku tratwie i zacząłem wynosić na ląd sprzęty, co mi zajęło resztę dnia. Nie wiedziałem, jak spędzę noc. Bałem się kłaść na ziemi, gdzie mógł mnie zaatakować jakiś drapieżnik. Na razie oszańcowałem się, jak umiałem, przyniesionymi na ląd skrzyniami i deskami, budując coś w rodzaju szałasu.

Zacząłem zastanawiać się nad tym, że mógłbym jeszcze przynieść ze statku wiele użytecznych rzeczy, zwłaszcza żagli i lin. Postanowiłem więc odbyć nową wyprawę na pokład statku. A ponieważ wiedziałem, że pierwszy sztorm niechybnie roztrzaska go na kawałki, zdecydowałem udać się tam jak najrychlej. Odbyłem naradę wojenną z samym sobą i postanowiłem skorzystać z najbliższego odpływu.

Dostałem się na okręt za pierwszym razem i sporządziłem drugą tratwę, mając już doświadczenie w tym względzie. Przywiozłem tym razem wiele rzeczy przydatnych, przede wszystkim trzy worki z gwoździami małymi i dużymi, wielki świder, tuzin toporków i kamień szlifierski do ostrzenia żelaza. Wszystko to spakowałem wraz z dwoma czy trzema lewarami żelaznymi, dwiema baryłkami kul, jeszcze jedną dubeltówką, siedmioma muszkietami, garstką prochu, dużym workiem śrutu i płatem ołowiu do wytapiania kulek.

Wziąłem też odzienie, jakie tylko znalazłem, zapasowy żagiel, hamak i nieco pościeli. Udało mi się to wszystko dowieźć bezpiecznie ku wielkiej mojej radości.

Byłem w strachu, aby w czasie mojej nieobecności jaki gość nieproszony nie pożarł mych zapasów, jednak nie zastałem nikogo.

Wyniósłszy cały ładunek na brzeg, wziąłem się natychmiast do rozbijania małego namiotu z płótna żaglowego, do którego zniosłem wszystko, co mogło ulec uszkodzeniu od słońca lub deszczu. Puste beczki i skrzynie spiętrzyłem dookoła namiotu, by zabezpieczyć się przed napaścią ze strony człowieka lub zwierzęcia. Wejście obwarowałem deskami od wewnątrz i od strony wybrzeża, zrobiłem sobie posłanie i z pistoletami pod głową i strzelbą u boku mogłem po raz pierwszy przespać całą noc.

Jak na jednego człowieka posiadałem już wielce pokaźny skład wszelakich różności. Jednak póki statek znajdował się ciągle w tym samym położeniu, zamierzałem wynieść zeń wszystko, co tylko się da. Więc każdego dnia, kiedy woda opadła, udawałem się na pokład i zawsze coś stamtąd przywoziłem.

Po pięciu czy sześciu takich wyprawach, gdy już myślałem, że nie znajdę nic takiego, czym warto by się trudzić, odkryłem wielką składnicę chleba, trzy gąsiory rumu, skrzynię cukru i baryłę przedniej mąki. Dowiozłem to wszystko na ląd szczęśliwie, owinąwszy chleb w kawałki pociętego żagla.

Gdy ogołociłem statek ze wszystkiego, co dało się unieść, poodcinałem wszystkie grube liny wraz z cumą okrętową oraz pozrywałem wszystkie części żelazne, jakie tylko dało się zerwać. Następnie porąbałem reje żagli zapasowych i skleciłem z nich wielką tratwę, obładowałem ją całym tym żelastwem oraz linami i odpłynąłem.

Byłem już trzynasty dzień na wyspie, kiedy niebo zaciągnęło się chmurami, wicher począł się wzmagać, a potem od strony wybrzeża jęła nadciągać burza.

Wichura potężniała z każdą chwilą, a zanim przypływ doszedł do szczytu, już rozpętała się burza.

Ale wtedy spoczywałem już wygodnie w małym namiocie, w zupełnym bezpieczeństwie, otoczony moimi skarbami. Przez całą noc dął srogi wicher. Nazajutrz rano, gdy wyjrzałem na świat, już nie zobaczyłem statku. Nieco mnie to zmartwiło, ale pocieszyłem się myślą, że przynajmniej nie straciłem czasu i przeniosłem na ląd wszystko, co było mi potrzebne.

Teraz zacząłem rozmyślać nad sposobem zabezpieczenia się przed napaścią dzikich ludzi, jeśli takowi byliby na wyspie, albo drapieżnych zwierząt.

Rychło przekonałem się, że miejsce, gdzie dotąd przebywałem, nie nadawało się do zamieszkania, gdyż grunt był tu podmokły i bagnisty, a więc niedobry dla zdrowia, co więcej, nie było w pobliżu źródlanej wody.

Postanowiłem więc wyszukać sobie okolicę zdrowszą, bezpieczniejszą, osłoniętą od słońca i z widokiem na morze.

Wreszcie udało mi się znaleźć małą równinę na zboczu skalistego wzgórza, tak iż żaden napastnik nie mógł zaatakować mnie z góry. Tu, na zielonej równinie, postanowiłem rozbić swój namiot. Teren znajdował się na północno-zachodnim skłonie pagórka, dzięki czemu miałem osłonę przed słońcem aż do zachodu, co na tej szerokości równa się niemal zmierzchowi.

Namiot otoczyłem dwoma rzędami grubych pali zaostrzonych na końcu. Potem liny przywiezione ze statku przeciągnąłem pomiędzy palami częstokołu, aż po sam ich wierzchołek. Częstokół ten był tak mocny, iż ani człowiek, ani zwierz nie zdołałby się przezeń przedostać. Kosztowało mnie to wiele czasu i trudu, zwłaszcza ociosywanie, dźwiganie na wyżynę i wbijanie w ziemię.

Wchodziło się do tej warowni po krótkiej drabinie, którą za sobą wciągałem. Tak obwarowawszy się od świata, spałem spokojnie każdej nocy. Później dopiero okazało się, że wszystkie te środki ostrożności przeciwko ewentualnym wrogom były zbyteczne.

Do tej osobliwej warowni zniosłem z wielkim trudem wszystkie bogactwa, zapasy, broń i sprzęty. Aby się zabezpieczyć od deszczów, które przez pewną część roku bywają tu bardzo gwałtowne, zbudowałem namiot z podwójnego płótna. Teraz sypiałem w hamaku, który był bardzo wygodny i należał niegdyś do starszego oficera.

Uporawszy się ze wszystkim, zacząłem ryć tunel w skale, a kamienie i ziemię z niej wydobytą usypywałem przed namiotem na kształt tarasu, podnosząc grunt na około pół

metra. W ten sposób zrobiłem sobie tuż za namiotem pieczarę, która służyła mi za piwniczkę.

Ta praca trwała wiele dni, zanim ją zupełnie ukończyłem. W tym miejscu wypada, abym się nieco cofnął dla zanotowania innych jeszcze wydarzeń. Właśnie gdym powziął plan ustawienia namiotu i zbudowania pieczary, nadciągnęła silna burza z ulewą. Nagle przed moimi oczyma zapłonęła błyskawica i w ślad za nią ozwał się łoskot grzmotu. Byłem przerażony nie tyle samą błyskawicą, ile raczej myślą, która szybciej od błyskawicy przemknęła mi przez głowę: moje zapasy prochu! Serce zamarło we mnie na samą myśl, że za jednym uderzeniem gromu wszystek mój proch, od którego nie tylko moja obrona, ale i wyżywienie zawisło, mógłby ulec zniszczeniu. Najmniej przejąłem się myślą o własnym niebezpieczeństwie. Gdyby mój proch wyleciał w powietrze, nie miałbym nawet czasu pomyśleć, skąd na mnie spadło takie nieszczęście.

Lęk ten opanował mój umysł tak gwałtownie, że po przejściu burzy natychmiast zaniechałem wszelkiej roboty koło budowy fortyfikacji, a wziąłem się do sporządzania worków i skrzynek, aby zapakować i porozdzielać proch w różne miejsca, w nadziei, że cokolwiek by się stało, przecie niecały zapas zająłby się od razu ogniem. Należało paczki z prochem tak umieścić, aby nie mogły zapalić się jedna od drugiej. Z robotą tą uporałem się w ciągu dwóch tygodni, porozdzielawszy około dwustu czterdziestu funtów prochu na jakie sto paczek. Beczkę, która zamokła, a wskutek tego nie przejmowała mnie obawą wybuchu, umieściłem w piwniczce, nazwanej przeze mnie kuchnią, a resztę ukryłem w dziurach pomiędzy skałami, tak iżby żadna z paczek nie przeszła wilgocią, przy czym starannie znaczyłem na skale miejsca ukrycia.

Przez cały ten czas wychodziłem co najmniej raz dziennie ze strzelbą w celu upolowania czegoś do jedzenia i zaznajomienia się z wyspą, jej zwierzętami i roślinnością.

W czasie pierwszej wyprawy dostrzegłem kilka kóz. Były jednak tak płochliwe, zwinne i szybkie, że nie sposób je było podejść. Nie zniechęciłem się tym wszakże i obmyśliłem na nie pewien sposób. Zauważyłem, że ilekroć widziały mnie w dolinie, uciekały w szalonym popłochu. Natomiast gdy pasły się w dolinie, ja zaś znajdowałem się na skałach, nie zwracały na mnie uwagi. Wywnioskowałem z tego, że z trudem dostrzegają przedmioty znajdujące się ponad nimi. Odtąd zawsze wspinałem się na skały, by znaleźć się wyżej od nich, przy czym miałem nieraz dobry cel do strzału. Pierwszym strzałem ubiłem kozę, która miała przy sobie jeszcze ssące koźlątko. Zmartwiłem się tym bardzo. Gdy matka padła, koźlątko stanęło przy niej i nie ruszyło się z miejsca, póki nie przyszedłem i nie podniosłem jej z ziemi, a wtedy poszło za mną do samej zagrody. Położyłem więc kozę na ziemi, wziąłem koźlątko na ręce i zaniosłem je za palisadę w nadziei, że uda mi się je oswoić. Ale nie chciało jeść, tak iż byłem zmuszony je zabić. Miałem więc zapas mięsa na czas dłuższy, co pozwoliło mi zaoszczędzić innej żywności, szczególnie chleba.

Gdy moja siedziba była zupełnie ukończona, musiałem pomyśleć o kuchni i miejscu na ognisko, a także o nagromadzeniu drzewa na opał. Pracowałem od rana do wieczora, starałem się jak najmniej poświęcać czasu na refleksje, ale prognozy co do mojej przyszłości były jak najgorsze. Zostałem wyrzucony na tę wyspę przez gwałtowną burzę, poza kurs naszej zamierzonej podróży, daleko, setki kilometrów poza normalny trakt handlowy.

Miałem wszelkie powody, by uważać, że w tym odludnym miejscu, w całkowitym opuszczeniu, dokonam żywota.

„Owszem, to prawda, że znajdujesz się w samotności i opuszczeniu - mówiłem do siebie - ale pomyśl, co się stało z resztą twych towarzyszy? Czyż nie było was jedenastu na łodzi? Gdzie tamtych dziesięciu? Czemu oni się nie wyratowali, a tyś nie zginął? Czemu to ty byłeś wyjątkiem? A czy lepiej być tutaj, czy też tam?" I ręką wskazałem na morze.

Jakoż nawet w wielkich nieszczęściach trzeba zawsze widzieć dobro, które się w nich ukrywa.

Potem uświadomiłem sobie, jak dobrze jestem zaopatrzony w środki do życia. Zadałem sobie pytanie, co by się stało ze mną, gdyby nie szczególny przypadek, który raz na sto mógł się zdarzyć, a mianowicie, że statek odpłynął z miejsca, gdzie się rozbił i został poniesiony falą tak blisko brzegu. Co bym począł ze sobą, gdybym musiał żyć bez środków koniecznych do życia, ba, nawet bez środków do zdobycia żywności.

– A szczególnie – powiedziałem głośno sam do siebie – co bym począł bez strzelby, amunicji, narzędzi, odzieży, namiotu i pościeli?

A teraz miałem to wszystko w ilości wystarczającej, by wieść znośny tryb życia, nie odczuwając braków. Jednak od samego początku rozmyślałem nad tym, jak się zabezpieczyć przed ewentualnymi przypadkami, kiedy na przykład wyczerpie się amunicja albo zawiodą mnie siły i zdrowie.

Przystąpię zatem do opisu mego cichego życia, o jakim być może nie słyszano od początku świata. Był to, wedle moich obliczeń, dzień 30 września, gdy w sposób już wyżej opowiedziany stanąłem po raz pierwszy na tej okropnej wyspie. Ponieważ słońce będące w jesiennym zrównaniu się dnia z nocą znajdowało się niemal nad moją głową, przeto obliczyłem, iż przebywam pod 9. stopniem 22 minutami szerokości północnej.

Minęło już dziesięć czy dwanaście dni, gdy przyszło mi na myśl, że na skutek braku książek, pióra i atramentu mogę zatracić rachubę czasu i nie odróżniać dni świątecznych od powszednich. Ażeby temu zapobiec, wyciąłem nożem na graniastym słupie wbitym w ziemię na miejscu pierwszego lądowania następujący napis: „Tutaj wylądowałem 30 września roku 1659".

Po bokach słupa nacinałem codziennie jeden karb, a co siódme nacięcie było dwa razy dłuższe od sześciu poprzednich. Pierwszy dzień każdego miesiąca wyróżniałem jeszcze dłuższym nacięciem. W ten sposób prowadziłem kalendarz, czyli tygodniową, miesięczną, a w końcu i roczną rachubę czasu.

Muszę jeszcze wspomnieć, że mieliśmy na pokładzie psa i dwa koty, których ciekawą historię będę miał jeszcze okazję opowiedzieć. Oba koty zabrałem ze sobą, pies natomiast sam zeskoczył z pokładu i przypłynął na wyspę następnego dnia po przewiezieniu przeze mnie pierwszego ładunku. Odtąd psisko było mi wiernym sługą przez wiele lat.

Co się zaś tyczy inkaustu, pióra i papieru, to oszczędzałem je do ostateczności. I nadmienię, że póki miałem inkaust, prowadziłem bardzo ścisłe zapiski. Gdy mi go zabrakło, już nie mogłem tego czynić, bo mimo wszelkich prób nie potrafiłem inkaustu sfabrykować.

Brak niektórych narzędzi, takich jak: łopata, kilof, motyka, igły, nici, bardzo mi utrudniał postęp różnych robót. Rok niemal upłynął, zanim ostatecznie ukończyłem budowę mojego palami obwiedzionego domostwa. Dużo czasu zabierało mi rąbanie i ociosywanie kołków w lesie, jeszcze więcej dźwiganie ich do mego siedliska. Czasem dwa dni mi zajęło zrobienie i przeniesienie jednego pala, a dzień na wbicie go w ziemię. Do wbijania używałem ciężkiej kłody, potem zaś zastąpiłem ją żelaznym drągiem, jednakże i tak praca szła mi opornie i uciążliwie.

Ale nie było sensu skarżyć się na uciążliwość pracy, skoro czasu miałem aż za wiele, a przy tym żadnego innego zajęcia zaplanowanego na przyszłość, z wyjątkiem wypraw w celu wyszukania zwierzyny, które odbywałem prawie co dzień, w zależności od ochoty.

Zacząłem teraz poważnie rozmyślać nad moim położeniem i warunkami, w jakich zmuszony byłem żyć. Zapisywałem sobie wyniki tych rozważań, nie po to, żeby przekazać je potomności (gdyż nie zanosiło się na to, bym miał mieć wielu spadkobierców), lecz żeby przynieść myślom ulgę i otrząsnąć się z przygnębienia. Ponieważ rozsądek brał górę nad zwątpieniem, więc umiałem znaleźć pociechę, zestawiając złe i dobre strony mego położenia w taki oto sposób:

ZŁO
Zostałem wyrzucony na straszną i bezludną wyspę, pozbawiony nadziei wydostania się z niej.
Zostałem odcięty od całego świata, by znosić niedolę.
Jestem samotnikiem pozbawionym ludzkiego widoku, wygnanym z ludzkiej społeczności.
Nie mam szat, w które mógłbym się ubrać.
Jestem bez środków do odpierania przemocy człowieka lub zwierzęcia.
Nie mam tu żywej duszy, z którą mógłbym rozmawiać albo doznać od niej pociechy.

DOBRO
Ale żyję, nie utonąłem jak moi towarzysze.
Ale zostałem też wyróżniony spośród całej załogi statku i ocalony od śmierci. A Ten, który cudownie uratował mi życie, jest w mocy wybawić mnie i z obecnego położenia.
Ale nie umieram z głodu na jałowej ziemi niedającej żadnego utrzymania.
Ale żyję w klimacie gorącym, w którym nawet gdybym miał odzienie, mógłbym go nie nosić.
Ale znajduję się na wyspie, gdzie nie ma dzikich i drapieżnych bestii, jakie widywałem na brzegach Afryki. A co by było, gdybym tam się rozbił?

Ale Bóg cudownym trafem doprowadził statek tak blisko brzegów, że mogłem z niego wydobyć tyle dobrych i użytecznych rzeczy, które zaspokajają moje podstawowe potrzeby.

Z tego porównania jasno wynika, że moje tragiczne położenie oprócz stron ujemnych posiadało również dodatnie, za które należy dziękować niebiosom. Doświadczenie nabyte przeze mnie niech będzie nader użyteczną nauką, że w każdym, choćby najgorszym położeniu znajduje się jakaś pociecha, którą w ogólnym rachunku dobra i zła zapisać można po stronie zysków.

Tak więc pogodziwszy się nieco z losem i zaniechawszy ciągłego spoglądania ku morzu w poszukiwaniu statków, zacząłem myśleć o urządzeniu sobie życia, żeby było w miarę możności znośne i wygodne.

Opisałem już moją siedzibę usytuowaną w cieniu skały, otoczoną mocną palisadą. Ale teraz to ogrodzenie należałoby raczej nazwać wałem, gdyż od strony zewnętrznej zrobiłem usypisko z ziemi i darni szerokie na pół metra. Całość pokryłem gałęziami oraz innym materiałem, który mógł mnie uchronić od ulewnych i dokuczliwych deszczów w niektórych porach roku.

Wszystkie moje zasoby, które zniosłem do siedliska, początkowo leżały bezładnie, tak iż zajmowały wiele miejsca w zagrodzie i w jaskini. Zacząłem więc poszerzać jaskinię, co szło mi łatwo, gdyż grunt był w tym miejscu miękki i piaszczysty. A gdy się przekonałem, że jestem zabezpieczony od drapieżników, zacząłem wkopywać się w głąb skały, potem zaś skręcając w prawo, przebiłem ją na wylot, tworząc coś w rodzaju drzwi wyjściowych. Mogłem teraz nie tylko wychodzić i powracać od tyłu do namiotu, lecz także wygospodarować więcej miejsca do ulokowania zapasów.

Następnie zrobiłem różne przedmioty, które były mi potrzebne, przede wszystkim stół i krzesło, gdyż bez nich trudno było mi jeść po ludzku, pisać czy też czytać.

Choć dawniej nigdy nie miewałem nawet w ręku stolarskich narzędzi, przy usilnej pracy, rozwadze i pomysłowości byłem w stanie zrobić każdy potrzebny sprzęt za pomocą siekiery i topora.

Gdy się już urządziłem, zacząłem prowadzić dziennik codziennych zajęć. Przedtem nie byłem w stanie tego robić, ponieważ byłem w tragicznie złym usposobieniu. Na przykład pod datą 30 września musiałbym napisać:

„30 września. Dotarłszy na ląd, o krok od utonięcia, najpierw zwymiotowałem słoną wodę. Przyszedłszy nieco do siebie, zamiast podziękować Bogu za ocalenie, biegałem wzdłuż wybrzeża, łamiąc ręce, bijąc się po twarzy i głowie, utyskując na swą niedolę, krzycząc, aż w końcu, zmęczony, wyczerpany, osłabiony, położyłem się na ziemi, ale bałem się zasnąć z obawy przed pożarciem przez dzikie bestie.

W kilka dni później, po zabraniu z okrętu wszystkiego, co tylko dało się zabrać, postanowiłem wejść na pagórek, skąd można było ogarnąć wzrokiem wielką przestrzeń morza, w nadziei ujrzenia jakiegoś statku. Zdawało mi się przez chwilę, że dostrzegłem żagiel w bardzo wielkiej odległości, wypatrywałem oczy, aż mało nie oślepłem, ale było to tylko złudzenie".

Przytaczam zatem tyle, ile zdołałem napisać, dopóki nie zabrakło mi inkaustu.

DZIENNIK

30 września 1659. Ja, nieszczęsny Robinson Kruzoe, rozbiwszy się na morzu w czasie straszliwej burzy, dostałem się na brzeg tej niefortunnej wyspy, którą nazwałem Wyspą Rozpaczy. Wszyscy moi towarzysze zatonęli, ja sam ledwo uszedłem z życiem. Dzień spędziłem, wylewając strumienie łez nad swoją smutną sytuacją: nie miałem jadła, domu,

odzienia, broni ani miejsca, dokąd bym uciekł. Lękałem się, iż mogę być pożarty przez dzikie zwierzęta, zamordowany przez dzikich ludzi lub że umrę z głodu wskutek braku żywności. Z nadejściem nocy znalazłem sobie spoczynek na drzewie, w obawie przed drapieżnikami. Mimo deszczu spałem twardo przez całą noc.

1 października. Rankiem, ku memu wielkiemu zdumieniu, zobaczyłem statek bujający się na falach przypływu, przygnany pod samo wybrzeże. Z jednej strony byłem uradowany, że uda mi się dostać na statek i zdobyć jakąś żywność i środki potrzebne do życia, z drugiej jednak odczułem żal za utraconymi przyjaciółmi. Na takich frasunkach zeszła mi znaczna część dnia, a w ciągu następnej dobrnąłem po piasku, jak daleko mogłem, a potem popłynąłem ku statkowi. Przez cały dzień padał deszcz, choć wiatru nie było.

Od 1 do 24 października. Dnie te zeszły mi na częstych wyprawach, w których za pomocą tratew przewoziłem, co się tylko dało, ze statku. Przez czas ten często padały deszcze, choć były i dni pogodne. Zdaje się, że jest to tutaj pora deszczowa.

25 października. Deszcz padał całą dobę, było wietrzno. Statek rozpadł się na szczątki, które gdzieniegdzie można było dostrzec na płyciznach. Dzień minął mi na osłanianiu i zabezpieczaniu przed deszczem zdobytych zapasów i narzędzi.

26 października. Niemal cały dzień chodziłem po wybrzeżu, by wyszukać sobie stałe miejsce zamieszkania, niedostępne dla dzikich zwierząt lub ludzi. Przed nocą znalazłem takie pod skałą i wytyczyłem półkole na obozowisko, które postanowiłem umocnić wałem, palisadą z dwu rzędów dyli powiązanych linami od wewnątrz i wspartych pokładem darni po stronie zewnętrznej.

Od 26 do 30 października trudziłem się nad znoszeniem moich zasobów do nowej siedziby, mimo że przez znaczną część tego czasu padał rzęsisty deszcz.

31 października. Rankiem tego dnia wyszedłem ze strzelbą na poszukiwanie żywności i poznanie okolicy. Zabiłem kozę, a koźlątko poszło za mną; później zabiłem je także, bo nie chciało nic jeść.

1 listopada. Rozbiłem namiot pod skałą i urządziłem sobie tam pierwszy nocleg, rozpiąwszy hamak na wbitych w ziemię drągach.

2 listopada. Z kufrów, desek i skrzyń, z których składały się moje tratwy, zbudowałem coś w rodzaju płotu okalającego moje domostwo.

3 listopada. Wyszedłem ze strzelbą i ustrzeliłem dwa ptaki podobne do kaczek, bardzo smakowite. Po południu wziąłem się do sporządzania stołu.

4 listopada. Ułożyłem sobie rozkład zajęć, znajdując czas na pracę, polowanie, rozrywkę i odpoczynek. Rankiem, jeśli nie będzie deszczu, będę wychodził ze strzelbą na trzy godziny. Potem, do godziny jedenastej, zajmę się jakąś pracą. Od południa do drugiej godziny drzemka, jako że pora bywa niezmiernie gorąca. Wieczorem znów robota. Ten dzień i cały następny zajęło mi zbijanie stołu. Marny był jeszcze ze mnie robotnik, choć w miarę upływu czasu wykształciłem się na dobrego rzemieślnika.

5 listopada. Wyszedłem na polowanie z psem. Zabiłem dzikiego kota o pięknym futrze, lecz mięso było do niczego. Odtąd ściągałem skórę z każdego upolowanego zwierzęcia. W drodze powrotnej widziałem na wybrzeżu różne, nieznane mi gatunki ptactwa. Zaskoczył mnie i niemal przestraszył widok dwóch fok, które zbiegły przede mną w morze, zanim zdążyłem dobrze im się przypatrzyć.

6 listopada. Po rannej przechadzce wziąłem się znów do zbijania stołu i ukończyłem go, choć nie byłem z siebie zadowolony. Ale niebawem zacząłem go ulepszać.

Od 7 listopada zaczęła się piękna pogoda. Przez kilka dni, z wyjątkiem niedzieli, trudziłem się nad sporządzeniem stołka, kilka razy rozbiłem go w kawałki, aż w końcu udało mi się nadać mu znośny wygląd.

13 listopada. Spadł deszcz, dający zarówno mnie, jak i ziemi ochłodę. Jednak groźne grzmoty i błyskawice napędziły mi nie lada strachu, gdy pomyślałem o zapasie mego prochu. Gdy burza przeszła, postanowiłem porozdzielać proch na mniejsze porcje, aby uchronić go przed niebezpieczeństwem.

Od 14 do 16 listopada. Przez te trzy dni przygotowywałem małe skrzynki na proch, które umieściłem w bezpiecznych i możliwie od siebie odległych miejscach. Jednego dnia ustrzeliłem ptaka nieznanego mi gatunku, ale wielce smakowitego.

17 listopada. Zacząłem wkopywać się w skałę za namiotem, by powiększyć moje domostwo. (Brakowało mi kilofa, łopaty oraz taczki. Przerwałem robotę i zacząłem myśleć o zdobyciu tych narzędzi. Zamiast kilofa używałem żelaznego łomu, który, acz ciężki, okazał się dość przydatny. Natomiast łopaty czy motyki nie miałem czym zastąpić ani z czego sporządzić).

18 listopada. Znalazłem drzewo podobne do tego, które w Brazylii zwą drzewem żelaznym z powodu jego niezwykłej twardości. W trudzie niemałym, omal nie złamawszy siekiery, uciąłem gałąź tego drzewa i z niemniejszym znojem przeniosłem ją do zagrody, bo ciężar drzewa dorównywał jego twardości. Ciężka i trudna była to praca, ale w końcu wyciosałem z niego łopatę, której rękojeść była zupełnie taka sama jak u nas w Anglii.

10 grudnia. Zająłem się rozszerzaniem i pogłębianiem jaskini, aby mieć dodatkową przestrzeń, w której chciałem urządzić kuchnię, jadalnię i piwnicę. Nagle (zapewne dlatego, że uczyniłem ją zbyt dużą) wielki płat ziemi oberwał się z powały i z jednej ściany, co zatrwożyło mnie bardzo, bo gdybym znajdował się w pobliżu, już by mi potrzeba było grabarza. Po tym wypadku miałem znów wiele do roboty,

bo nie dość, że musiałem wynosić obsypaną ziemię, ale, co ważniejsze, podeprzeć powałę, żeby mieć pewność, iż się taki przypadek więcej nie powtórzy.

11 grudnia. Wziąłem się do roboty. Wbiłem dwa słupy sięgające powały, umieszczając na każdym z nich dwie poprzeczne deski. Robotę tę ukończyłem następnego dnia. W ciągu tygodnia ustawiłem więcej takich słupów; miałem już bezpieczny dach nad głową. Pale te, stojące rzędami, przegradzały piwnicę na części.

17 grudnia. Od dzisiejszego dnia do 20 grudnia rozmieszczałem półki i wbijałem gwoździe w słupy do rozwieszania różnych przedmiotów. Odtąd już miałem porządek w pomieszczeniach.

20 grudnia. Przeniosłem wszystko do jaskini i zacząłem urządzać mój dom mieszkalny. Choć już zaczęło mi brakować desek, skleciłem coś w rodzaju kredensu do przechowywania zapasów żywności. Zmajstrowałem także drugi stół.

24 grudnia. Deszcz ulewny przez całą dobę; nie wychodziłem dziś wcale.

25 grudnia. Deszcz bez przerwy.

26 grudnia. Deszcz ustał; ziemia bardzo miękka i chłodniejsza niż poprzednio.

27 grudnia. Zabiłem koziołka, a drugiego, okulawionego, schwytałem i zaprowadziłem na powrozie do domu. Opatrzyłem mu złamaną nogę.

(Starałem się bardzo, by utrzymać go przy życiu; noga zrosła się i koziołek znowu biega. Przez moją pieczołowitość oswoił się ze mną i nie chciał odejść, lecz pasł się na skrawku zieleni przed domem. Pierwszy raz przyszło mi wtedy na myśl, by oswoić kilka zwierząt, a tym samym zaopatrzyć się w żywność na okres, gdy wyczerpią mi się proch i kule).

Od 28 do 30 grudnia wielkie upały, tak że nie wychodziłem przez kilka dni z domu, chyba że wieczorem w poszukiwaniu żywności. Dopiero 1 stycznia wyruszyłem ze strzelbą wczesnym rankiem i późnym wieczorem. Pod wieczór wypatrzyłem w dolinie gromadę kozłów, ale były bardzo płochliwe i trudne do podejścia. Jednak postanowiłem spróbować przyuczyć psa do polowania na nie.

2 stycznia. Wyszedłem z psem i poszczułem go na kozły, ale zawiodłem się, bo zwierzęta stawiły mu czoło, a pies schował ogon pod siebie i nie ośmielił się do nich podejść.

3 stycznia. Przystąpiłem do budowania wału w obawie przed napaścią ze strony dzikich ludzi lub zwierząt.

Praca nad budową i ulepszeniem wału potrwała do 14 kwietnia, chociaż nie miał więcej niż kilkadziesiąt metrów długości. Z tyłu wału pozostawiłem otwór, który służył jako dodatkowe wejście do jaskini.

Mimo iż deszcze utrudniały mi robotę niekiedy całymi tygodniami, pracowałem uporczywie nad zabezpieczeniem mej siedziby. Zwłaszcza dźwiganie, a następnie wbijanie kołków, które były znacznie większe niż potrzeba, kosztowało mnie wiele trudu.

Przez cały czas, jeśli na to pozwalała pogoda, wyruszałem co dzień na polowanie i raz po raz czyniłem jakieś odkrycia. Raz spotkałem dzikie gołębie, które gnieździły się w załomach skał. Wziąłem kilka młodych i próbowałem je oswoić. Nawet mi się to udało, ale kiedy podrosły, odleciały, może dlatego, że nie bardzo miałem czym je karmić. Później jednak nieraz znajdowałem gniazda tych ptaków i podbierałem młode, bo mięso miały wyborne.

W mym gospodarstwie wciąż brakowało jeszcze niejednej rzeczy, której nie potrafiłem zrobić. Nie umiałem, na przykład, sporządzić beczki na wodę, bo brakło mi obręczy, więc po wielu tygodniach bezowocnych wysiłków zaniechałem ich wreszcie.

Bardzo brakowało mi też świec. Z zapadnięciem zmierzchu, zwykle około siódmej wieczorem, zmuszony byłem kłaść się spać. Z żalem wspominałem bryłę wosku, która dawno się już skończyła. Obecnie radziłem sobie tylko w ten sposób, że ilekroć zabiłem kozła, zbierałem odrobinę łoju do małej miseczki wyrobionej z suszonej na słońcu gliny, a wetknąwszy w nią knocik z pakuł, miałem lampkę, która świeciła nie tak wprawdzie jasno jak świeca, ale zawsze nieco rozpraszała ciemności.

W czasie porządkowania zapasów znalazłem woreczek z resztką ziarna, które wysypałem poza wał. Miałem więc mieszek na przechowanie prochu. Działo się to tuż przed porą wielkich deszczów i zapomniałem potem zupełnie o tym zdarzeniu. W jakiś miesiąc później ujrzałem w tym miejscu kępkę strzelających w górę zielonych łodyżek, które początkowo wziąłem za nieznaną mi roślinę. Jakież było moje zdumienie, gdy zobaczyłem niebawem, jak zawiązuje się na nich kilkanaście kłosów jęczmienia.

Niepodobna opisać zdumienia i zmieszania, jakiego doznałem na ów widok. Dotychczas mało przywiązywałem wagi do praktyk religijnych, a o tym, co mnie dotykało, rzadko myślałem inaczej, niż że stało się to na skutek ślepego trafu albo że tak podobało się Bogu. Ale gdy zobaczyłem jęczmień rosnący w klimacie nienadającym się do uprawy zboża, dziwne owładnęło mną uczucie. Sądziłem, iż Bóg cudem jakimś kazał temu zbożu wyrosnąć bez zasiewu, jedynie w celu wyżywienia mnie na tym dzikim pustkowiu.

Wzruszenie przepełniło moje serce i łzy nabiegły mi do oczu. Zacząłem uważać się za szczęśliwca, że taki cud natury wydarzył się z mego powodu. Tym bardziej byłem zdumiony, gdy obok tych kłosów ujrzałem wyrastające jeszcze inne łodyżki, które zidentyfikowałem jako źdźbła ryżu; widywałem je bowiem w czasie mego pobytu w Afryce.

Uważałem ten cud za zrządzenie Opatrzności w celu uratowania mnie od głodu i mając nadzieję, że znajdę więcej tego zboża na wyspie, zacząłem szukać go po wszystkich zakątkach. Nigdzie jednak podobnych kłosów nie znalazłem.

W końcu przypomniałem sobie woreczek z ziarnem, który tu kiedyś wytrząsnąłem. Wówczas zdziwienie moje osłabło i znowu przestałem wierzyć w cuda, a jednocześnie – wyznam tu szczerze – wdzięczność moja względem Opatrzności minęła. Powinienem był raczej dziękować Bogu za to, że ocalił tych kilkanaście ziarnek, które spadły mi tu jakby z nieba, a także za to, że je rzuciłem w tym właśnie miejscu, gdzie osłonięte wysoką skałą mogły wzejść szybko; gdzie indziej bowiem byłyby na pewno wypaliły się i uschły od skwaru.

Pod koniec czerwca pieczołowicie zebrałem kłosy, ziarnko do ziarnka, i postanowiłem zasiać je ponownie, spodziewając się, że w swoim czasie będę miał niewielki zapas potrzebny do zaopatrzenia się w chleb. Ale nie prędzej miałem go spożywać, aż dopiero w czwartym roku mego pobytu na wyspie, a i to jeszcze bardzo oszczędnie, ponieważ zmarnowałem niemal wszystko, co zasiałem za pierwszym razem, nie przestrzegając odpowiedniej pory i siejąc tuż przed porą suchą.

Z równą pieczołowitością zebrałem owych dwadzieścia ździebełek ryżu z tym samym przeznaczeniem – by przyrządzić z nich chleb, a raczej pożywienie, znalazłem bowiem sposób gotowania ryżu zamiast wypiekania z niego chleba, choć z czasem i tego się nauczyłem.

Ale powróćmy do mego dziennika. Jeszcze blisko cztery miesiące pracowałem bardzo ciężko, chcąc skończyć palisadę, co stało się 14 kwietnia i postanowiłem przechodzić przez nią tylko przy pomocy drabinki, aby nie zostawić najmniejszego śladu, że poza nią znajduje się moje mieszkanie.

16 kwietnia. Ukończyłem drabinę, wszedłem po niej na górę, a potem wciągnąłem ją za sobą. Byłem więc już całkowicie obwarowany i nikt nie mógł wedrzeć się do mnie bez uprzedniego zdobycia wału.

Na drugi dzień po ukończeniu wału omal nie zmarnowałem całej mej roboty i sam się nie zabiłem. Gdy zajęty byłem jakąś pracą u wejścia do jaskini, naraz zaczęła sypać się ziemia ze stropu pieczary i z naroża góry tuż nad moją głową, a dwa słupy poczęły trzeszczeć straszliwie. Obawiając się, że mogę być żywcem pogrzebany, dopadłem drabiny i przelazłem na drugą stronę wału. Ledwie znalazłem się na stałym gruncie, zorientowałem się, że to nic innego jak straszliwe trzęsienie ziemi. Ponowiło się ono trzy razy w ciągu ośmiu minut, a wstrząsy były tak silne, że mogły zniszczyć najsilniejszy budynek. Wielki kawał skały zwalił się w morze z tak przeraźliwym hukiem, jakiego nie słyszałem jeszcze nigdy w życiu. Widziałem, że morze wzburzyło się gwałtownie, a wstrząsy silniejsze były pod wodą niż na wyspie.

Byłem z przerażenia niemal półżywy i ogłupiały. Nigdy bowiem nie przeżywałem czegoś podobnego. Nie rozmawiałem też z nikim, kto by tego doświadczył. Falowanie ziemi wywoływało mdłości jak podczas burzy na morzu. Gdy trzeci wstrząs przeszedł, a nowy nie nadchodził przez dłuższy czas, zacząłem odzyskiwać równowagę. Co prawda nie miałem jeszcze śmiałości przeleźć przez palisadę, siedziałem więc na ziemi przybity i strapiony.

Tymczasem niebo się zachmurzyło i zaniosło się na deszcz. Niebawem wicher jął się wzmagać, a w pół godziny rozhulał się straszliwy huragan. Był to widok okropny. Morze pokryło się pianą, brzeg zalewały fale, a drzewa padały wyrwane z korzeniami. Burza trwała około trzech godzin, a potem zaczęła przycichać. W dwie godziny później morze było spokojne, ale ulewa trwała nadal.

Przez cały ten czas siedziałem na ziemi przygnębiony i strwożony. Nagle przyszło mi na myśl, że skoro wichura i ulewa były następstwem trzęsienia ziemi, więc samo trzęsienie już przeszło, a przeto mogę już odważyć się wejść do jaskini. Tak też zrobiłem i ukryłem się w namiocie. Ale deszcz był tak gwałtowny, że zmuszony byłem schronić się w głąb jaskini, choć bardzo się bałem, że jej strop runie mi na głowę.

Ulewa zmusiła mnie do rozpoczęcia nowej pracy, a mianowicie przekopania czegoś w rodzaju rynsztoka w celu odprowadzenia wody, która w przeciwnym razie zalałaby całą pieczarę. Czas jakiś przesiedziałem w jaskini, a przekonawszy się, iż wstrząsy już się nie powtarzają, uspokoiłem się nieco. Żeby dodać sobie otuchy, wydobyłem z mej spiżarni odrobinę araku, którego zresztą używałem bardzo oszczędnie. Padało jeszcze przez całą tę noc i część dnia następnego, tak iż nigdzie wyjść nie mogłem i zacząłem rozmyślać nad moim położeniem. Przekonawszy się, że wyspa bywa narażona na trzęsienia ziemi, uznałem, że nie mogę nadal mieszkać w jaskini, ale muszę wybudować sobie chatkę na otwartej przestrzeni, otoczywszy ją również wałem, by zabezpieczyć się przed napaścią zwierząt lub ludzi. Doszedłem do wniosku, że jeśli pozostanę tutaj, z pewnością któregoś dnia zostanę żywcem pogrzebany.

Pod wpływem takich myśli zamierzałem przenieść mój namiot jak najszybciej z obecnego miejsca, położonego pod nawisłym występem skalnym, który przy następnym wstrząsie z pewnością spadnie na mój dach. Wyszukanie odpowiedniego terenu i sposobów przeniesienia mego siedliska zajęło mi dwa dni, 19 i 20 kwietnia.

Kiedy pomyślałem, by nie być żywcem zagrzebanym, nie mogłem w nocy zasnąć. I kiedy popatrzyłem, jak w mej obecnej siedzibie ile czasu zajmie mi ta cała przeprowadzka, zdecydowałem się, że lepiej poddać się losowi i zostać na dawnym miejscu, póki nie zbuduję sobie nowego obozowiska tak zabezpieczonego, żebym mógł doń spokojnie wszystko przenieść. Postanowiłem niezwłocznie przystąpić do sypania wału w formie kręgu, umocnionego słupami i linami, a po jego ukończeniu przenieść namiot i tam się wprowadzić. Ten plan ułożyłem sobie 21 kwietnia.

22 kwietnia. Zacząłem rozważać możliwości wykonania mego planu. Brakowało mi narzędzi. Miałem trzy duże sie-

kiery i pod dostatkiem toporków (które zabraliśmy, by sprzedać je Indianom), ale były one stępione i mocno wyszczerbione od ciągłego rąbania sękatego, twardego drzewa. A choć miałem kamień szlifierski, nie wiedziałem jeszcze, w jaki sposób go obracać, by naostrzyć narzędzia. Długo myślałem na ten temat niby mąż stanu rozważający problemy polityczne albo sędzia decydujący o ludzkim życiu i śmierci. Na koniec wymyśliłem pewien rodzaj kółka na sznurku, poruszanego nogą, tak iż obie ręce mogłem mieć swobodne.

Zrobienie tej maszyny i wprawienie jej w ruch zabrało mi cały tydzień.

28 i 29 kwietnia zeszły mi na ostrzeniu narzędzi. Maszyna pracuje wybornie.

30 kwietnia. Spostrzegłem, że zapas sucharów się wyczerpuje, zatem z bólem serca zmniejszyłem dzienną porcję do jednego.

1 maja. Rankiem, podczas odpływu, zauważyłem na brzegu jakiś duży przedmiot. Podszedłszy, stwierdziłem, że to beczułka i kilka szczątków statku zagnanych do brzegu przez niedawną wichurę. Sam strzaskany kadłub zdawał się sterczeć nad wodą wyżej niż dawniej. Beczułka zawierała proch, który nasiąkł i stwardniał na kamień. Wytoczyłem ją na razie na brzeg, po czym pobrnąłem po piasku, jak się dało najdalej, ku strzaskanemu wrakowi, w poszukiwaniu nowych „skarbów".

Gdy dotarłem do statku, spostrzegłem że jest w dziwnie zmienionym położeniu. Dziób, który początkowo zarył się w piasku, teraz wznosił się na około dwa metry w górę, rufa, która rozbiła się i oderwała od reszty, była wypchnięta ku górze i przewrócona na bok, a piasek usypał się koło niej tak wysoko, iż mogłem podejść do niej pieszo po odpływie. Początkowo byłem zdumiony tym widokiem, ale szybko wywnioskowałem, iż stało się to wskutek trzęsienia ziemi, które rozbiło wrak na drobniejsze części.

Owo zdarzenie całkowicie zniechęciło mnie do zmiany mieszkania i zacząłem głowić się nad znalezieniem jakiegoś sposobu dostania się do środka statku, lecz nie znalazłem żadnego, bo całe wnętrze było wypełnione piaskiem. Nauczyłem się jednak nie rozpaczać z byle powodu i postanowiłem rozebrać cały statek na części, dochodząc do wniosku, iż każda może mi się na coś przydać.

3 maja. Przepiłowałem belkę, która, jak przypuszczałem, podtrzymywała górną część pokładu, a potem usunąłem, ile mogłem, piasku. W robocie przeszkodził mi przypływ.

4 maja. Wyszedłem na połów ryb, ale nie złowiłem ani jednej zdatnej do jedzenia, więc znudziła mnie ta zabawa. Dopiero na koniec schwytałem młodego delfina. Sporządziłem sobie mocną linkę z włókien lin okrętowych, ale brakło mi haczyków, jednakże nieraz miewałem połów szczęśliwy. Suszyłem ryby na słońcu i spożywałem suszone.

5 maja. Przepiłowałem drugą belkę i zerwałem trzy wielkie deski sosnowe z pokładu, które związałem i spławiłem do brzegu podczas przypływu.

6 maja. Wydostałem ze statku kilkanaście bretnali i innego żelastwa. Wróciłem do domu bardzo zmęczony i zniechęcony do wszystkiego.

7 maja. Byłem na wraku, ale bez zamiaru kontynuowania pracy. Spostrzegłem, że wskutek przepiłowania belek spojenia się rozpadły i rozwarło się wnętrze kadłuba; niczego tam nie znalazłem prócz wody i piasku.

8 maja. Zabrałem ze sobą żelazny łom, by podważyć pokład, który był wolny od piasku i wody. Wyważyłem dwie deski i puściłem je z przypływem ku brzegowi. Łom zostawiłem na statku do następnego dnia.

9 maja. Za pomocą łomu dostałem się do wnętrza kadłuba i wymacałem kilka beczek, ale ich nie mogłem podważyć. Znalazłem także pakę z angielskim ołowiem, poruszyłem ją, ale nie mogłem dźwignąć, bo była za ciężka.

Od 10 do 14 maja stale wyprawiałem się do wraku, zdobyłem wiele desek, belek i do stu pięćdziesięciu kilogramów żelaza.

15 maja. Przyniosłem ze sobą na statek dwie siekierki, próbując urąbać kawałek ołowiu. Jedną siekierkę przyłożyłem ostrzem do bryły, a drugiej używałem zamiast młotka. Ponieważ jednak ołów leżał na około pół metra pod wodą, więc nie mogłem nabrać należytego rozmachu.

16 maja. Przez całą noc wiał gwałtowny wicher i z rana statek robił wrażenie jeszcze bardziej rozwalonego wskutek naporu wody; zbałamuciłem tak długo w lesie, polując na gołębie, że przypływ przeszkodził mi w dostaniu się na niego tego dnia.

17 maja. Zauważyłem kilka szczątków wraku wyrzuconych daleko na brzeg. Postanowiłem zobaczyć, co to jest i znalazłem wielki kawał dziobu okrętowego. Był jednak zbyt ciężki, abym mógł go zabrać ze sobą.

24 maja. Z wyjątkiem 16 maja wyprawiałem się co dzień ku szczątkom statku. Z wielkim trudem rozluźniłem wręgi do tego stopnia, że przy pierwszym przypływie kilka beczek i dwa kufry marynarskie znalazły się na fali. Niestety, wskutek przeciwnego wiatru nic nie dopłynęło do brzegu z wyjątkiem kilku kawałków drewna i baryłki, która zawierała nieco brazylijskiej wieprzowiny, zresztą już zepsutej. Robota ta przeciągnęła się do 15 czerwca, z wyjątkiem tych dni, gdy zajmowałem się zdobywaniem żywności. W końcu miałem dostateczną liczbę belek, desek i żelaza i mógłbym zbudować łódź, gdybym tylko wiedział, jak do tego przystąpić. Udało mi się też odrąbać kilka płatów ołowiu.

16 czerwca. Schodząc na brzeg dostrzegłem olbrzymiego żółwia morskiego. Gdybym wylądował od razu po drugiej stronie wyspy, znajdowałbym ich po sto dziennie, o czym dowiedziałem się później, jednak drogo zapłaciłem za to odkrycie.

17 czerwca. Ugotowałem żółwia i znalazłem w nim sześćdziesiąt jaj. Jego mięso wydało mi się najsmaczniejsze na świecie, zwłaszcza że od czasu przybycia na wyspę nie jadałem innego prócz koźliny i ptactwa.

18 czerwca. Deszcz padał od rana do wieczora i musiałem pozostać w domu. Poczułem dziwne dreszcze, co przypisywałem oziębieniu powietrza, co mi się dziwnym wydało pod tą szerokością geograficzną.

19 czerwca. Nadal mam dreszcze i czuję się bardzo źle.

20 czerwca. Spać nie mogłem, miałem gwałtowne bóle głowy i gorączkę.

21 czerwca. Ciężko zachorowałem. Jestem śmiertelnie przerażony myślą o chorobie, kiedy znikąd nie mogę liczyć na pomoc. Modliłem się do Boga po raz pierwszy od czasu owej burzy, która mnie zaskoczyła po wyjeździe z Hull. Ale nie zdawałem sobie sprawy, co mówię i dlaczego myśli mącą mi się w głowie.

22 czerwca. Czuję się cokolwiek lepiej, niemniej lęk przed chorobą nie ustaje.

23 czerwca. Znów źle się czuję, nawiedzają mnie dreszcze i straszliwe bóle głowy.

24 czerwca. Czuję się o wiele lepiej.

25 czerwca. Znów powróciła gwałtowna febra i gnębiła mnie siedem godzin. Robi mi się na przemian zimno i gorąco, nawiedzają mnie osłabiające poty.

26 czerwca. Zrobiło mi się lepiej. Ponieważ zabrakło mi żywności, wyszedłem ze strzelbą, choć czuję się jeszcze bardzo słaby. Upolowałem kozę i z trudnością dowlokłem ją do domu, usmażyłem kawałek i zjadłem. Szkoda, że z powodu braku garnka nie mogłem sobie ugotować rosołu.

27 czerwca. Nawiedziła mnie febra tak silna, że nie mogłem nic jeść ani pić, tylko cały dzień przeleżałem w łóżku. Choć umierałem z pragnienia, nie miałem sił, by wstać i zaczerpnąć wody. Modliłem się, póki byłem przy-

tomny, wołając: „Boże, bądź miłościw! Boże, bądź miłościw! Boże, ulituj się!". Trwało to chyba trzy godziny, a gdy go-rączka osłabła, zapadłem w sen i obudziłem się późno w nocy. Teraz byłem bardziej rześki, ale jeszcze słaby i nie-zwykle spragniony. Ponieważ jednak nie miałem wody w ja-skini, zmuszony byłem leżeć do rana, aż znów zasnąłem i wtedy nawiedził mnie straszliwy sen.

Śniło mi się, że siedzę u stóp mego wału tam, gdzie w czasie burzy, po trzęsieniu ziemi, i że widzę człowieka zstę-pującego z czarnej chmury w blasku ognistym tak jaskrawym, iż ledwie mogłem na niego podnieść oczy. Twarz miał tak straszliwą, iż trudno opisać ją słowami. Gdy stąpał po ziemi, zdawało mi się, że ziemia drży jak podczas trzęsienia, a po-wietrze przeszywały błyskawice.

Zaczął kroczyć ku mnie, dzierżąc w dłoni długą włócznię, aby mnie zabić. Gdy doszedł do mnie, przemówił przeraża-jącym głosem, którego niepodobna powtórzyć. Zrozumiałem tylko tyle: „Ponieważ wszelkie przestrogi nie wywołały twojej skruchy, przeto umrzesz". To mówiąc, zamierzył się na mnie włócznią.

Nie da się opisać grozy, jaka zapanowała w mej duszy. Niepodobieństwem jest również opisać wrażenia, jakie zo-stało w mym umyśle, gdy się obudziłem i stwierdziłem, że był to tylko sen.

Niestety. Nie byłem wówczas należycie oświecony w sprawach religii. To, czego dowiedziałem się dzięki naukom mego ojca, zatarło się w mej pamięci przez te osiem lat sza-leńczej wędrówki po morzach i ciągłych rozmów z takimi bez-bożnikami, jakimi ja byłem i jakimi zazwyczaj są marynarze. Opanowało mnie jakieś zaślepienie bez pragnienia dobra lub świadomości zła. Byłem zatwardziałą, bezmyślną, zepsutą istotą jak większość naszych majtków. Nie czułem w sobie bo-jaźni bożej w obliczu niebezpieczeństwa ani wdzięczności dla Boga za odwrócenie ich ode mnie.

Po prostu nie myślałem o Bogu ani o Opatrzności. Żyłem jak zwierzę, kierujące się prawami natury oraz zdrowym rozsądkiem, a i to nie zawsze.

Kiedy zostałem uratowany przez portugalskiego kapitana, który obszedł się ze mną tak wspaniałomyślnie, nie okazałem za to najmniejszej wdzięczności. Gdy zaś statek mój rozbił się ponownie i znalazłem się na wyspie bez środków do życia i bliski zatonięcia, nie odczuwałem wyrzutów sumienia ani też nie dopatrywałem się w mym losie sądu bożego. Powtarzałem sobie tylko nieraz, że jestem nieszczęśliwym stworzeniem, zrodzonym, by cierpieć.

Ale teraz, gdy zachorowałem i wydawało mi się, że moje dni są policzone, wówczas sumienie, które dotąd spało, poczęło się budzić i czynić mi wyrzuty z powodu mojej przeszłości, która była tak niechlubna, że skłoniła bożą sprawiedliwość, by dotknęła mnie swą karcącą dłonią i wymierzyła mi tak dotkliwe ciosy.

Podobne rozmyślania gnębiły mnie w drugim i trzecim dniu mojej choroby; gorączka i straszliwe wyrzuty sumienia wydobyły z mych ust słowa podobne modłom do Boga. Świadomość mych przewinień rosła we mnie, a trwoga przed śmiercią opanowała całkowicie mój umysł, a łzy same napływały mi do oczu.

Wówczas przyszły mi na myśl zacne rady ojca, a zwłaszcza jego proroctwa, że jeśli postąpię wbrew jego woli, Bóg nie będzie mi błogosławił i nie znajdzie się nikt, kto zechce podać mi pomocną rękę.

„I oto – rzekłem sam do siebie – sprawdziły się słowa mego kochanego ojca. Dotknęła mnie sprawiedliwość boża. Zlekceważyłem głos Opatrzności, która dała mi szanse życia beztroskiego i szczęśliwego. Porzuciłem zrozpaczonych rodziców i teraz muszę pokutować za własne winy. Wzgardziłem ich pomocą i poparciem, za co dziś muszę walczyć z trudnościami. Nie ma dla mnie rady ani pomocy, wsparcia ani pociechy".

A potem zawołałem głośno:

– Boże, przyjdź mi z pomocą, bo jestem w wielkim utrapieniu!

Była to chyba pierwsza moja modlitwa od wielu lat. Ale powróćmy do mego dziennika.

28 czerwca. Pokrzepiwszy się nieco snem, po ataku febry, odważyłem się wstać z łóżka. Trwoga wywołana sennymi widzeniami była jeszcze wielka, jednakże licząc się z tym, że gorączka może wkrótce wrócić, postanowiłem skorzystać z chwili spokojniejszej i zaopatrzyć się nieco na okres choroby. Najpierw napełniłem wodą wielką kanciastą flaszkę i umieściłem ją na stole w pobliżu mego łóżka, dolawszy do niej kwaterkę rumu, by zabić bakterie. Potem, na żarzących się węglach, usmażyłem kawałek koźlego mięsa, ale nie byłem w stanie go przełknąć. Chodziłem wprawdzie, lecz bardzo osłabiony i przygnębiony swym położeniem, obawiając się nawrotu gorączki. Wieczorem upiekłem w popiele trzy żółwie jaja i spożyłem je; był to chyba pierwszy mój posiłek w życiu, za który złożyłem Bogu dziękczynienie.

Po wieczerzy próbowałem się przejść, ale byłem tak słaby, iż ledwo mogłem udźwignąć strzelbę, bez której nigdy nie wychodziłem. Zrobiwszy zaledwie kilka kroków, siadłem na ziemi, spoglądając na gładkie i spokojne morze, ciągnące się przede mną. A gdy tak siedziałem, różne myśli przychodziły mi do głowy: Czym jest ta ziemia i to morze, które przemierzyłem? Skąd się wzięły? Kim ja jestem oraz wszystkie inne stworzenia, dzikie i oswojone, łagodne i okrutne? Skąd się wszyscy wzięliśmy? Niewątpliwie stworzyła nas ta sama potęga, która ukształtowała ziemie i morze, niebo i powietrze. A kim jest ta potęga?

Odpowiedź była całkiem prosta. To wszystko stworzył Bóg. A z tego wypłynął prosty wniosek, że jeżeli Bóg stworzył to wszystko, to On też tym wszystkim rządzi i kieruje. A jeżeli tak jest, to nic nie może się zdarzyć bez Jego wiedzy i woli.

Wobec tego wie, że ja tu przebywam i że jestem w ciężkim położeniu, a cokolwiek mi się przydarzyło, stało się z Jego woli. Nie znalazłem żadnego argumentu, który by temu rozumowaniu zaprzeczył. Przeciwnie, ugruntowało się we mnie jeszcze bardziej przekonanie, że wszystko to widocznie jest potrzebne i dzieje się z woli Boga; Jego woli przypisywałem moje obecne ciężkie położenie, gdyż Bóg ma moc nie tylko nade mną, ale nad wszystkim, co dzieje się na świecie.

I natychmiast narzuciło mi się pytanie: „Czemu Bóg tak ze mną postąpił? Cóż takiego uczyniłem, że to wszystko mnie spotkało?".

Naraz usłyszałem wyraźny głos w sobie: „Nieszczęśliwcze! Ty pytasz, co uczyniłeś? Przypomnij sobie swoje nędzne życie i zapytaj sam siebie: co uczyniłeś? Zapytaj! Czemu już dawno nie zginąłeś? Czemu nie utonąłeś w zatoce Yarmouth? Czemu cię nie zabito, gdy statek zdobyli Maurowie? Czemu nie został pożarty przez dzikie bestie u wybrzeży Afryki? Albo nie utonąłeś tutaj, gdzie z wyjątkiem ciebie zginęła cała załoga? Czy teraz zapytasz: – Cóż uczyniłem?".

Byłem jak rażony piorunem, nie będąc w stanie rzec ani słowa. Wstałem smutny i zamyślony i wróciłem do mego schroniska, by się położyć, ale kłębiące się myśli nie pozwalały mi zasnąć. Siadłem na krześle i zaświeciłem lampę. Pełen obaw przed nawrotem choroby, przypomniałem sobie nagle, że Brazylijczycy na wszelkie swe dolegliwości używają jedynie tytoniu. W jednym z kufrów miałem zwój suszonego tytoniu, a także nieco zielonych i niedosuszonych liści.

Nie namyślając się długo, postanowiłem wypróbować na sobie jego moc, mając nadzieję, że znalazłem lekarstwo nie tylko dla ciała, ale i dla duszy. Po otwarciu kufra ujrzałem nie tylko tytoń, ale także kilka książek. Wziąłem jedną z Biblii, do których zajrzeć nie miałem dotąd ani czasu, ani ochoty, i położyłem ją wraz z tytoniem na stole.

Nie widziałem, jaki użytek zrobić z tytoniu ani też czy przyniesie ulgę w mojej chorobie. Próbowałem na różne sposoby. Najpierw żułem liść w ustach, co odurzyło mnie całkowicie, gdyż był to tytoń jeszcze zielony i mocny, a ja nie byłem do niego przyzwyczajony. Potem wziąłem garstkę liści i moczyłem je z godzinę w rumie, zamierzając napić się tego lekarstwa przed spaniem. Na koniec rzuciłem znów garstkę do czarki z żarzącym się węglem i trzymałem nos tuż ponad nią, dopóki byłem w stanie znieść gorąco oraz duszący dym.

Równocześnie zacząłem czytać Biblię, ale głowę miałem zbyt odurzoną dymem tytoniowym, bym mógł się skupić. Utkwiły mi tylko w pamięci pierwsze słowa, jakie napotkałem po otwarciu księgi: „Wzywaj mię w dniach utrapienia twego, a ja cię wybawię i będziesz wychwalał imię moje".

Słowa te były bardzo stosowne do mego położenia i zrobiły na mnie pewne wrażenie. Od tej pory często zadawałem sobie pytanie: „Czy Bóg potrafi wybawić mnie z tego miejsca?". I chociaż przez wiele lat nie otrzymywałem żadnej odpowiedzi, jednak myśl ta często powracała do mnie i słowa Biblii czyniły na mnie wielkie wrażenie.

Zrobiło się późno, a tytoń tak mnie odurzył, iż poczułem senność. Zostawiwszy więc zapaloną lampę w jaskini, poszedłem do łóżka, ale zanim zasnąłem, zrobiłem coś, czego nie robiłem jeszcze nigdy w mym zdrożnym życiu. Uklękłem i modliłem się do Boga, by spełnił swą obietnicę i przyszedł mi z pomocą, gdy będę Go wzywał w dniu utrapienia. Po tej przerywanej i niedoskonałej modlitwie wypiłem łyk rumu z tytoniem, po którym zaszumiało mi potężnie w głowie, i zapadłem w głęboki sen. Obudziłem się dopiero o trzeciej po południu. Do dziś jestem przekonany, że przespałem cały dzień i noc następną oraz połowę dnia trzeciego, inaczej bowiem nie umiem wyjaśnić, że straciłem cały dzień w mych obliczeniach, jak to się okazało kilka lat później.

Tak czy owak, kiedy się obudziłem, czułem się niezwykle pokrzepiony, a jednocześnie ożywiony i radosny na duchu. Gdy wstałem, miałem już więcej sił niż poprzedniego dnia, a i żołądek domagał się pożywienia. Gorączka już nie wróciła i od owego dnia, to jest od 29 czerwca, zacząłem stopniowo przychodzić do zdrowia.

30 czerwca czułem się dobrze. Wyszedłem na dwór ze strzelbą, ale nie zapuszczałem się zbyt daleko. Zabiłem parę ptaków morskich, podobnych do dzikich gęsi, i przyniosłem je do domu, ale nie miałem na nie apetytu. Zjadłem więc tylko kilka żółwich jaj, które były wyborne. Wieczorem znów zażyłem lekarstwo, które mi tak pomogło, to znaczy rum zaprawiony tytoniem, ale w mniejszej już dawce. Nie żułem już liści ani nie wędziłem głowy w dymie. Nazajutrz, to jest 1 lipca, nie czułem się tak dobrze, jak się spodziewałem, miałem atak zimnicy, ale niezbyt silny.

2 lipca. Powtórzyłem wszystkie trzy sposoby zażywania lekarstwa, podwajając porcję trunku, czym uśpiłem się jak za pierwszym razem.

3 lipca. Pozbyłem się już na dobre gorączki, choć pełni sił nie odzyskałem jeszcze przez kilka tygodni. Kiedy przychodziłem do zdrowia, myśl moja krążyła uporczywie koło owych słów Biblii: „Ja cię wybawię", choć w nie nie wierzyłem, biorąc pod uwagę moje tragiczne położenie. Nagle zaświtała mi w głowie świadomość, iż dotąd nie uświadamiałem sobie wybawienia, jakiego już doznałem. Czyż nie zostałem cudownie uleczony? A co ja ze swej strony uczyniłem? Bóg mnie wybawił, a ja Go nie sławię, nie okazuję mu wdzięczności.

Poczułem silne wzruszenie, padłem na kolana i głośno dziękowałem Bogu za wybawienie mnie z choroby.

4 lipca. Rano wziąłem Biblię, otworzyłem ją na Nowym Testamencie i zacząłem czytać. Postanowiłem, że tak będę rozpoczynał i kończył każdy dzień, nie zakładając z góry

określonej liczby rozdziałów, lecz postanawiając przyswoić sobie tylko tyle, na ile pozwalać mi będzie bieg mych myśli.

Ledwo zabrałem się poważnie do czytania, a już serce moje przepełniła skrucha i szczery żal za grzechy.

Upuściłem z rąk książkę i padłem na kolana z sercem i rękoma wzniesionymi ku niebu.

Mogę powiedzieć, iż była to w życiu moim pierwsza modlitwa w pełnym tego słowa znaczeniu. Modliłem się teraz z prawdziwym zrozumieniem mego położenia i z nadzieją, że Bóg mnie wysłucha.

Odtąd też inaczej zacząłem rozumieć słowa Boga: „Wzywaj mnie, a ja cię wybawię". Liczyłem na wybawienie z więzienia, za jakie uważałem moją wyspę, ale także od takiego życia, jakie do tej pory prowadziłem, pełnego grzechów, ułomności i braku pokory. Odtąd moja samotność przestała być dla mnie ciężarem. Nie śmiałem nawet prosić Boga, aby mnie od niej uwolnił, ani kłaść tego uwolnienia na szali moich najgorętszych życzeń. Bowiem wszystko to było bez znaczenia w porównaniu z pragnieniem, aby być uwolnionym od winy. Piszę to po to, aby uświadomić wszystkim, że uwolnienie od grzechu jest większym błogosławieństwem niż uwolnienie od cierpienia. Kończąc te rozważania, powracam do mego dziennika.

Położenie moje, jakkolwiek ciągle nieszczęśliwe, wydało mi się teraz stokroć znośniejsze. Kierując myśli ku sprawom wyższym przez ustawiczne czytanie Biblii i modlitwę, doznawałem wielkiej pociechy wpierw mi nieznanej. Skoro tylko odzyskałem zdrowie i siły, zająłem się tym wszystkim, co uczyniłoby warunki mego życia bardziej normalnymi.

Przekonałem się, że najbardziej zgubne dla zdrowia jest pozostawanie pod gołym niebem w czasie deszczów, zwłaszcza gdy towarzyszą im burze i huragany.

Od 4 do 14 lipca chodziłem ze strzelbą na niedługie wyprawy, odzyskując dopiero siły. Trudno sobie wyobrazić, jak byłem osłabiony. Sporządzone przeze mnie lekarstwo, którego być może nikt przede mną nie praktykował w czasie febry i którego nie ośmieliłbym się komukolwiek doradzić, wyciągnęło mnie wprawdzie z ataków febry, ale poważnie mnie osłabiło.

Byłem na tej nieszczęsnej wyspie już chyba z dziesięć miesięcy i straciłem wszelką nadzieję, że kiedykolwiek się stąd wydostanę. Zabezpieczywszy całkowicie swoje siedlisko, postanowiłem wypuścić się teraz w głąb wyspy i zobaczyć, czym jest w stanie mnie jeszcze zaskoczyć.

Od 15 lipca rozpocząłem systematyczne poszukiwania. Najpierw udałem się w górę owego strumienia, gdzie niegdyś przyholowałem do brzegu moje tratwy. Uszedłszy około dwóch kilometrów, przekonałem się, że przypływ morski wyżej już nie sięga i że w górnym biegu płynie jedynie mały strumyczek z dobrą i świeżą wodą. Był to jednak okres suszy i zaledwie miejscami sączyło się trochę wody. Brzegi tego strumyka porastały łąki; nieco powyżej, gdzie już nie sięgały wylewy, znalazłem kępy zielonego tytoniu, rosnącego na silnych łodygach. Było też wiele innych roślin, ale nie znałem ich nazw i przeznaczenia. Szukałem korzeni kassawy, z których Indianie wypiekają chleb, ale nie znalazłem. Spotykałem wielkie aloesy, ale nie znałem jeszcze ich zastosowania. Było też nieco trzciny cukrowej, ale dzikiej i zdziczałej z braku nawożenia.

Poprzestając na razie na tych odkryciach, wróciłem do domu, żałując, iż podczas mego pobytu w Brazylii tak mało zebrałem wiadomości na temat właściwości różnych roślin, które teraz bardzo by mi się przydały.

Nazajutrz, 16 lipca, podążając dalej w tym samym kierunku, znalazłem się w okolicy lesistej. Rosły tu różne owoce, zwłaszcza melony, i pnące się po drzewach winne latorośle. Przepyszne ich grona były zupełnie dojrzałe, piękne i obfite. Ucieszyło mnie to niespodziane odkrycie, choć nauczony doświadczeniem, bardzo umiarkowanie próbowałem soczyste owoce. Przestrzegano mnie kiedyś, że spożywanie winogron w dużych ilościach było przyczyną śmierci kilku niewolników angielskich na wybrzeżu berberyjskim. Wymyśliłem jednak wyborny sposób na bezpieczne ich użycie: suszyłem je na słońcu, robiąc z nich zapas na okres, gdy już nie będzie świeżych.

Spędziłem tam dzień cały i nie wróciłem na noc do mojej stanicy. Był to pierwszy przypadek, kiedy nie nocowałem w domu. Uciekłem się przeto do dawnego zwyczaju i wdrapałem się na drzewo. Nazajutrz ruszyłem na dalsze poszukiwania. Uszedłszy około czterech kilometrów na północ, dotarłem do krainy mlekiem i miodem płynącej.

Schodziłem ze zbocza do tej rozkosznej doliny, a do mych smutnych myśli wtargnęło tajemne uczucie radości, że to wszystko jest moje, że oto jestem królem i panem całej tej doliny. Gdybym mógł przenieść ją w zamieszkaną część świata, stałaby się moim dziedzictwem jak posiadłość angielskiego lorda. Znalazłem tu obfitość drzew kokosowych, cytrynowych i pomarańczowych, lecz wszystkie dzikie, z małą liczbą owoców, przynajmniej w obecnej porze. Mimo to zielone cytryny, które zerwałem, nie tylko były smaczne, ale również bardzo zdrowe. Wycisnąłem kilka z nich do wody, która mnie niezwykle orzeźwiła.

Postanowiłem zrobić zapas winogron i cytryn i zachować na porę dżdżystą, która już się zbliżała.

Po trzydniowej nieobecności powróciłem do domu (tak będę odtąd nazywać mój namiot i jaskinię).

Nazajutrz, 19 lipca, ruszyłem z powrotem, niosąc ze sobą dwa niewielkie worki na owoce. Lecz kiedy zbliżyłem się do tego miejsca, ujrzałem, że zostały porozrzucane, zdeptane, częściowo zjedzone. Wywnioskowałem z tego, że zrobiły to jakieś dzikie zwierzęta ukrywające się w pobliżu. Rozmyślając o urodzajności tej doliny, jej dogodnym położeniu, zabezpieczeniu przed burzami i nawałnicami, doszedłem do przekonania, że wybrałem sobie mieszkanie w najniekorzystniejszej części lądu i zacząłem myśleć o przeniesieniu się w ową żyzną część wyspy, jeśli uda mi się znaleźć miejsce równie warowne jak to, w którym przebywałem dotychczas. Ale wnet doszedłem do wniosku, że moje obecne mieszkanie było blisko morza, skąd mógł przyjść dla mnie jakiś ratunek i że ten sam zły los, który mnie tu rzucił, mógł przynieść w to miejsce innych nieszczęsnych rozbitków. I choć mało wierzyłem w tak niezwykły przypadek, jednak osiedlanie się w środku wyspy, wśród wzgórz i lasów, czyniło ów ratunek nie tylko nieprawdopodobnym, ale wręcz niemożliwym.

Tak jednak polubiłem ową dolinę, że spędziłem w niej niemal wszystkie pozostałe dni lipcowe. Zbudowałem sobie małą altanę, opasałem ją mocnym podwójnym płotem, wypełniłem jego środek chrustem i spędzałem tu bezpieczne noce. Miałem więc dwa domy: letni i nadmorski.

Niestety, niedługo nadeszła dżdżysta pora i wygnała mnie do dawnego mieszkania.

Deszcze padały do połowy października, a były niekiedy tak gwałtowne, że kilka dni z rzędu nie mogłem wychodzić z jaskini.

W tym czasie spotkała mnie wielka niespodzianka. Powiększył się mój domowy inwentarz. Martwiłem się bardzo zniknięciem kotki. Byłem pewny, że ode mnie uciekła. Jakie było moje zdumienie, gdy powróciła w końcu sierpnia z trzema kociętami. Zdziwiłem się bardzo, gdyż obie moje kotki były samiczkami. Co prawda, widziałem na wyspie dzikie koty i raz nawet jednego ustrzeliłem, lecz zdawał mi się zupełnie inny od naszych. Zresztą małe kocięta były całkiem podobne do swojej matki, zwykłej kotki domowej. Niebawem koty tak się rozmnożyły, że musiałem je przeganiać.

Od 14 do 26 sierpnia deszcz lał nieustannie. Nie mogłem nigdzie wyjść, bo bardzo bałem się zachorować. Przez ten czas zjadłem prawie wszystkie moje zapasy. Wreszcie, korzystając z poprawy pogody, wyszedłem na polowanie i ubiłem kozę, a ostatniego dnia (26) znalazłem wielkiego żółwia i miałem wspaniałą ucztę.

Podczas pory deszczowej pracowałem po dwie lub trzy godziny dziennie nad rozszerzeniem jaskini, stopniowo doszedłem do zbocza wzgórza i udało mi się wybić wyjście poza ogrodzenie, choć co prawda niepokoiło mnie to, że od tej strony będzie do mnie dojście. Jednakże na razie nic mi nie groziło, skoro największym zwierzęciem, jakie spotkałem na wyspie, był kozioł.

30 września. Dziś smutna rocznica mego wylądowania na wyspie. Policzyłem karby na słupie i stwierdziłem, że przeżyłem tu trzysta sześćdziesiąt pięć dni. Cały dzień spędziłem na praktykach religijnych, poszcząc, wyznając swe grzechy przed Bogiem i modląc się.

Przez dwanaście godzin, aż do zachodu słońca, nic nie wziąłem do ust. Dopiero wieczorem spożyłem jeden suchar i garstkę winnych gron, po czym udałem się na spoczynek.

Aż do tego czasu nie świętowałem niedziel, gdyż, po pierwsze, byłem obojętny w sprawach religii, po wtóre zaś, po pewnym czasie zapomniałem robić na słupie dłuższe nacięcia oznaczające niedzielę, w związku z czym nie wiedziałem dokładnie, jaki dzień tygodnia właśnie przypada.

Ze smutkiem stwierdziłem, że coraz mniej mam atramentu, w związku z czym będę musiał używać go oszczędnie, notując tylko najważniejsze zdarzenia.

Spostrzegłem, iż pora sucha i dżdżysta następują po sobie regularnie, i nauczyłem się je odróżniać, by dostosowywać do nich mój tryb życia. Zanim to jednak się stało, popełniłem wiele błędów, takich jak wspomniany już zasiew jęczmienia podczas pory suchej.

Poza tym ciągle robiłem nowe odkrycia. Po przejściu pory deszczowej i ustabilizowaniu się pogody, gdzieś w listopadzie, odwiedziłem moją altanę, w której nie byłem już od kilku miesięcy. Zastałem wszystko bez zmian, z wyjątkiem płotu, który nie dość, że stał mocny i nieuszkodzony, ale jeszcze wypuścił długie pędy jak u wierzby na wiosnę. Byłem zdziwiony, lecz bardzo zadowolony na widok tych pięknie rosnących młodych drzewek. W ciągu trzech lat rozrosły się tak przepięknie, że ich gałęzie osłaniały całą altanę w suchej porze roku. Postanowiłem zbudować taki sam żywopłot wokół mojego domu, co też uczyniłem. Stanowił on piękną zasłonę, a z czasem także ochronę.

Przekonałem się, że roku nie należy dzielić tu na jesień, lato, zimę i wiosnę, jak u nas w Europie, ale na pory suche i dżdżyste. Podział był następujący:

połowa lutego
marzec   dżdżysto, słońce tuż obok linii równika
połowa kwietnia

połowa kwietnia
maj
czerwiec   sucho, słońce na północ od równika
lipiec
połowa sierpnia

połowa sierpnia
wrzesień   dżdżysto, słońce powraca na dawną pozycję
połowa października

połowa października
listopad
grudzień   sucho, słońce na południe od równika
styczeń
połowa lutego

Bywało, że pora dżdżysta przeciągała się nieco, ale na ogół obserwacje moje były trafne. Przekonawszy się na własnej skórze, że przebywanie na dworze w porze dżdżystej nie służy zdrowiu, starałem się zaopatrzyć zawczasu spiżarnię i siedziałem przez ten okres niemal bez przerwy w domu.

Czas ten wypełniałem sobie rozmaitymi zajęciami, głównie robieniem sprzętów. Próbowałem na różne sposoby pleść koszyki, ale bez większego powodzenia, ponieważ wszystkie gałązki były zbyt kruche. Wtedy przypomniałem sobie owe gałązki, które wyrosły wokół mej letniej siedziby i były na pewno tak giętkie, jak nasze wierzbiny lub trzcina. Postanowiłem więc spróbować.

W ciągu kilku miesięcy uplotłem wiele koszyków, które choć niezbyt zgrabne, nadawały się wybornie do noszenia ziemi lub potrzebnych mi przedmiotów. Między innymi zrobiłem także kilka głębokich i mocnych koszy, które przeznaczyłem do przechowywania zboża, kiedy będę już miał większe zbiory. Uważałem, że lepiej się do tego nadadzą niż worki.

Gdy znów nadeszła pora sucha, zająłem się stawianiem drugiego rzędu palisad przy altanie lub wyplatałem koszyki, a także postanowiłem zwiedzić całą wyspę w poprzek i dojść do przeciwległego morskiego brzegu.

Wziąłem więc psa, siekierkę, strzelbę oraz większą ilość prochu i kulek niż zazwyczaj, dwa suchary i duży zapas winogron i rozpocząłem podróż. Minąwszy dolinę, w której stała moja altana, znalazłem się na miejscu, skąd było widać morze od strony zachodniej. Ponieważ dzień był bardzo jasny, dostrzegłem w dali całkiem wyraźnie jakiś ląd ciągnący się od zachodu do południowego zachodu w odległości ode mnie mniej więcej od piętnastu do dwudziestu mil morskich.

Nie wiedziałem, czy to wyspa, czy kontynent i do jakiej części świata należy, choć domyślałem się, że muszą to być posiadłości hiszpańskie w Ameryce. Przyszło mi na myśl, że ziemia ta musi być zamieszkana przez dzikich i dziękowałem Opatrzności, że nie zostałem wyrzucony na tamten brzeg.

Przyszło mi też do głowy, że jeżeli ów ląd należy do którejś z osad hiszpańskich, to pewnego dnia powinienem zobaczyć przepływający tędy statek. Jeżeli nie ukaże się żaden żagiel, mam przed sobą dzikie wybrzeże między Brazylią i koloniami hiszpańskimi, zamieszkane przez kanibalów, czyli ludożerców, mordujących i pożerających wszystkich, ktokolwiek wpadnie w ich ręce.

Wśród takich rozmyślań szedłem powoli naprzód. Przekonałem się, że ta część wyspy była o wiele ładniejsza od tej, którą zamieszkiwałem, porosła kwietnymi łąkami i pięknym lasem.

Dostrzegłem tu wielką liczbę papug i pragnąłem złapać jedną z nich, by ją oswoić i nauczyć mówić. Po wielu próbach udało mi się ogłuszyć i schwytać młodą papugę, którą po ocuceniu przyniosłem do domu, ale nauczyła się mówić dopiero po kilku latach. Umiała, między innymi, wołać mnie po imieniu.

Idąc dalej spotykałem zwierzęta, które przypominały nasze lisy i zające. Ich mięso niezbyt mi smakowało. Jadła mi zresztą nie brakło, i to dobrego: kozłów, żółwi i gołębi. Jeżeli dodać do tego winne grona, to nawet na jarmarku w Leadenhall nie znalazłbym lepszego stołu. I choć z jednej strony mój stan był opłakany, to z drugiej powinienem być wdzięczny Bogu, że nie musiałem cierpieć głodu, miałem natomiast obfite pożywienie, czasem nawet bardzo smaczne.

Wędrując tak, choć nigdy nie uszedłem więcej niż około dwóch kilometrów dziennie, w poszukiwaniu różnych ciekawostek tylokrotnie zbaczałem z drogi, iż docierałem porządnie zmęczony na nocleg; wypoczywałem wówczas albo w koronie drzew, albo otaczałem się rzędem kołków wbitych prostopadle w ziemię, aby żaden zwierz nie zaatakował mnie podczas snu.

Przewędrowałem tak około dwunastu kilometrów wzdłuż wschodniego wybrzeża, a potem, zatknąwszy na brzegu morskim wielki drąg dla orientacji, postanowiłem zawrócić do mojej siedziby. Zdecydowałem, że trasa następnej mojej wyprawy będzie biegła w przeciwnym kierunku od mojego domu, aż dotrę do tego słupa.

Wracałem inną drogą, niż przyszedłem, co mi na dobre nie wyszło. Ledwie uszedłem około trzech kilometrów, znalazłem się w przestronnej dolinie, otoczonej zalesionymi wzgórkami. Straciłem orientację i teraz mogłem kierować się tylko wedle słońca, i to jedynie wtedy, gdy znałem jego położenie w określonej porze dnia.

Na nieszczęście przez trzy dni mojego pobytu w dolinie panowały mgły i wcale nie widziałem słońca. Błądziłem więc wokoło bezradnie, aż w końcu byłem zmuszony odszukać brzeg morski, mój drąg i wrócić do domu tą samą drogą, którą przybyłem. Dni były niesłychanie upalne, a strzelba, siekiera, amunicja i reszta dźwiganych rzeczy ciążyły mi bardzo.

Mój pies dopadł młode koźlątko i byłby je rozszarpał, gdybym je nie ocalił. Miałem ochotę przyprowadzić je do domu i oswoić. Dawno marzyłem o hodowli kóz domowych, które byłyby moim pokarmem, gdy zabraknie mi prochu. Zrobiłem obróżkę i założyłem ją na szyję mojej kózce, a potem na sznurku zaciągnąłem ją do mojego letniego domostwa. Tam zrobiłem zwierzątku zagrodę i zostawiłem je w niej, spiesząc do domu, w którym nie byłem od przeszło miesiąca.

Trudno opisać radość, jaką odczuwałem, gdy wróciłem do mego ustronia i położyłem się na hamaku. Ta wędrówka tak mnie utrudziła, że moja jaskinia zdawała mi się wspaniałą i wygodną rezydencją. Postanowiłem nigdy nie oddalać się od niej na dłużej.

Cały tydzień wypoczywałem po podróży, potem zająłem się sprzątaniem klatki papugi Poll, która zadomowiła się już u mnie na dobre i bardzo się ze mną spoufaliła. W końcu przypomniałem sobie o biednym koźlątku, zamkniętym w zagrodzie letniego domku. Postanowiłem nakarmić je lub przyprowadzić tutaj. Było mocno wygłodzone i nie mogło wyjść o własnych siłach. Narzucałem mu świeżych gałązek i listowia, żeby się posiliło, po czym założyłem mu postronek na szyję i wyprowadziłem. Nie stawiało żadnego oporu i biegło za mną jak pies. Wkrótce tak się oswoiło i przywiązało, iż stało się jednym z moich domowników i nigdy nie chciało mnie opuścić.

Nadeszła jesienna pora deszczowa. 30 września, a więc drugą rocznicę mego przybycia na wyspę, święciłem równie uroczyście jak poprzednim razem, chociaż nie miałem większej nadziei na ocalenie. Spędziłem ten dzień na pokornym i pełnym wdzięczności rozmyślaniu o doznanych łaskach, bez których położenie moje byłoby stokroć cięższe. Dziękowałem Bogu z całego serca za to, że nawet na tym odludziu uczynił mnie szczęśliwszym niż w ludzkim towarzystwie wśród obfitości dostatków i rozkoszy.

Uświadomiłem sobie także, że życie, jakie teraz prowadziłem, było szczęśliwsze od tego, jakie wiodłem dawniej. Zarówno moje troski, jak i radości uległy teraz całkowitej zmianie, co innego mnie cieszyło, inne też miałem pragnienia i odczucia.

Starałem się wyłącznie pozytywnie myśleć. Codziennie czytywałem Biblię i znajdowałem w niej pociechę bez względu na tragizm mojego położenia. Pewnego dnia, gdy byłem bardzo smutny, otworzyłem ją na tych słowach: „Nigdy, nigdy cię nie opuszczę ani nie zapomnę o tobie”.

Od razu poczułem, iż słowa te są do mnie zwrócone.

„A zatem – rzekłem do siebie – jeżeli Bóg mnie nie opuści, cóż złego spotkać mnie może, choćby cały świat mnie opuścił. Gorszą byłoby stratą, gdybym cały świat posiadał, a utracił łaskę i błogosławieństwo boże”.

I byłem już nawet gotów dziękować Bogu, że przywiódł mnie na to odludzie, lecz po zastanowieniu odezwałem się niemal głośno:

„Jakże możesz być takim obłudnikiem i udawać, że odczuwasz wdzięczność za los, z którym trudno jest ci się pogodzić".

Byłem jednak wdzięczny Bogu, że otworzył mi oczy na dotychczasowe moje niegodne życie i wzbudził we mnie żal za grzechy.

W tym stanie ducha rozpocząłem trzeci rok pustelniczego życia. Nie będę już tak szczegółowo opisywał moich codziennych zajęć jak poprzednio, muszę jednak zaznaczyć, że rzadko bywałem bezczynny. Ułożyłem sobie dokładny harmonogram zajęć. Przede wszystkim każdy dzień rozpoczynałem od czytania Biblii. Po wtóre, wychodziłem ze strzelbą na łowy, co zwykle zabierało mi trzy godziny, jeśli deszcz nie padał. Reszta czasu schodziła mi na patroszeniu, wędzeniu, konserwowaniu i gotowaniu tego, co uzbierałem lub upolowałem. W południe, gdy słońce stało w zenicie, upał bywał tak wielki, że nie wychodziłem z namiotu aż do wieczora, kiedy znów zabierałem się do pracy.

Wobec braku narzędzi i umiejętności każda czynność zabierała mi niezmiernie wiele czasu. Na przykład deskę, z której chciałem zrobić półkę, obrabiałem aż czterdzieści dwa dni, podczas gdy dwóch zręcznych cieśli zaopatrzonych w przyzwoite narzędzia potrzebowałoby na to zaledwie pół godziny.

Przede wszystkim musiałem wybrać wysokie drzewo, na ścięcie którego potrzebowałem trzech dni. Dwa dni zajęło mi ociosanie go z gałęzi. Za pomocą siekiery równałem go i wygładzałem najpierw z jednej strony, a potem z drugiej, dopóki nie otrzymałem deski o grubości siedmiu centymetrów.

Jednak dzięki wytrwałości i pracowitości byłem w stanie zaopatrzyć się we wszystkie potrzebne mi rzeczy.

W listopadzie i grudniu oczekiwałem plonów z mego zasiewu. Pólko, które skopałem, było niewielkie, ale plon zapowiadał się pięknie. Niestety narażony był na zagrożenia ze strony nieprzyjaciół.

Pierwszymi z nich były kozły oraz zwierzęta podobne do zajęcy. Zakosztowały słodkiej, świeżo wzeszłej runi i zaczęły ją obgryzać we dnie i w nocy tak skwapliwie, że nie dawały jej czasu wyrosnąć.

Zmuszony byłem więc otoczyć mój łan płotem, i to w wielkim pośpiechu. W ciągu trzech tygodni udało mi się ogrodzić całe poletko, po czym zostawiałem na straży psa, który szczekał przez całą noc. Niebawem szkodniki poczęły omijać to miejsce, a zboże wyrosło zdrowe i silne; wkrótce zaczęło dojrzewać.

Ale teraz, gdy się wykłosiło, stało się łakomym kąskiem dla ptaków.

Postanowiłem jednak ocalić moje zboże, choćbym musiał czuwać nad nim dniem i nocą.

Nabiwszy strzelbę, ukryłem się, a kiedy szkodniki rzuciły się na zboże, podszedłem do płotu i strzeliłem, ubiwszy trzy ptaki. Tego mi właśnie było potrzeba. Podniosłem ptaki i postąpiłem z nimi tak, jak z niepoprawnymi złodziejami w Anglii, to znaczy powiesiłem je na długich tykach dla postrachu innych. Niepodobna opisać wrażenia, jakie wywarł ten widok. Odtąd żaden skrzydlaty rabuś nie zbliżył się do zboża, a nawet wyniosły się z tej części wyspy.

Ucieszyło mnie to bardzo, bo pod koniec grudnia już mogłem zebrać plony z mego zasiewu.

Nie miałem jednak ani sierpa, ani kosy, więc musiałem żąć za pomocą noża, a że mój pierwszy plon był bardzo niewielki, nie miałem większych trudności ze zbiorem. Ścinałem jedynie same kłosy, a słomę zostawiałem na polu. Ukończywszy pracę, przekonałem się, że mam niemal dwa korce ryżu i tyleż jęczmienia. Dodało mi to otuchy, że z czasem będę jeść chleb z własnego pola. Ale miałem nowy kłopot, bo nie wiedziałem, jak zemleć zboże, jak oddzielić otręby, jak zrobić ciasto i wypiekać chleb. Trudności te, połączone z chęcią zgromadzenia większych zapasów zboża, które zapewniłyby mi utrzymanie w przyszłości, skłoniły mnie do zachowania zboża w całości do następnego siewu, a tymczasem postanowiłem zająć się wykonaniem wszystkich sprzętów przydatnych przy sporządzaniu chleba.

Teraz mogłem dosłownie powiedzieć, iż pracuję na swój chleb. Jest to rzecz zaiste cudowna i sądzę, że niewielu ludzi zastanawia się nad tym, ile należy wykonać różnych czynności, by wyprodukować ten artykuł pierwszej potrzeby.

Ja, biedny, nieszczęśliwy człowiek, zostawiony na pastwę losu, rozumiałem to z każdą godziną coraz lepiej od tego czasu, gdy zdobyłem pierwszą garstkę zboża, które tak niespodzianie wzeszło koło mojego domu.

Nie miałem pługa do orania ani łopaty czy rydla do skopania gruntu. Posługiwałem się drewnianym szpadlem, który nie tylko zużywał się prędzej, ale z większym trudem wbijał w ziemię i gorzej spełniał swe zadanie. Radziłem sobie jednak, jak potrafiłem, cierpliwie i z mozołem. Nie miałem brony i zmuszony byłem zastępować ją wielką gałęzią, trochę podobną do grabi, którą ciągnąłem za sobą po polu.

Poza tym brakowało mi młyna do zmielenia ziarna, sita do przesiania, drożdży i soli do zarobienia ciasta, pieca do wypieku, jednak jakoś dawałem sobie radę. Już samo posiadanie zboża wynagradzało mi wszystkie moje trudy. Kolejne sześć miesięcy zamierzałem poświęcić w całości na obmyślenie i sporządzenie narzędzi potrzebnych do prac polowych, a potem do wypieku chleba.

Mając dosyć ziarna na obsianie więcej niż akra ziemi, postanowiłem przygotować pod uprawę większy kawałek ziemi. Co najmniej tydzień zabrało mi zrobienie łopaty, która, niestety, okazała się zbyt ciężka i licha, tak że trudno było nią pracować. Gdy już skopałem dwa zagony możliwie jak najbliżej mego domu i ogrodziłem płotem, minęły trzy miesiące i nadeszła pora dżdżysta. Nie mogąc wychodzić z domu w porze deszczów, uczyłem mówić moją papugę, która wymawiała już swoje imię i z dumą ogłaszała je, krzycząc: „Poll! Poll!". Były to pierwsze słowa, jakie rozległy się na tej wyspie, niewypowiedziane przeze mnie. Prócz tej rozrywki próbowałem wyrabiać naczynia gliniane, które były mi niezbędne. Poszukiwałem odpowiedniej gliny, która po ulepieniu i wysuszeniu na słońcu byłaby dość twarda i mocna, aby w naczyniach z niej sporządzonych można było przechowywać zboże i mąkę.

Początkowo praca szła mi nieskładnie i niezgrabnie, a ulepione przeze mnie twory rozpadły się pod własnym ciężarem, gdy zrobiłem na przykład zbyt małe ucho, albo popękały od nadmiernego wysuszenia na słońcu. Krótko mówiąc, po dwóch miesiącach uporczywego trudu, kiedy znalazłem wreszcie odpowiednią glinę, wydobyłem ją i ugniotłem, udało mi się wykonać dwa brzydkie, olbrzymie naczynia, których nie śmiałbym nazwać dzbankami.

Gdy już słońce dokładnie je wysuszyło, z wielką ostrożnością oplotłem je gałązkami, robiąc coś w rodzaju koszów, które miały im służyć za ochronę. Szpary pomiędzy koszem a naczyniem pozatykałem słomą z jęczmienia i ryżu w celu zabezpieczenia przed wilgocią. Muszę przyznać, że mniejsze naczynia bardziej mi się udały, a gdy wypaliło je słońce, nabrały właściwej twardości. Jednak nie były jeszcze na tyle wytrzymałe, by móc w nich gotować lub by nie przepuszczać płynów. W jakiś czas potem, piekąc nad ogniskiem kawałek mięsa, znalazłem w popiele odłamek jednego z mych zepsutych garnków, stwardniały i czerwony jak cegła. Przyszło mi wtedy na myśl, że jeżeli skorupa mogła się tak dobrze wypalić, to mogą temu procesowi poddać się całe garnki. Odkrycie to sprawiło mi wielką radość i skłoniło do zastano-

wienia się nad sposobem przygotowania ogniska, w którym mógłbym wypalać garnki. Nie miałem najmniejszego pojęcia o piecach do wypalania cegieł ani o mieszaninie, jakiej zwykle używali garncarze do polewania garnków, ani o tym, że do tego celu używają także ołowiu, który przecież miałem pod ręką. Na przygotowanym ognisku ustawiłem trzy wielkie gary jeden koło drugiego, a pod nimi kilka mniejszych, następnie obłożyłem je drewnem, które podpalone ze wszystkich stron, dało bardzo silny ogień; podsycałem go tak długo, aż moje naczynia stały się całkiem czerwone, bez najmniejszego pęknięcia.

Po sześciu godzinach trzymania ich w ogniu zauważyłem, że jedno z nich zaczęło się topić, choć nie popękało: topił się piasek zmieszany z gliną i zamieniłby się w szkliwo, gdybym go dłużej trzymał w ogniu. Stopniowo zmniejszając siłę ognia, tak koczowałem całą noc przy nich. Nazajutrz rano byłem posiadaczem trzech, może nie najpiękniejszych, jednak dobrych dzbanów i dwóch garnków tak mocnych, jak sobie tylko życzyć mogłem. Jeden z nich był nawet doskonale wyglazurowany stopionym piaskiem. Nie potrzebuję dodawać, że ta pierwsza próba zaspokoiła całkowicie moje potrzeby, jeżeli chodzi o naczynia gliniane.

Nigdy chyba radość moja nie była równa tej, jakiej doznałem, gdy się przekonałem, że mój gliniany garnek był wytrzymały na ogień. Nie mogłem się doczekać, kiedy zacznę w nim gotować. Choć nie miałem kaszy i włoszczyzny, jednak udało mi się zrobić przepyszny rosół z koźlęcia.

Teraz zacząłem zastanawiać się, z czego mogę sporządzić moździerz do utłuczenia zboża, nie miałem bowiem nadziei, że zdołam zbudować młyn. Wiele straciłem dni, próbując znaleźć odpowiedni kamień, by w nim wywiercić dziurę i zrobić zeń moździerz. Próżne zachody. Wszędzie była tylko twarda skała, której nie miałem czym urąbać ani wydrążyć. Po dłuższym bezowocnym poszukiwaniu postanowiłem znaleźć do tego celu duży kloc twardego drzewa. Poszło mi z tym łatwiej, niż myślałem. Ociosałem ów kloc siekierką, a następnie, za pomocą ognia, z wielkim trudem wyżłobiłem w jego wnętrzu dziurę, po czym zrobiłem tłuczek z twardego drewna. Tak więc byłem już prawie przygotowany do następnych żniw. Brakowało mi jeszcze sita do odłączenia ziarna od plew, które w końcu zrobiłem z muślinowych koszul przywiezionych z wraku statku; służyły mi przez kilka lat. Jak sobie radziłem potem, opowiem później.

Wypadło pomyśleć o tym, w jaki sposób będę wypiekał chleb. Przede wszystkim brakowało mi drożdży, nie mówiąc już o piecu. W końcu zrobiłem dwa gliniane naczynia, bardzo szerokie, lecz niezbyt głębokie, wypaliłem je jak poprzednio. Z wypalonych przeze mnie cegieł zrobiłem rusztowanie, w głąb którego włożyłem żarzące się drewna. Gdy „piec" się nagrzał, rozgarnąłem popiół i umieściłem w nim naczynie z ciastem, które przykryłem drugim garnkiem i obłożyłem żarzącymi się węgielkami, by go jak najprędzej rozgrzać. Tym sposobem upiekłem wiele bochenków jęczmiennego chleba, a niebawem doszedłem do pewnego mistrzostwa w sztuce piekarskiej.

Wszystkie czynności zajęły mi znaczną część trzeciego roku mej bytności na wyspie. W przerwach zajmowałem się pracą na roli i gospodarką; zebrałem zboże z pola, wykruszyłem ziarno, utarłem je w moździerzu. Plon mój wynosił już ze dwadzieścia korcy jęczmienia i tyleż ryżu, tak że byłem zabezpieczony. Postanowiłem więc siać tylko raz do roku i nie więcej niż w roku ubiegłym. Zaszła też potrzeba rozszerzenia mego spichrza.

Przez cały ten czas moje myśli podążały ku owemu lądowi, który dostrzegłem kiedyś z przeciwnego brzegu wyspy, a w duszy tliło się pragnienie, by się tam dostać. Wyobrażałem sobie krainę zamieszkaną przez ludzi, do której uda mi się jakoś dotrzeć.

W owych chwilach nie myślałem o czyhających na mnie niebezpieczeństwach ze strony dzikich, co byłoby gorsze niż spotkanie z lwem albo tygrysem. Idę o zakład tysiąc przeciw jednemu, że zostałbym przez nich zabity, a nawet zjedzony. Sądząc z szerokości geograficznej, wnosiłem, że znajduję się niedaleko wybrzeża karaibskiego, zamieszkanego przez kanibali. Wszystko to wymagało gruntownej rozwagi i nieco studziło moje zapędy, jednakże nie odwiodło od uporczywej myśli, by kiedyś wyprawić się ku temu wybrzeżu.

Bardzo tęskniłem teraz za Ksurym i łodzią z trójkątnym żaglem, na której przepłynęliśmy tysiąc mil z okładem wzdłuż wybrzeży Afryki. Daremne to były marzenia! Tymczasem poszedłem szukać naszej szalupy okrętowej, która została przygnana ku brzegom wyspy w czasie owej burzy, co nas rozbiła. Znalazłem ją tam, gdzie leżała od początku, na wysokiej krawędzi piaszczystej wydmy, odwrócona do góry dnem.

Gdyby udało mi się ją odwrócić i spuścić na wodę, na pewno mógłbym popłynąć w niej z powrotem do Brazylii. Jednak równie dobrze mogłem poruszyć samą wyspę, jak przesunąć łódź z miejsca. Mimo to wróciłem do lasu, przyniosłem lewar i drągi i próbowałem na wszystkie sposoby. Gdyby udało mi się spuścić ją na brzeg i odwrócić, mógłbym z łatwością naprawić wszystkie uszkodzenia i bez obawy wyruszyć na morze. Trzy albo cztery tygodnie zeszły mi na bezowocnym trudzie. W końcu zacząłem usuwać spod łodzi piasek, by ją podkopać i zwalić w dół. W tym celu podkładałem pod nią kawałki drewna, by osunęła się w odpowiednim kierunku. Niestety, ani nie mogłem poruszyć szalupy, ani drąga pod nią podłożyć, a cóż dopiero stoczyć ją na wodę. Musiałem więc pożegnać się z nadzieją wykorzystania łodzi, choć moje pragnienie dostania się na kontynent nie tylko nie osłabło, ale wzmogło się jeszcze bardziej.

Zacząłem wtedy rozmyślać nad możliwością zbudowania czółna zwanego pirogą, takiego, jakie spotyka się w tej strefie geograficznej, zrobionego ze zwykłego pnia, bez użycia skomplikowanych narzędzi. Wykonanie takiego czółna uznałem za rzecz nie tylko możliwą, ale i łatwą, zwłaszcza że miałem więcej udogodnień niż Indianin czy Murzyn, z wyjątkiem jednej, a mianowicie brak rąk do spuszczenia łodzi na wodę. Bo cóż mi z tego przyjdzie, że wynajdę w lesie wielkie drzewo, obrobię je z wielkiem trudem, wypiłuję i wystrugam na kształt łodzi, wypalę czy wyrąbię w nim wgłębienie od wewnątrz, gdy będę musiał łódź zostawić na lądzie, nie mając sposobu zepchnięcia jej na wodę. Jednak tak bardzo pragnąłem wydostać się z wyspy, że ani razu moje myśli nie zatrzymały się na tych trudnościach.

Przystąpiłem do pracy jak szaleniec. Delektowałem się samym projektem, nie odpowiadając sobie na pytanie, czy będę zdolny go wykonać. Gdy przychodziły momenty refleksji, nie chciałem długo się nad nimi zastanawiać, powtarzając w kółko to samo: „Niechże najpierw ukończę łódź, a głowę daję, że wtedy znajdę jakiś sposób, by i tamtemu podołać".

Zrąbałem drzewo chyba tak wielkie jak jeden z cedrów, z których Salomon budował świątynię jerozolimską. Dwadzieścia dni zajęło mi podcinanie go od dołu, czternaście zaś obcinanie gałęzi bocznych i korony. Pracowałem z niewypowiedzianym trudem za pomocą topora i siekiery. Potem cały miesiąc męczyłem się nad ociosywaniem i ostrugiwaniem pnia do właściwych proporcji, aż powstał kadłub łodzi, który mógł pływać i utrzymywać się na wodzie. Bez mała trzy miesiące przeznaczyłem na wydłubanie wnętrza i ostatnie szlify, żeby całość przybrała ostatecznie wygląd prawdziwej łodzi. Dokonałem tego jedynie młotkiem i dłutem. Zwieńczeniem mych trudów była zupełnie zgrabna piroga, mogąca pomieścić dwudziestu sześciu ludzi, a tym samym wystarczająca, by przewieźć mnie z całym ładunkiem. Ukończywszy robotę, byłem pełen podziwu dla swojej pracy. Nigdy w życiu nie widziałem pirogi równie wielkiej, wyrobionej z jednej tylko kłody drzewa.

Nie pozostało nic innego, jak stoczyć ją na wodę. Gdyby mi się to powiodło, nie ma wątpliwości, że rozpocząłbym jedną z najbardziej szalonych i niezwykłych podróży.

Jak jednak nietrudno się domyślić, mimo wszelkich prób nie byłem w stanie spuścić łodzi na wodę. Co prawda, moja łódź leżała nie dalej jak sto sążni od morza, lecz dzieliło ją od brzegu niewielkie wzniesienie gruntu. Postanowiłem przekopać ziemię, by uczynić stok bardziej pochyłym. Wykonanie tego zamierzenia kosztowało mnie niesłychanie wiele trudów, ale któż skarży się na trudy, mając nadzieję na wybawienie? Gdy się jednak z tą pracą uporałem, została jeszcze jedna, niepokonana: nie mogłem poruszyć pirogi z miejsca, podobnie jak łodzi...

Wówczas postanowiłem przekopać kanał, by podprowadzić wodę ku łódce, skoro nie mogłem sprowadzić łódki do wody. Zanim rozpocząłem pracę, zrobiłem obliczenia dotyczące głębokości i szerokości kanału oraz ile ziemi należałoby wyrzucić. Szybko przekonałem się, że mając jedynie dwoje rąk, nie ukończyłbym tej roboty wcześniej niż za dziesięć lat, ponieważ brzeg był wysoki, tak iż u górnego krańca kanału należałoby werżnąć się w ziemię na około dwadzieścia stóp. Z wielkim żalem musiałem porzucić ten plan. Dopiero teraz, choć za późno, zrozumiałem, że nie należy zaczynać pracy, zanim nie obliczymy się dokładnie z naszymi siłami.

Wśród tych prac i zabiegów minął mi czwarty rok pobytu na wyspie. Rocznicę obchodziłem z tą samą pobożnością i doznałem tego samego pocieszenia jak w latach ubiegłych. Patrzyłem teraz na świat z pewnym dystansem, wiedząc, że mogę liczyć wyłącznie na siebie. Ze światem, który opuściłem, nic mnie już nie łączyło ani prawdopodobnie nigdy łączyć nie będzie.

W istocie byłem tu oddalony od wszelkich pokus, zarówno cielesnych, jak i duchowych. Nie miałem czego pożądać, bo miałem wszystko. Byłem dziedzicem wielkich włości, a gdybym chciał, mógłbym zwać się królem lub cesarzem całej krainy, która do mnie należała. Nie miałem tu rywali, nikt nie spierał się ze mną o dowództwo czy zwierzchność. Mógłbym wyhodować tyle zboża, że wystarczyłoby na ładunek niejednego okrętu, ale siałem tylko trochę na własny użytek. Miałem tyle drewna, że starczyłoby na budowę całej floty. Ptactwa, żółwi i zwierzyny było w bród, a gron winnych tyle, że mógłbym załadować całą flotę winem z nich wytłoczonym lub rodzynkami.

Nie przywiązywałem jednak żadnej wartości do takich rzeczy, które nie były mi przydatne, i skoro tylko zaspokoiłem głód i swoje potrzeby, reszta była dla mnie obojętna. Gdybym ubił więcej zwierzyny, niż mogłem zjeść, musiałbym ją rzucić na pożarcie psu lub drapieżnemu ptactwu; gdybym wysiewał więcej zboża, niż potrzebowałem, z pewnością by zgniło, niepotrzebnie ścięte drzewo pewnie by zbutwiało, leżąc na ziemi bez użytku.

Słowem, przyroda i doświadczenie poparte zdrowym rozsądkiem nauczyły mnie, że najlepsze rzeczy na świecie mają wartość tylko wtedy, gdy są nam użyteczne, a i możemy korzystać z nich sami lub obdarować nimi innych. Najobrzydliwszy skąpiec i ciułacz, będąc na moim miejscu, musiałby uleczyć się ze swej chciwości, gdyż rozporządzałem mnóstwem różnych rzeczy, z którymi nawet nie wiedziałem, co robić. Nie miałem chęci wyrabiać innych przedmiotów prócz tych, które mi były nieodzownie potrzebne. Jak już wspomniałem, miałem stos pieniędzy w złocie i srebrze, razem około trzydziestu sześciu funtów szterlingów, które leżały wzgardzone i bezużyteczne. Nie troszczyłem się o nie wcale i dałbym garść złotego kruszcu za parę tuzinów fajek do palenia tytoniu albo za młynek do zboża czy garść nasienia rzepy lub marchwi, którą u nas w Anglii sprzedają za sześć pensów. W obecnym położeniu nie miałem z tych pieniędzy najmniejszego pożytku. Leżały w skrzyni i poczerniały od wilgoci panującej w jaskini. Gdybym miał pełną skrzynię diamentów, miałyby dla mnie równie małą wartość.

Moje życie było teraz dla mnie o wiele znośniejsze. Nieraz, zasiadając do posiłku, odczuwałem wdzięczność dla Opatrzności, która tak obficie zastawiła mój stół na tym pustkowiu. Nauczyłem się widzieć raczej jasne niż ciemne strony mego położenia i myśleć raczej o tym, czego miałem pod dostatkiem, niż o tym, czego mi brakło. Stąd odczuwałem nieraz cichą radość, której niepodobna wyrazić słowami. I mówiłem sobie, że wszelkie niezadowolenie z tego, czego nam brak, płynie z braku wdzięczności za to, co posiadamy.

Wielką też dla mnie pociechą i pokrzepieniem bywało porównywanie mego położenia z tym, jakiego się początkowo spodziewałem. Nieraz całe godziny, a nawet dnie, upływały mi na wyobrażaniu sobie, jaka byłaby moja dola, gdyby Opatrzność boska nie sprawiła, że fale zniosły statek w pobliże wyspy, i gdybym był pozbawiony narzędzi do pracy oraz broni dla obrony własnej i zdobywania żywności. Wówczas nie mógłbym zdobyć innego pożywienia prócz ryb i żółwi. Gdybym nie zginął, musiałbym żyć jak dziki człowiek; zabiwszy jakimś trafem kozła lub ptaka, nie miałbym czym obedrzeć go ze skóry ani wypatroszyć, ale musiałbym rozdzierać paznokciami i szarpać zębami mięso jak zwierzę. Rozważania te nasunęły mi myśli pełne wdzięczności za dobroć i łaskę bożą, za to wszystko, co miałem, pomimo niedoli i trudów. Moje rozważania polecam rozwadze tym, którzy w nieszczęściu skłonni są biadolić: „Czy istnieje boleść większa nad moją?". Niechaj pamiętają, że wielu ludziom gorzej jest niż im i że oni mogliby znaleźć się w jeszcze gorszym położeniu.

Inna jeszcze myśl dodawała mi pokrzepienia i otuchy. Porównywałem moje obecne położenie z tym, na jakie zasłużyłem i jakiego wypadało mi oczekiwać z rąk Opatrzności. Wiodłem przecież grzeszne życie, wyzute z wszelkiej świadomości o istnieniu Boga i bojaźni bożej. Co prawda ojciec i matka wychowali mnie najpoczciwiej, nauczyli pewnych zasad religii i obowiązków, ale, niestety, znalazłszy się wcześnie w zepsutym towarzystwie marynarzy, utraciłem tę odrobinę pobożności, która była we mnie. Tak byłem wyzuty z wszelkiego dobra i w najmniejszym stopniu nie zdawałem sobie sprawy, kim byłem lub kim powinienem być, że w chwilach kiedy ratowałem się ucieczką z Sale lub kiedy zajął się mną portugalski kapitan, nie czułem wdzięczności dla Boga. Imię Stwórcy wypowiadałem, tylko bluźniąc lub przeklinając.

Dzięki tym rozważaniom nie tylko poddałem się woli bożej, ale odczuwałem nawet wdzięczność za moje obecne położenie i za to, że jeszcze żyję. Nie dość, że ominęła mnie zasłużona kara za grzechy, to jeszcze doświadczyłem tylu nieoczekiwanych łask. Nie powinienem już nigdy skarżyć się na mój los, przeciwnie, radować się i dziękować za ten chleb powszedni, który został mi dany cudem. A czyż wszystko nie było długim szeregiem cudów? Czy znalazłbym lepsze miejsce na tej bezludnej części świata, gdzie pozbawiony towarzystwa ludzi (co niewątpliwie jest powodem mego smutku) nie spotkałem również dzikich zwierząt czyhających na me życie?

Co prawda wiodłem smutne życie, ale nie brakło w nim dowodów, że Opatrzność jest miłosierna. Nie marzyłem o życiu beztroskim, ale chciałem, by świadomość tego, że Bóg jest dobry i czuwa nade mną, stała się dla mnie codzienną pociechą. Rozważywszy to wszystko bezstronnie, przestałem się smucić.

Przebywałem na wyspie już tak długo, że wiele rzeczy, które przywiozłem ze statku, albo zużyło się doszczętnie, albo uległo silnemu zniszczeniu. Została mi zaledwie odrobina atramentu, którą rozcieńczałem wodą; w końcu tak zupełnie wybladł, iż ledwo po nim zostawał jaki ślad na papierze. Póki mi go jeszcze starczyło, zapisywałem dni miesiąca, w których zdarzyło się coś godnego uwagi. Gdy przeglądałem te zapiski, uderzyła mnie dziwna prawidłowość, to znaczy zbieg tych samych dat, w których przeżyłem ważne dla mnie wydarzenia. Gdybym był przesądny i wierzył w dni feralne i szczęśliwe, byłbym nieźle przerażony.

Zauważyłem na przykład, że tego samego dnia i miesiąca uciekłem do Hull oraz zostałem później pojmany przez Maurów. Dzień, w którym rozbiłem się w zatoce Yarmouth, był najzupełniej zgodny z datą mej ucieczki z niewoli. Dzień zaś mych urodzin, 30 września, był dwadzieścia sześć lat później dniem mego ocalenia u brzegów wyspy.

Oprócz atramentu wyczerpał się mój zapas sucharów, jakkolwiek oszczędzałem je bardzo, pozwalając sobie z górą przez rok tylko na jeden dziennie. Tak więc przez cały następny rok musiałem obywać się bez chleba, zanim doczekałem się własnego zboża.

Również moje odzienie zaczęło drzeć się w strzępy. W skrzyniach okrętowych znalazłem trzy tuziny marynarskich koszul w kratkę, które przechowywałem starannie, oraz kilka marynarskich płaszczy wartowniczych, jednak zbyt grubych i ciężkich, by je nosić w upał. I choć nieraz bywało tak gorąco, iż odzież zdawała się niepotrzebna, jednakże nie mogłem pogodzić się z myślą, że będę musiał chodzić nago. Upał był tak dokuczliwy w tych okolicach, że chodzenie bez czapki wywoływało silny ból głowy.

Biorąc to wszystko pod uwagę, zacząłem doprowadzać do ładu tę garstkę łachmanów, które nazywałem swą odzieżą. Kiedy zdarłem już wszystkie kurtki, jakie posiadałem, zacząłem przerabiać grube płaszcze wartownicze. Zasiadłem przeto do roboty krawieckiej, a raczej partackiej, bo żałosne były jej rezultaty. W każdym razie udało mi się wykroić trzy nowe kaftany i liczyłem na to, że mi na długi czas wystarczą.

Wspomniałem już, że chowałem skóry z ubitych przeze mnie zwierząt czworonożnych. Miałem zwyczaj rozpinać je na kijach i suszyć w słońcu. Niektóre z nich wyschły nadmiernie i tak stwardniały, że były nie do użytku, w przeciwieństwie do tych, które suszyły się w cieniu. Pierwszą rzeczą, jaką z nich uszyłem, była wielka czapa obrócona włosiem na zewnątrz dla ochrony od deszczu. Wyćwiczywszy się na niej, zrobiłem sobie całe ubranie ze skóry, a więc kaftan i parę krótkich spodni; jedno i drugie niezbyt udane, ale przydatne na niepogodę.

Wiele czasu i trudów kosztowało mnie zrobienie parasola. Widziałem takie w Brazylii, gdzie w czasie upałów były niezwykle przydatne. Tutaj upały bywały jeszcze większe, a i deszcze rzęsistsze, więc postanowiłem być posiadaczem parasola. Zepsułem trzy, zanim udało mi się na koniec zrobić jeden taki, który można było nosić i który odpowiadał jako tako mym wymaganiom. Pokryłem go skórą obróconą sierścią do góry, aby woda łatwiej ściekała i żeby słońce nie dokuczało. Niestety, nie dał się składać, tak iż musiałem cały czas nosić go nad głową, co było bardzo męczące. Dopiero znacznie później udało mi się zrobić taki, który się składał, i można go było nosić pod pachą.

Tak więc żyłem sobie zupełnie wygodnie, zdany całkowicie na łaskę Boga i polecając się usilnie Opatrzności, a i życie wydało mi się lepsze niż w społeczności ludzkiej. Bo gdy nawet narzekałem na brak wymiany myśli i mowy, zadawałem sobie pytanie, czy rozmowa z własnymi myślami i z Bogiem nie była lepsza od najwspanialszego nawet ludzkiego towarzystwa.

Nie mogę powiedzieć, by od tego czasu przez następnych pięć lat zdarzyło mi się coś niezwykłego. Żyłem z dnia na dzień tym samym rytmem, w tym samym miejscu i położeniu. Poza corocznym trudem zasiewania ryżu i jęczmienia oraz suszenia winogron, by zaopatrzyć się dostatecznie na cały rok, poza codziennymi wyprawami ze strzelbą jedną tylko miałem robotę, a mianowicie sporządzanie nowej łodzi. Ukończyłem ją wreszcie i wykopawszy kanał na dwa metry szeroki i półtora głęboki, ściągnąłem ją do zatoczki z odległości pięciuset metrów. Poprzednią łódź zmuszony byłem zostawić tam, gdzie ją zrobiłem jako pamiątkę i przestrogę, bym na przyszły raz okazał się roztropniejszy.

Kiedy ukończyłem moją małą pirogę, przekonałem się, że jej rozmiary nie odpowiadały celowi, jaki sobie wytknąłem przy budowaniu pierwszej: oto nie mogłem odważyć się w niej wyruszyć do owego upragnionego lądu, który znajdował się około 40 kilometrów ode mnie. W każdym razie mając już łódź, postanowiłem opłynąć nią dokoła wyspę, aby dotrzeć do innych miejsc, których dotąd nie miałem sposobności zwiedzić.

W tym celu umocowałem na łódce mały maszcik i żagiel z ocalonego ze statku płótna żaglowego, którego duży zapas leżał w mym składzie. Po wypróbowaniu żagla łódź okazała się zupełnie sprawna. Potem, na obu końcach łodzi, umieściłem po jednej skrzyni na prowiant, niezbędne przybory i amunicję. We wnętrzu łodzi zrobiłem małe podłużne wyżłobienie, zasłonięte klapą, do przechowywania strzelby i uchronienia jej przed wilgocią. Parasol umieściłem na podwyższeniu przy rufie, by chronił mnie przed skwarem. Tak zaopatrzony, wypuszczałem się od czasu do czasu na małą przejażdżkę po morzu, nie oddalając się jednak nigdy zbytnio od brzegu ani od ujścia rzeczułki w zatoce. W końcu jednak, pragnąc zapoznać się z całym moim królestwem, wybrałem się w podróż dookoła wyspy. Przygotowałem więc mój stateczek do wyprawy. Zabrałem ze sobą dwa tuziny bochenków, a raczej placków jęczmiennych, garnek gliniany z zapiekanym ryżem (który szczególnie lubiłem), buteleczkę rumu, pół pieczonego koźlęcia, proch i naboje oraz dwa wielkie płaszcze marynarskie jako okrycie w nocy.

Było to dnia 6 listopada, w szóstym roku mego panowania lub – jeśli wolicie – mej niewoli, gdy wyruszyłem na wyprawę. Trwała ona znacznie dłużej, niż się spodziewałem. Bo choć sama wyspa nie była wielka, jednakże gdy popłynąłem do jej wschodniego brzegu, natknąłem się na mnóstwo skał kryjących się pod wodą lub sterczących nad jej powierzchnią, za nimi zaś wielką ławicę piaskową, które zmuszony byłem okrążyć, wypuszczając się daleko na morze.

Gdy po raz pierwszy zobaczyłem tę przeszkodę, zastanawiałem się, czy nie zrezygnować i powrócić do domu, w obawie, że będę zmuszony zbyt daleko odbić od brzegu. Rozmyślając, w jaki sposób zawrócić z drogi, zarzuciłem kotwicę, wziąłem strzelbę i wyszedłem na wzgórek, skąd roztaczał się widok na cały przylądek. Postanowiłem odważyć się na dalszą podróż, chociaż zobaczyłem silny, zaciekle rwący prąd, który biegł ku wschodowi i podchodził tuż pod przylądek. Gdyby jego siła zniosła mnie na pełne morze, nie zdołałbym wrócić ku wyspie. Dostrzegłem też silny wir, kręcący się wokół brzegu.

Tak czy owak musiałem pozostać dwa dni na miejscu, wiał bowiem silny wiatr od południowego wschodu, w kierunku przeciwnym do owego prądu, tak iż koło przylądka fala łamała się gwałtownie.

Trzeciego dnia rankiem wiatr przycichł i morze było spokojne, więc ośmieliłem się ruszyć w drogę. Tym razem znów mogłem służyć za przestrogę dla niedoświadczonych i porywczych żeglarzy, bo ledwo dopłynąłem do przylądka, będąc jedynie oddalony od brzegu na długość łodzi, gdy znalazłem się na głębokiej wodzie, gdzie prąd walił jako woda na młyńskie koło. Porwał on z taką gwałtownością moją łódkę, że pomimo wszelkich wysiłków nie zdołałem uczynić nic więcej niż utrzymać się na jego krawędzi, a prąd niósł mnie i niósł coraz dalej od wiru, który pozostawał po mojej lewej ręce. Nie miałem pomyślnego wiatru, a wiosłowanie na nic się nie zdało. Już żegnałem się z życiem, bo skoro prąd był po obu stronach wyspy, to w pewnej odległości jego rozwidlenia muszą zetknąć się ze sobą. Tak więc przed oczyma miałem jedynie śmierć nie w morzu, które było dość spokojne, lecz z głodu. Co prawda, na brzegu znalazłem żółwia tak ciężkiego, iż ledwie mogłem go dźwignąć i rzucić na dno łodzi, miałem też ze sobą wielką glinianą stągiew z wodą, ale czym były te wszystkie zapasy, skoro prąd niósł mnie w głąb wielkiego oceanu, gdzie na przestrzeni co najmniej tysiąca kilometrów nie mogłem spodziewać się żadnej wyspy czy kontynentu.

Spoglądałem teraz na moją odludną wyspę jak na najmilsze miejsce pod słońcem i marzyłem jedynie o tym, aby szczęśliwie na nią powrócić.

Po czym złajałem sam siebie za niewdzięczność, za narzekanie na samotność, za którą teraz tyle bym dał. Nie przestałem jednak ze wszystkich sił wiosłować, starając się, ile można, kierować łódź ku północy, gdzie zaczynał się wir. Około południa, gdy słońce stało w zenicie, wydawało mi się, że czuję na twarzy tchnienie wiatru, idącego od południowego wschodu. Poczułem radość w sercu, zwłaszcza że pół godziny później poczęła wiać łagodna morka. W tym czasie znajdowałem się już w znacznym oddaleniu od wyspy i gdyby pojawiła się najmniejsza mgła czy chmura, byłbym zgubiony. Nie miałem bowiem ze sobą kompasu i nigdy bym nie wiedział, jak sterować ku wyspie, gdybym raz stracił ją z oczu. Ale ponieważ powietrze było czyste, więc ustawiłem maszt i rozpiąłem żagiel, zbaczając, ile można, ku północy, by wydostać się z prądu.

Zaledwie to uczyniłem, łódź zaczęła się oddalać i wpłynąłem na bardziej przejrzystą wodę, co oznaczało, że prąd słabł, a o jakieś pół kilometra ku wschodowi dostrzegłem fale morskie łamiące się na skałach. Te skały, jak się przekonałem, rozdzielały znowu prąd na dwoje, jedna jego odnoga biegła bardziej ku południowi, druga zaś, odbita od skał, skręcała, tworząc wielki wir, który silnym strumieniem zawracał ku północnemu zachodowi.

Tylko ci, którzy wiedzą, czym jest ułaskawienie otrzymane w chwili, gdy wstępują na rusztowanie, zrozumieją moją nieopisaną radość i szczęście, kiedy skierowałem łódź w stronę wyspy, poddając ją działaniu prądu, i rozpiąłem żagiel na orzeźwiające tchnienie wiatru.

Prąd zniósł mnie około kilometra z powrotem, wprost ku wyspie, a jednocześnie o dalsze dwa kilometry bardziej na północ. Tak więc zbliżywszy się ku wyspie, znalazłem się na jej brzegu północnym, czyli przeciwnym temu, z którego wyjechałem.

Korzystając z pomyślnej bryzy, sterowałem prosto w stronę wyspy. Około czwartej po południu, będąc około kilometra od lądu, zobaczyłem na południe od siebie ów cypel skał, który przysporzył mi tyle kłopotu. Wyminąwszy od południowej strony prąd, który biegł od skał, dostałem się w zakręt dość silnego wiru; z pomocą wiatru zdołałem go jednak przeciąć na ukos ku północnej stronie, a po godzinie dopłynąłem po gładkiej wodzie do lądu.

Znalazłszy się na brzegu, padłem na kolana i składałem Bogu dzięki za ocalenie; postanowiłem wyrzec się wszelkich planów ucieczki łodzią. Posiliwszy się i przycumowawszy łódkę do brzegu, wyszukałem miejsce zaciszne pod drzewami i położyłem się spać, wyczerpany trudami wyprawy.

Nazajutrz miałem nie lada kłopot z wyborem drogi, którą mógłbym dopłynąć do domu. Zbyt wiele przeżyłem, by próbować wracać tą samą. Postanowiłem więc posuwać się wzdłuż wybrzeża w kierunku zachodnim w celu znalezienia zatoki lub strumienia, gdzie mógłbym bezpiecznie umieścić mą fregatę na tak długo, póki jej nie będę znowu potrzebował. Napotkałem taką mniej więcej trzy kilometry dalej – woda zwężała się w mały potok, bardzo dogodny na przystań.

Zostawiwszy tu łódkę wyszedłem na ląd, by rozejrzeć się po okolicy.

Przekonałem się, iż znajduję się nieopodal tego miejsca, do którego dotarłem w czasie mych pieszych wędrówek. Wziąłem więc jedynie strzelbę i parasol, gdyż był nieznośny upał, i ruszyłem w drogę. Po niedawnej dramatycznej podróży przechadzka należała do przyjemności. Pod wieczór dotarłem do mej altany, gdzie zastałem wszystko tak, jak zostawiłem. Przelazłem przez płot i ułożyłem się w cieniu, a że byłem bardzo zmęczony, wkrótce zasnąłem. Jakie było moje zdumienie, gdy zbudził mnie głos wołający mnie kilkakrotnie po imieniu:

– Robin Kruzoe! Robin Kruzoe! Biedny Robin Kruzoe! Gdzie jesteś, Robin Kruzoe? Gdzie jesteś?

Tak twardo spałem, że nie mogłem rozbudzić się całkowicie, ale ów głos nie przestawał powtarzać:

– Robin Kruzoe! Robin Kruzoe!

W końcu ocknąłem się zupełnie... i przerażenie moje nie miało granic. Otworzyłem oczy i ujrzałem mą papugę siedzącą na żywopłocie i do mnie przemawiającą.

Chociaż rozpoznałem autora głosu, jednak sporo czasu upłynęło, zanim się uspokoiłem. Dziwiłem się, skąd się tutaj wzięła, zostawiłem ją przecież przy jaskini. Zawołałem papugę po imieniu, a zacna Poll przyleciała do mnie i usiadła mi na ręce.

– Biedny Robin Kruzoe! Jak tu przyszedłeś? A gdzie byłeś? – powtarzała, jakby radowała się z tego, że mnie znowu widzi. Wziąłem ją ze sobą do domu.

Na czas jakiś miałem już dosyć wędrówek po morzu, więc siedziałem cicho i rozmyślałem o tym, co przeżyłem. Bardzo chciałem mieć łódkę po tej stronie wyspy, gdzie zamieszkiwałem, ale nie wiedziałem, jak ją sprowadzić, nie narażając się na niebezpieczeństwo. Musiałem więc obywać się bez łodzi, choć napracowałem się nad nią niemało, zanim ją ukończyłem, i drugie tyle, aby ją spuścić na wodę.

W takim stanie ducha przeżyłem prawie rok jak u Pana Boga za piecem, pogodzony z losem i Bogiem. Czułbym się najzupełniej szczęśliwy, gdyby nie brak towarzystwa.

Przez ten czas bardzo się wyćwiczyłem w różnych rzemiosłach. Biorąc pod uwagę brak narzędzi, mógłbym uchodzić za zupełnie zdolnego stolarza. To samo mogę powiedzieć o wyrobach garncarskich, odkąd zrobiłem sobie koło, dzięki któremu mogłem każdemu naczyniu nadawać zgrabny kształt. Przede wszystkim jednak byłem dumny z siebie, gdy udało mi się sporządzić fajkę. Była brzydka, niekształtna, z grubo wypalonej czerwonej gliny, ale mocna, trwała i mogłem się nią zaciągać. Fajka ta stała się dla mnie wielką pociechą, byłem bowiem przyzwyczajony do palenia. Na okręcie mieliśmy zapas fajek, ale w pierwszej chwili nie myślałem o nich, gdyż nie wiedziałem, że na wyspie znajdę tytoń. Później zaś, kiedy jeszcze raz przeszukiwałem okręt, nie natrafiłem już na żadną.

Wielkie postępy uczyniłem także w koszykarstwie; wyplotłem wiele koszy różnego kształtu i przeznaczenia.

Zaczęło mi ubywać prochu, a na to nie miałem już żadnego sposobu.

Jak już wspomniałem, w trzecim roku pobytu na wyspie schwytałem i oswoiłem młodą kózkę, mając nadzieję złowić także kozła. To mi się jednak nie udało, a owa kózka w końcu zdechła ze starości.

Teraz, w jedenastym roku mojego pobytu na wyspie, w obliczu kończącej się amunicji, zacząłem obmyślać różne rodzaje sideł i pułapek na kozy, chcąc je pojmać żywcem i oswoić. Wykopałem kilka dołów w ziemi tam, gdzie zwykle się pasły, i zasłoniłem je własnego pomysłu zapadniami. Kozy przychodziły, ale wyjadłszy przynętę, potrafiły uniknąć zasadzki. Wreszcie pewnej nocy zobaczyłem w jednym dole wielkiego kozła, a w drugim troje koźlątek, samca i dwie kozice. Stary kozioł tak był agresywny, że nie śmiałem zejść do jamy i wziąć go żywcem. Mogłem go zabić, ale nie o to mi chodziło, więc wypuściłem go wolno. Szkoda, że nie wiedziałem wówczas tego, czego nauczyłem się później: iż głód nawet lwa obłaskawia. Gdybym go zostawił przez trzy dni bez jadła, a potem przyniósł mu trochę wody, następnie zaś trochę zboża, tak by się oswoił jak młode koźlątka, które wyciągnąłem z dołu i spętałem sznurkiem. Po sprowadzeniu do domu początkowo nie chciały nic jeść, ale wkrótce dały się skusić zapachem zboża i przychodziły mi do ręki. Spodziewałem się dochować wkrótce pięknego stada, które by się pasło w pobliżu domu. Musiałem wybudować im zagrodę otoczoną silnymi palami, żeby nie wydostały się stamtąd i nie uciekły do puszczy. Było to nie lada przedsięwzięcie dla jednej pary rąk, ale nie miałem innego wyjścia. Przede wszystkim należało znaleźć odpowiednie miejsce, gdzie miałyby paszę, wodę do picia i jakąś ochronę przed słońcem.

Takim miejscem okazała się łąka zalesiona na krańcu i mająca dwa czy trzy źródełka świeżej wody. Zacząłem więc wznosić ogrodzenie, na razie wydzielając niewielki obszar, a w miarę powiększania się stada, palisadę miałem przesuwać.

Po trzech miesiącach praca została ukończona, wypuściłem koźlęta z chlewu, gdzie je dotąd trzymałem, a że były już ze mną oswojone, dostając nieraz smakowite źdźbła jęczmienia lub garść ryżu, więc i teraz biegały za mną, beczeniem dopraszając się o pożywienie.

W półtora roku dochowałem się już stada składającego się z kilkunastu sztuk, a po dwóch latach miałem ich ponad czterdzieści, nie licząc kilkunastu, które zabiłem na pieczeń dla siebie. Ogrodziłem pięć mniejszych pastwisk, porobiwszy małe przejścia między nimi i kiedy chciałem którąś kozę schwytać, wpędzałem ją do najbliższej przegrody. Prócz mięsa miałem mleko, co było dla mnie miłą niespodzianką, równą tej, że chociaż nigdy przedtem nie doiłem krowy ani tym bardziej kozy, teraz także robiłem masło i ser. Odtąd nigdy już nie odczuwałem braku tego pożywienia. Jak łaskawy jest nasz

Stwórca, że nawet na tym pustkowiu zapewnił mi tak wspaniale zastawiony stół.

Niejeden nie byłby w stanie powstrzymać uśmiechu na widok mojej gromadki zasiadającej ze mną do stołu. Oto jego królewska mość, pan i władca całej wyspy, otoczony przez swych dworzan. Poll, niby królewski faworyt, była jedyną istotą, której wolno było ze mną rozmawiać; pies, który bardzo się postarzał i zdziwaczał, siedział zawsze po mej prawicy, a dwa koty – po jednym z każdej strony stołu – czekały, abym im rzucił parę kęsów w dowód wielkiej łaski.

Nie były to koty, które wyratowałem z okrętu, bo tamte już dawno zdechły i pochowałem je niedaleko mej jaskini. Ale jeden z nich doczekał się potomstwa, łącząc się z jakimś dzikim kotem żyjącym na wyspie. Dwoje kociąt oswoiłem, natomiast reszta rozbiegła się po lasach i zdziczała, a nawet stała się moim utrapieniem, gdyż zakradały się często do mego mieszkania i plądrowały w nim bezczelnie, tak iż w końcu byłem zmuszony płoszyć je strzelaniem, a nawet kilka zabiłem. W końcu zostawiły mnie w spokoju. Żyłem więc dostatnio i wygodnie z moją świtą. Nie brakło mi niczego prócz towarzystwa ludzi, którego niebawem – jak się przekonałem – miałem mieć aż za dużo.

Martwiło mnie i niecierpliwiło, że nie mogłem korzystać z mojej łodzi, i nieraz obmyślałem sposoby, jak ją sprowadzić do mojego brzegu. Nie mogłem oprzeć się chęci wybrania się na ów cypel, na który wdrapałem się w czasie mej niefortunnej wyprawy, by rozejrzeć się w położeniu wybrzeża i kierunku prądów. Chęć ta rosła we mnie z każdym dniem, aż na koniec postanowiłem podążyć tam drogą lądową wzdłuż wybrzeża.

Ruszyłem więc w podróż. Muszę jednak opisać mój strój podróżny, bowiem gdyby zobaczył takiego pątnika jakiś mieszkaniec Anglii, na pewno przeraziłby się śmiertelnie, albo uśmiał do rozpuku. Na głowie miałem wielką niekształtną czapę z koziej skóry, z wiszącym z tyłu płatem dla osłony karku zarówno przed deszczem, jak i słońcem. Kubrak, uszyty z koźlej skóry, sięgał mi do połowy uda. Spodnie, również skórzane, kończyły się nad kolanami, lecz długa koźla sierść zwieszała się z nogawek aż do połowy łydek. Pończoch ani obuwia nie nosiłem, czasem tylko na stopy wciągałem bezkształtne łapcie, podwiązywane tasiemkami.

Na kaftan kładłem szeroki pas z gładkiej skóry, który z braku klamry związywałem dwoma skórzanymi rzemykami; po jego obu stronach zwisały dwie pochewki, w których miast sztyletu i szabli tkwiły mała piła i siekierka. Miałem też drugi pas, nieco węższy, przewieszony przez ramię, do którego przytwierdzone były dwie torby, także z koziej skóry; w jednej miałem proch, w drugiej kule. Na plecach dźwigałem kosz, na ramieniu strzelbę, nad głową zaś ogromny, niezgrabny parasol, który po strzelbie był dla mnie najważniejszy. Chociaż nie miałem możliwości pielęgnować swojej skóry, a żyłem w strefie oddalonej od równika nie więcej niż o osiem do dziewięciu stopni, moja twarz nie była ciemna. Początkowo długą brodę zacząłem podcinać krótko, zostawiając jedynie na górnej wardze sumiaste wąsy, jakie widywałem u Turków w Sale. Wspominam o tym mimochodem, nikt bowiem mnie nie widział i nikomu nie zależało na tym, jak wyglądam.

W takim to rynsztunku rozpocząłem nową wędrówkę, która trwała sześć dni. Najpierw szedłem wzdłuż wybrzeża, kierując się ku miejscu, gdzie kiedyś po raz pierwszy zakotwiczyłem moją łódkę, chcąc wspiąć się na skały. Krótszą drogą na przełaj dotarłem do wzgórza i ku memu wielkiemu zdziwieniu ujrzałem morze równiutkie, gładkie i spokojne.

Była to dla mnie rzecz niepojęta, więc zadałem sobie trud obserwowania morza przez pewien czas. Wydedukowałem w końcu, jak sprawy stoją. Oto przyczyną owego prądu musiała być fala przypływu idąca z zachodu, a łącząca się z prądem wód jakiejś wielkiej rzeki na lądzie. W zależności od tego, czy wiatr dął silniej od zachodu, czy od północy, prąd przybliżał się lub oddalał od wybrzeża. Kiedy powtórnie wszedłem na skałę wieczorem w czasie przypływu, prąd był równie gwałtowny jak za pierwszym razem, ale biegł nieco dalej niż poprzednim razem, gdy porwał mnie tuż przy brzegu.

Te obserwacje utwierdziły mnie w przekonaniu, że jeśli będę obserwował przypływy i odpływy, z łatwością okrążę wyspę na mojej łodzi. Ale kiedy przyszło do wcielenia w czyn tego planu, taką poczułem trwogę, iż powziąłem decyzję pewniejszą, acz uciążliwszą, mianowicie wybudowania nowej pirogi, która by mi służyła po jednej stronie wyspy, natomiast po drugiej stronie posługiwałbym się dawną łódką.

Było to tym bardziej uzasadnione, że miałem teraz dwa gospodarstwa po obu stronach wyspy. W pierwszym, składającym się z namiotu i jaskini, w której wydzieliłem kilka pomieszczeń, miałem wielki skład garnków glinianych i koszów zapełnionych prowiantem, a zwłaszcza zbożem w kłosach i ziarnie. Był to mój spichlerz.

W ogrodzeniu wszystkie kołki przyjęły się i z czasem rozrosły w drzewa, a gałęzie ich tak się ze sobą posplatały, iż nikt nie dopatrzyłby się za nimi ludzkiej siedziby. Poniżej, w dolinie, miałem dwa zagony roli uprawnej, którą obsiewałem we właściwej porze i we właściwym czasie miewałem z niej plony.

Również i przy mojej letniej rezydencji miałem pokaźną plantację. Wewnątrz wysokiego żywopłotu kryła się niewielka altana, którą starałem się utrzymać w dobrym stanie. Dbałem również o drzewa, z początku nie wyższe od palików płotu, które jednak z czasem rozrosły się i wybujały. Przycinałem je tak, by ich korony rozrastały się i dawały przyjemny cień. Pośrodku stał mój namiot sporządzony z płótna żaglowego, rozpiętego na kołkach, które specjalnie w tym celu wbiłem w ziemię. Żagiel był mocny i trwały i nigdy nie wymagał naprawy. Pod namiotem miałem zawsze gotowe legowisko, zasłane skórami z ubitych przeze mnie zwierząt i nakryte derką oraz ciepłym płaszczem marynarskim, służącym za przykrycie.

Tuż obok była zagroda dla koźlej trzody. Specjalną troską otaczałem płoty i tak je wzmocniłem, nawbijawszy gęsto małych palików, że można było je nazwać palisadą; już po pierwszych deszczach puściły pączki i nowe gałązki i utworzyły zagrodę mocniejszą od muru. Oto jeszcze jeden dowód na to, że nie próżnowałem i nie szczędziłem trudów, aby moje życie uczynić wygodniejszym. Byłem bowiem zdania, że hodowla oswojonych kóz będzie dla mnie żywym składem mięsa, mleka, masła i sera, który mógłby mi wystarczyć na całe życie na wyspie, nawet gdyby to miało trwać jeszcze czterdzieści lat.

W tej części wyspy miałem także winnicę. Nigdy nie zaniedbywałem suszenia winnych gron, jako że była to najdelikatniejsza potrawa na moim stole, zdrowa, pożywna, orzeźwiająca i wybornego smaku.

Kiedy ze stałego miejsca zamieszkania udawałem się tam, gdzie zostawiłem łódź, moja letnia rezydencja, leżąca w połowie drogi, służyła mi za bazę wypoczynkową. Często zachodziłem do mojej łodzi, by zobaczyć, co się z nią dzieje i czy wszystko na niej w porządku. Czasami wypływałem w niej w morze, ale nie odważyłem się na bardziej ryzykowne wyprawy. Nie oddalałem się bardziej niż na dwa rzuty kamieniem od brzegu w obawie, by prąd, wiatr czy jakiś przypadek nie porwał mnie tam, gdzie już bym sobie nie umiał dać rady.

Ale teraz przejdę do nowego okresu mojego życia.

Pewnego dnia, około południa, podążając ku łodzi, zdumiałem się niezmiernie, ujrzawszy na brzegu ślad bosej ludzkiej stopy, rysujący się wyraźnie na piasku. Stanąłem w miejscu, jak rażony gromem lub jakbym zobaczył upiora.

Zacząłem nasłuchiwać, rozglądać się dokoła. Niczego jednak nie dostrzegłem ani nie usłyszałem. Wszedłem na wzgórek, żeby ogarnąć większą przestrzeń, chodziłem wzdłuż brzegu w jedną i drugą stronę z jednakowym skutkiem: oprócz tego śladu nie dostrzegłem nic więcej. Podążyłem znów ku niemu, by się upewnić, czy to nie było przywidzenie. Ale to nie było przywidzenie, bo widziałem najwyraźniej ślad ludzkiej stopy: palce, piętę, słowem, każdy najdrobniejszy szczegół. Myśli kłębiły mi się w głowie, czułem się tak, jakbym postradał zmysły. Wróciłem czym prędzej do mej fortecy, nie czując ziemi pod nogami. Byłem w najwyższym stopniu strwożony. Co kilka kroków oglądałem się za siebie, a każdy pień czy drzewo w oddali brałem za człowieka. Trudno opisać, ile najróżnorodniejszych kształtów nadawała rzeczom moja zalękniona imaginacja, ile dzikich pomysłów jawiło się co chwila w mej głowie i jakie dziwne, niezliczone urojenia tłoczyły się w mych myślach. Doszedłszy do mej warowni, wbiegłem do niej pospiesznie jak ścigany zwierz. Nie pamiętam nawet, czy wspiąłem się po drabinie, czy też wczołgałem się przez otwór, który zastępował mi drzwi. Nie pamiętałem tego nawet nazajutrz, bowiem nigdy zając nie uciekał w większej trwodze do legowiska ani lis do swej jamy, niż ja uciekałem do mego schronienia.

Owej nocy nie spałem wcale. Im byłem dalej od przedmiotu mej trwogi, tym czułem się bardziej przestraszony. Byłem tak strapiony własnymi domysłami, że straciłem poczucie rzeczywistości. Niekiedy wyobrażałem sobie, iż musiał to być zły duch, bo jakaż istota ludzka była w stanie dostać się w owo miejsce? Jakiż okręt zdołałby ją tu przywieźć? Czemu nie było śladu innych stóp? Z drugiej jednak strony trudno było uwierzyć, żeby szatan bez wyraźnego celu chciał mnie tylko nastraszyć. Skąd mógł być pewny, że spostrzegę ten ślad? Przecież ten chytry syn piekła mógł wymyślić tysiąc innych sposobów, aby mnie zatrwożyć. Nie był przecież do tego stopnia głupi, żeby wiedząc, gdzie mieszkam, wytłaczać swą stopę po drugiej stronie wyspy, gdzie bywałem tak rzadko.

Ale jeżeli to nie był diabeł, powinienem bać się jeszcze bardziej, spodziewając się wizyty dzikich ludzi przybyłych z krainy za morzem, którzy wypłynęli w swych łodziach na pełną wodę i zapędzeni wiatrem czy przeciwnym prądem dobili do wyspy i wyszli na brzeg.

Tak rozmyślając, w głębi duszy dziękowałem Bogu, że w tym czasie nie byłem w okolicy i że przybysze nie znaleźli mojej łódki. Nagle dopadły mnie nowe obawy, iż, być może, jednak ją znaleźli i domyślili się, że na wyspie są ludzie; w takim razie powrócą tu z posiłkami, zabiją mnie i zjedzą, a w najlepszym razie znajdą zagrodę, zniszczą moje zboże, uprowadzą trzodę, a mnie przyjdzie zginąć z głodu i niedostatku.

Ten strach zachwiał we mnie dawną ufność w Boga. Wyrzucałem sobie, że zasiałem tylko tyle zboża, ile sam byłem w stanie zużyć, nie myśląc o zrobieniu zapasów. Postanowiłem w przyszłości nie popełniać już takiego błędu.

Cóż za ironia losu. Jeszcze niedawno oddałbym wszystko za ludzkie towarzystwo, teraz umieram ze strachu na samą myśl, że mogę spotkać człowieka.

Taka jest zmienność naszych pragnień i skłonności. To spostrzeżenie przywiodło mi na myśl tysiąc refleksji.

Pomyślałem o Bogu, który jest nie tylko sprawiedliwy, ale i wszechmocny. Tak jak miał prawo karać mnie i nauczać, tak też jest w stanie mnie uratować. Moim obowiązkiem było zatem z jednej strony poddać się całkowicie Jego woli, z drugiej zaś szczerze ufać, modlić się i ze spokojem oczekiwać wyroków Opatrzności.

Te myśli zaprzątały mnie przez dłuższy czas, aż pewnego ranka, gdy jeszcze leżałem w łóżku, nękany myślami o grożącym mi niebezpieczeństwie, nagle przyszły mi na myśl słowa Pisma Świętego:

„Wzywaj mnie w dniu utrapienia, a wybawię cię i będziesz mnie wysławiał".

Zerwałem się radośnie z łóżka i postanowiłem już więcej się nie zamartwiać.

Zacząłem nawet podejrzewać, że cała ta historia była tylko urojeniem, że ów ślad mógł być odciskiem mojej własnej stopy, który zostawiłem przy wysiadaniu z łodzi. Począłem przekonywać sam siebie, iż uległem złudzeniu i że nie mógł to być ślad nikogo innego, tylko mój własny. Przecież nie potrafiłem sobie dokładnie przypomnieć, jaką drogą szedłem do łodzi.

Tak pocieszony wyszedłem wreszcie na dwór po trzech dobach spędzonych w mej warowni, a że nie miałem nic prócz wody i kilku placków jęczmiennych, głód zaczął mi się dawać we znaki. Przypomniałem sobie, że nadeszła pora wydojenia kóz, co czyniłem zazwyczaj co wieczora; biedne stworzenia bardzo ucierpiały na tym zaniedbaniu, niektóre z nich były słabe i potraciły mleko.

Choć pocieszałem się myślą, iż to, co mnie zatrwożyło, było jedynie śladem mojej własnej stopy i że równie dobrze mogłem się obawiać własnego cienia, jednak gdyby mnie ktoś widział, jak idę ku zagrodzie, oglądając się raz po raz za siebie, gotowy w każdej chwili rzucić kosz na ziemię i wziąć nogi za pas, pomyślałby sobie, że albo mam coś na sumieniu, albo czegoś się boję.

Gdy po trzech dniach nikogo nie spotkałem, poczułem się odważniejszy i zacząłem podejrzewać, że wszystko to nie było niczym innym, jak płodem mojej fantazji. Mimo to nie zdobyłem się jeszcze na to, by pójść znowu na wybrzeże, przyjrzeć się owej stopie i porównać ją z moją. Kiedy wreszcie się odważyłem, stało się jasne, że ślad zupełnie nie pasował do mojej stopy, a do tego przypomniałem sobie, że z pewnością nie mogłem właśnie w tym miejscu przybić do brzegu. Oba te fakty napełniły mą głowę nowymi urojeniami i oszołomiły mnie doszczętnie. Zacząłem trząść się jak w febrze i wróciłem do domu przekonany, że ktoś oprócz mnie mieszka na tej wyspie i jeśli nie będę się miał na baczności, mogę być przez niego zaskoczony. Ale w jaki sposób mam się zabezpieczyć, nie przychodziło mi do głowy.

Jakie dziwne pomysły rodzą się w ludzkiej głowie, gdy paraliżuje ją strach. Gotowi są wtedy zniszczyć to, co mogłoby ich uratować. Nosiłem się więc z myślą, by rozwalić zagrodę, wypuścić zwierzęta do lasu w obawie, by nieprzyjaciel ich nie znalazł. Następnie zamierzałem skopać oba moje zagony zboża, by nie nęciły przybyszów, chciałem też zburzyć altanę i namiot, by zatrzeć ślady ludzkiego istnienia.

Na takich rozmyślaniach przeszła mi noc, tak że nawet nie zmrużywszy oka, powitałem świt. Strach przed niebezpieczeństwem jest tysiąc razy większy niż samo niebezpieczeństwo, a zmartwienie, związane z przewidywaniem zła, gorsze od samego zła.

Od tego nawału myśli nie mogłem znowu zmrużyć oka przez następną noc. Nad ranem wreszcie zasnąłem, a że byłem zmęczony i wyczerpany, więc spałem twardo i obudziłem się bardziej pokrzepiony niż dnia poprzedniego. Myślałem teraz trzeźwiej i spokojniej i doszedłem do wniosku, że wyspa tak piękna, urodzajna i niezbyt oddalona od lądu nie była tak odludna, jak sobie wyobrażałem, chociaż bez stałych mieszkańców. Niewątpliwie przybijały tu jakieś łodzie bądź z własnej woli, bądź zagnane wiatrem.

Uświadomiłem sobie, że przez piętnaście lat, które spędziłem na wyspie, nigdy nie spotkałem nawet cienia człowieka, więc być może nie należała do tych, gdzie chciano by się osiedlać na stałe.

Toteż jeżeli groziło mi jakieś niebezpieczeństwo, to najwyżej ze strony przygodnych i zbłąkanych przybyszów ze stałego lądu, którzy nigdy nie zabawili tu dłużej niż jedną noc, by o świcie, korzystając z odpływu, powrócić w rodzinne strony. Wobec tego nie pozostało mi nic innego, jak obmyślić sobie bezpieczne schronisko na wypadek wylądowania dzikich w tej okolicy.

Żałowałem teraz, że zbytnio poszerzyłem moją jaskinię, aż wychodziła poza wał i palisadę. Po namyśle postanowiłem wystawić drugą palisadę w pewnej odległości od wału.

Miałem więc teraz podwójny wał. Umocniwszy zewnętrzny kłodami drzewa, starymi linami i czym tylko mogłem, zrobiłem w nim siedem małych otworów wielkości dłoni na strzelnicę. Wewnętrzną stronę wału poszerzyłem na pół metra, znosząc bez przerwy ziemię i ubijając ją nogami. Umieściłem w strzelnicach siedem muszkietów, osłoniętych i niewidocznych dla przybyszów od strony wybrzeża, i ustawiłem je na podstawkach jak działa na lawetach.

Minęło wiele miesięcy, nim ukończyłem pracę nad wałem i przez cały ten czas nie czułem się ani chwili bezpieczny.

Przestrzeń przed wałem obsadziłem gałązkami łoziny, która rozrastała się bardzo szybko, tworząc nieprzebytą gęstwinę. Posadziwszy ze dwadzieścia tysięcy latorośli, zostawiłem jednak wolny odstęp między nimi a wałem, żeby nie dawać nieprzyjacielowi ochrony i móc go dostrzec z daleka. Tak więc po upływie dwóch lat byłem otoczony gęstym gajem, a trzy lub cztery lata później miałem przed moją warownią las tak zwarty i rozrosły, że prawie nie do przebycia; nikomu nie mogło przyjść do głowy, iż znajduje się za nim siedziba ludzka.

Chcąc wyjść czy wejść do swojego domostwa, umieściłem dwie drabiny przy skalnej ścianie, która załamywała się na niewielkiej wysokości. Na tym odstępie było dość miejsca na ustawienie drugiej drabiny. Gdy obie zabierałem do jaskini, żadna istota ludzka nie mogła się do mnie dostać, nie narażając się na kalectwo lub śmierć.

W ten sposób przedsięwziąłem wszelkie środki ostrożności, jakie nasuwał mi rozsądek i instynkt samoobrony, jak się jednak wkrótce okazało, nie były one całkiem niepotrzebne.

Jednocześnie nie zaniedbywałem innych spraw, zwłaszcza mojej koziej trzódki, która zaopatrując mnie dostatecznie w żywność, pozwalała oszczędzać proch i naboje.

Miałem dwa sposoby zabezpieczenia trzody: albo wykopać w dogodnym miejscu jaskinię, gdzie bym spędzał ją na noc, albo zbudować kilka mniejszych zagród, oddalonych jedna od drugiej, i w każdej z nich umieścić pół tuzina młodych kóz. Ten drugi sposób przyjąłem jako praktyczniejszy i zacząłem szukać bardziej ustronnych części wyspy. Szczególnie podobał mi się skrawek łąki wśród gęstego lasu, gdzie zwierzęta były zabezpieczone przez samą naturę. Bez ociągania przystąpiłem do dzieła i w jeden miesiąc stanęła tam nowa zagroda, do której niezwłocznie przeprowadziłem dziesięć młodych kóz i dwa kozły. Gdy je tam umieściłem, nie przestałem pracować nad dalszym umocnieniem ogrodzenia. Nie musiałem się spieszyć, w związku z czym robota zajęła mi sporo czasu.

Cały trud, jaki włożyłem w tę pracę, wypływał jedynie z obaw przed kontaktem z człowiekiem. I tak przeżyłem dwa lata wśród tych niepokojów, które czyniły moje życie mniej wygodne niż poprzednio. Ze smutkiem muszę dodać, że ten przykry stan ducha odbił się także na moim życiu religijnym, brakło mi bowiem teraz spokoju i rezygnacji. Modliłem się do Boga w wielkim udręczeniu i przygnębieniu, otoczony niebezpieczeństwami, co noc oczekując, że mogę być zabity, pożarty. Takie myśli przeszkadzały nabożnemu skupieniu.

Ale wróćmy do mego opowiadania.

Zabezpieczywszy część mej trzody, obchodziłem całą wyspę, szukając innego miejsca równie dobrego, gdzie mógłbym ukryć drugą gomadkę kóz. W tych poszukiwaniach dotarłem dalej na zachód niż kiedykolwiek przedtem, rzuciłem okiem na morze i wydawało mi się, że w wielkiej odległości widzę płynącą łódkę. Nie wiedziałem, czy mnie wzrok nie myli, więc żałowałem, że nie wziąłem ze sobą lunety. Na próżno wysilałem oczy przez dłuższy czas, zszedłem więc z pagórka i wróciłem do domu.

Doszedłszy do stóp pagórka na zachodnim cyplu wyspy, gdzie nigdy jeszcze nie byłem, przekonałem się, że widok ludzkich śladów nie należał do rzadkości. Łodzie ze stałego lądu często obierały sobie tę wyspę za przystań, zapędziwszy się zbyt daleko w głąb morza. Co więcej, owe łódki spotykały się tutaj i staczały zawzięte boje, a zwycięzcy, wziąwszy jeńców, przewozili ich na ten brzeg, gdzie zabijali ich i zjadali. Później obszerniej to opiszę.

Gdy więc doszedłem do południowo-zachodniego wybrzeża, stanąłem nagle jak wryty. Niepodobna wyrazić wstrętu i obrzydzenia, jakiego doznałem na widok rozrzuconych ludzkich czaszek, żeber i piszczeli, a nade wszystko śladów ogniska, wokół którego siadywali dzicy złoczyńcy, aby spożywać mięso pochodzące z bliźnich.

Byłem tak oszołomiony tym widokiem, że przez dłuższą chwilę nie pomyślałem nawet o własnym bezpieczeństwie. Wszystkie moje niepokoje zeszły na dalszy plan wobec tak nieludzkiego okrucieństwa, zwyrodnienia i bestialstwa, z którym po raz pierwszy zdarzyło mi się zetknąć bezpośrednio.

Odwróciłem wzrok od tego przerażającego widoku. Poczułem silne bóle w żołądku i omal nie zemdlałem. Nagłe i gwałtowne wymioty przyniosły mi pewną ulgę, jednak nie mogłem już dłużej przebywać w tym miejscu. Wbiegłem więc z wielkim pośpiechem na wzgórek, a stamtąd podążyłem wprost ku memu siedlisku.

Przyszedłszy nieco do siebie, spojrzałem ze wzruszeniem w niebo i ze łzami w oczach dziękowałem Bogu, że pozwolił mi urodzić się w tej części świata, gdzie nie ma takich potworów w ludzkiej postaci. Dziękowałem Mu za wszystkie

udzielone mi łaski i pociechy, za znajomość Jego przykazań i nadzieję Jego błogosławieństwa.

W takim nastroju dotarłem do mojej warowni i odtąd czułem się bezpieczniejszy niż poprzednio, albowiem stwierdziłem, że owi okrutnicy nie przybywali na wyspę w celu poszukiwania zdobyczy i nie zapuszczali się głębiej. Miałem też nadzieję, że tak jak udało mi się przeżyć nieomal osiemnaście lat na wyspie, nie widząc człowieka, tak będzie mi dane spędzić drugie tyle równie samotnie i bezpiecznie. Chyba że znalazłyby się jakieś szlachetniejsze istoty, którym dałbym znać o moim istnieniu.

Żywiłem jednak takie obrzydzenie na wspomnienie owych okrutników, iż niemal przez dwa lata trzymałem się w pobliżu mojej warowni, letniej rezydencji i zagrody. Do tej ostatniej wybierałem się jedynie w celu doglądania kóz.

Nie dbałem też w owym czasie nawet o moją łódkę, raczej myśląc o zbudowaniu nowej; obawiałem się, że podczas opływania wyspy mógłbym natknąć się na przybyszów zza morza, a wiadomo, co by się ze mną stało, jeślibym wpadł w ich ręce.

Jednakże czas zrobił swoje i nadeszła chwila, kiedy znów poczułem się spokojny i szczęśliwy, z tą jedynie różnicą, że byłem ostrożniejszy, zwłaszcza podczas strzelania, by ktoś nie usłyszał huku broni. Jeśli polowałem, to tylko za pomocą sideł i zapadni. Tak więc przez dwa lata chyba ani razu nie wystrzeliłem z mojej strzelby, choć nosiłem ją zawsze ze sobą; co więcej, nosiłem też dwa z trzech zabranych ze statku pistoletów, zatknięte za pas z koźlej skóry, oraz na specjalnym rzemieniu jeden z kordelasów. Ciągłe też miałem coraz to nowe dowody na to, że moje warunki nie są najgorsze w porównaniu z tym, czym mogłyby być, gdyby Bóg tak chciał. Przyszło mi na myśl, że ludzie byliby szczęśliwsi, gdyby potrafili cieszyć się tym, co zostało im dane, zdając sobie sprawę z tego, że oni są w gorszym od nich położeniu. Znikłyby narzekania i skargi, gdyby przestali porównywać swój los z losem tych, którzy mają od nich lepiej.

Doszedłem też do wniosku, że moja pomysłowość nie miała granic. Dniem i nocą myślałem tylko o tym, jak zgładzić kilku z tych okrutników w czasie ich straszliwego, krew w żyłach mrożącego zajęcia i jeśli to możliwe, wyrwać z ich rąk ofiarę. Musiałbym napisać grubą księgę na temat obmyślanych przeze mnie sposobów zgładzenia, nastraszenia i wypędzenia tych dzikusów. Z tym, że swoich pomysłów nie byłem w stanie wprowadzić w czyn, ponieważ w dalszym ciągu nie zapuszczałem się w tamtą część wyspy. Cóż jednak mógł zdziałać pojedynczy człowiek przeciwko dwudziestu lub trzydziestu dzikusom uzbrojonym w dzidy, łuki i strzały, którymi posługiwali się równie sprawnie, jak ja moją strzelbą?

Jednak tak często myślałem na ten temat, że nieraz po nocach śniło mi się, iż strzelam do dzikusów. Przełamawszy się w końcu, zacząłem chodzić w tamte okolice i wiele dni straciłem na wyszukiwaniu odpowiednich stanowisk do zasadzki.

W końcu udało mi się znaleźć takie miejsce na zboczu wzgórza, gdzie mogłem bezpiecznie czatować na przybycie ich łodzi i niezauważony śledzić ich krwawe czyny, mając wyborny cel wprost w ich głowy.

Powziąwszy to postanowienie, przygotowałem dwa muszkiety i dubeltówkę. Do każdego muszkietu włożyłem po dwa naboje i po cztery lub pięć mniejszych kulek, jakich się używa do pistoletu. Dubeltówkę naładowałem grubym śrutem; do pistoletów włożyłem po kilka kul i tak uzbrojony, dobrze zaopatrzony w amunicję do drugiego i trzeciego strzału, przygotowałem się do wyprawy. Każdego ranka wychodziłem na szczyt wzgórza, znajdującego się o trzy kilometry od mojej warowni, by wypatrywać łodzi podpływających ku wyspie lub stojących u jej brzegów. Ale po dwóch czy trzech miesiącach takiego czatowania, gdy niczego nie wyśledziłem, poczułem się znużony.

Przez cały ten czas nie stało się nic niepokojącego nie tylko na brzegu, ale i na wodach oceanu, jak daleko mogłem sięgnąć wzrokiem i szkłem mej lunety. Dopóki odbywałem codzienne spacery na wzgórze, skąd był otwarty widok na wybrzeże, dopóty trwałem przy moim zamiarze. Wydawało mi się, że jestem w stanie zabić dwudziestu czy trzydziestu nagich dzikusów, którzy popełnili tak okrutną zbrodnię. Działałem na razie pod wpływem emocji, pełen zgrozy i oburzenia na okrutne zwyczaje tych ludzi.

Lecz bezowocne wycieczki, które zabierały mi tyle czasu każego ranka, ochłodziły nieco moją zapalczywość. Zacząłem teraz chłodniej i spokojniej rozważać całą sprawę. Jakie prawo - mówiłem sobie - upoważnia mnie do tego, bym był sędzią i katem dla tych zbrodniarzy, których nawet niebo nie karało przez tyle wieków, pozwalając im żyć w ten sposób, aby stawali się wykonawcami boskich wyroków. Czy ludzie ci zrobili mi jakąś krzywdę? Jakie mam prawo wtrącać się do ich krwawych zwyczajów? I skąd mogę wiedzieć, jakie są w stosunku do nich wyroki boże? Jest rzeczą pewną, że ludzie ci nie zdają sobie sprawy, iż popełniają zbrodnię. Nie wiedząc, że to rzecz zdrożna, mają czyste sumienie w tej sprawie. Zabicie jeńca pojmanego na wojnie równie nie zalicza się u nich do przestępstw, jak u nas zabicie wołu; spożywanie ludzkiego mięsa nie jest dla nich niczym gorszym niż dla nas jedzenie baraniny. Po zastanowieniu doszedłem do wniosku, że ludzie ci nie są mordercami w tym znaczeniu, w jakim ich przedtem potępiałem. Nie są w większym stopniu mordercami niż chrześcijanie skazujący na śmierć jeńców wojennych albo wycinający bezlitośnie w pień całe oddziały wojska, chociaż te złożyły broń i się poddały.

Jakkolwiek ich obyczaje są okrutne i nieludzkie, przecież mnie osobiście nie czynili nic złego, nie wiedzą nawet o moim istnieniu, a w związku z tym nie mogli żywić w stosunku do mnie jakichkolwiek złych zamiarów. Gdybym na nich napadł, przypominałbym najeźdźców hiszpańskich w Południowej Ameryce, którzy wymordowali miliony niewinnych ludzi, tylko dlatego że byli bałwochwalcami.

Sposób, w jaki Hiszpanie pozbyli się na podbitym kontynencie krajowców, wyrzynając ich w pień jak bydło, potępiony został przez wszystkie narody Europy i uznany za nieludzkie okrucieństwo i najobrzydliwszą zbrodnię w oczach Boga i ludzi.

Takie rozmyślania ostudziły nieco moją złość, a następnie powstrzymały złe zamiary, aż w końcu odstąpiłem od nich całkowicie i doszedłem do wniosku, iż nie moją jest rzeczą mieszać się do spraw dzikusów, póki mnie nie zaatakują.

Prócz tego doszedłem do wniosku, że wykonując swój zamiar, sam na siebie mógłbym wydać wyrok. Gdybym bowiem nie zdołał wybić wszystkich w pień, którzy na wyspę przyjadą, i bodaj jeden z nich umknąłby śmierci, opowiedziałby po powrocie swoim, co się stało, a ci powróciliby uzbrojeni po zęby, aby pomścić śmierć rodaków; tak więc sam sprowadziłbym na siebie nieszczęście, które mi teraz nie zagraża.

Doszedłem więc wreszcie do przekonania, że nie powinienem ingerować w tej sprawie ani ze względów praktycznych, ani z nakazów sumienia. Powinienem natomiast ukrywać się przed ich wzrokiem i nie dawać najmniejszego znaku, po którym mogliby się domyślić obecności jakiejkolwiek istoty ludzkiej na wyspie.

Po tym odkryciu poczułem się radośniejszy i spokojniejszy. Padłszy na kolana, dziękowałem Bogu, iż uratował mnie od krwi rozlewu, i prosiłem, by nadal osłaniał mnie tarczą swej opieki, żebym nie wpadł w ręce barbarzyńców ani sam na nich ręki nie podniósł.

W takim stanie ducha przeżyłem niemal cały rok następny. I tak byłem daleki od chęci zetknięcia się z owymi złoczyńcami, że przez cały czas nie poszedłem ani razu na wzgórek, by ich wypatrywać na morzu lub obserwować na brzegu. Jedynie swoją łódkę, stojącą po drugiej stronie wyspy, przeprowadziłem ku wschodniemu krańcowi; umieściłem ją tam w małej zatoczce osłoniętej stromymi skałami, gdzie, jak wnosiłem z prądów morskich, dzicy nie potrafiliby, a przynajmniej nie odważyliby się skierować swych łodzi. Razem z łódką przeniosłem wszelkie należące do niej sprzęty, jak maszt z żaglem i coś w rodzaju kotwicy. Wszystko to zabrałem, żeby z wyglądu łodzi nikt się nie domyślił, iż wyspa jest zamieszkana.

W ogóle miałem się na baczności bardziej niż kiedykolwiek i rzadko wychodziłem z domu bez potrzeby. Jestem przekonany, że dzicy ludzie jeszcze nieraz przybijali do brzegu mojej wyspy, lecz nigdy nie przyszło im do głowy, że mogą tu cokolwiek pożytecznego znaleźć. Od czasu do czasu sięgałem myślą wstecz, kiedy wałęsałem się po całym terytorium prawie nagi i uzbrojony jedynie w strzelbę, często ledwie nabitą śrutem, i włosy stawały mi dęba na głowie ze strachu, co by się ze mną stało, jeśli zostałbym przez nich pojmany.

Zastanawiałem się często, co bym zrobił w takim wypadku, gdybym nie potrafił się obronić (jeśli w ogóle byłbym dostatecznie przytomny, aby podjąć rozsądną obronę, a na pewno w znacznie mniejszym stopniu niż w tej chwili, kiedy wszystko już przygotowałem i rozważyłem). Te poważne myśli usposabiały mnie melancholijnie i czasami trudno mi było z nich się otrząsnąć. Ale jednocześnie pogłębiała się we mnie wdzięczność dla Opatrzności, która wybawiła mnie od tylu niebezpieczeństw. Sam nigdy nie zdołałbym się z nimi uporać, gdyż nie miałem najmniejszego pojęcia, że mi zagrażają lub że coś podobnego może mnie kiedykolwiek spotkać.

Mógłbym tu przytoczyć wiele przykładów z mego życia, kiedy zawierzywszy Opatrzności, dobrze na tym wyszedłem,

szczególnie w ostatnich latach mego pobytu na tej nieszczęsnej wyspie. Nigdy nie jest za późno uczyć się czegoś
nowego i radzę wszystkim, którzy podobnie jak ja rzuceni
byli na pastwę losu, aby nigdy nie lekceważyli własnej in-
tuicji, chociaż niewidzialna i niezrozumiała jest siła, która nią
kieruje.

Sądzę, że czytelnik nie będzie się dziwił, że wszystkie moje
niepokoje, w jakich żyłem, położyły kres wszelkiej pomysłowości zmierzającej do zapewnienia mi wygód. Bardziej teraz
dbałem o bezpieczeństwo niż wyżywienie. Nie śmiałem wbić
gwoździa ani urąbać drewna, bojąc się, iż może mnie ktoś
usłyszeć. Tym bardziej nie ważyłem się korzystać z broni
palnej czy rozniecać ogień, aby dym nie zdradził miejsca
mojego pobytu. Z tej przyczyny wszelkie zajęcia wymagające
użycia ognia, takie jak wypalanie garnków i fajek, gotowanie
przeniosłem do mego nowego mieszkania w głębi lasów, które
na szczęście udało mi się znaleźć. Była to najzwyklejsza pieczara, znajdująca się tak głęboko pod ziemią, że z pewnością
żaden dziki nie ośmieliłby się w nią zapuścić.

Wylot jamy znajdował się u podnóża wielkiej skały, gdzie
pewnego dnia przypadkiem (choć mam wiele powodów, by
wszelkie tego rodzaju odkrycia przypisywać łasce Opatrzności) ścinałem grubsze gałęzie do wyrobu węgla drzewnego.
Jak już wspomniałem, nie chcąc rozpalać ognia, by dym nie
zwabił nieproszonych gości, postanowiłem wypalać drzewo
w torfie (jak to robiono w Anglii) tak długo, dopóki się
zwęglił. Potem wygaszałem ognisko, a węgiel wybierałem
i zanosiłem do domu. Był z niego niemały użytek, ilekroć
chciałem rozpalić ogień, gdyż nie potrzebowałem już obawiać
się dymu. Ale wróćmy jednak do mojej groty.

Ścinając drzewo, za grubą gałęzią pnącego się krzewu
dostrzegłem nagle wgłębienie w ziemi. Wiedziony cieka-
wością zajrzałem w głąb, przecisnąwszy się, nie bez trudności, przez otwór. Znalazłem się w grocie, gdzie dwie osoby

mego wzrostu mogły wygodnie stanąć. Jednak równie prędko jak tam wszedłem, tak też cofnąłem się w pośpiechu, gdyż w ciemnościach ujrzałem wielkie i błyszczące jak gwiazdy oczy jakiejś istoty, którą w pierwszej chwili byłem skłonny wziąć za diabła.

Gdy po chwili oprzytomniałem, począłem łajać sam siebie, że boję się diabła, chociaż nie bałem się, żyjąc w samotności na wyspie prawie dwadzieścia lat. Jeśli już ktoś się miał bać, to raczej ta istota, którą mogła przerazić moja postać. Nabrawszy więc odwagi, wziąłem wielką pochodnię i dzierżąc ją w dłoni, poszedłem z powrotem. Nie uszedłem trzech kroków, gdy przeraziłem się jeszcze bardziej, usłyszałem bowiem głośne westchnienie, jakby wydarte z piersi cierpiącego człowieka, potem jakiś urwany głos, a następnie znów jęk. Cofnąłem się i byłem tak przerażony, że zimny pot wystąpił mi na czoło, a gdybym miał kapelusz na głowie, być może zjeżone włosy podniosłyby go w górę. Zdobyłem się jednak na odwagę i polecając się Bogu, ruszyłem znów naprzód. W świetle pochodni ujrzałem leżącego na ziemi ogromnego kozła, dogorywającego ze starości.

Próbowałem wynieść go z jamy, a on też usiłował powstać, ale nie mógł się podnieść, więc zostawiłem go w spokoju.

Ochłonąwszy z przerażenia, począłem rozglądać się wokoło. Pieczara była niewielka, w jednym miejscu wydłużona i tak niska, że musiałem się czołgać. Nie mając świecy, nie mogłem zapuszczać się dalej, więc postanowiłem wrócić tu następnego dnia.

Nazajutrz wziąłem więc ze sobą sześć wielkich świec, własnoręcznie zrobionych z koziego łoju i wszedłem na czworakach w owo niskie zagłębienie. Pełzałem jakiś czas, aż dotarłem do wspaniałego pomieszczenia, mającego ponad sześć metrów wysokości. Widok tutaj był przepyszny, jakiego nigdy jeszcze nie widziałem. Ściany skalne i sklepienie groty odbijały tysiącem blasków światła moich dwóch świec. Co tak błyszczało w tej skale, czy były to diamenty, drogocenne kamienie, czy też złoto – tego nie wiedziałem.

Grota, choć ciemna, okazała się pod każdym względem wyborna. Dno miała suche, równe, wyścielone drobnym żwirem, tak że nie musiałem się obawiać wstrętnych lub jadowitych gadów. Na ścianach również nie było śladu wilgoci. Prawda, że dostęp do groty był trudny, ale dzięki temu była zupełnie bezpieczna. Potrzeba mi było takiego właśnie schroniska! Postanowiłem przenieść tutaj niezwłocznie część mych rzeczy, a przede wszystkim zapas prochu i wszelką zbędną broń palną, a więc: dwie dubeltówki, trzy muszkiety; w warowni pozostawiłem więc tylko pięć, ustawionych na wale i gotowych do strzału. Mogłem je w dowolnej chwili zdjąć z podstawek i użyć w każdej wyprawie.

W czasie przenoszenia amunicji zauważyłem, że wierzchnia warstwa prochu zamokła i utworzyła się skorupa, pod którą na szczęście pozostała zawartość przechowała się nietknięta, tak iż ocalało około sześćdziesięciu funtów bardzo dobrego prochu. Było to dla mnie bardzo przyjemne odkrycie. Wszystko przeniosłem do mojej groty i później nigdy nie przechowywałem u siebie więcej niż dwa lub trzy funty prochu. Ołów, z którego wyrabiałem kule, również złożyłem w jaskini.

Miałem wrażenie, że jestem jednym z owych legendarnych olbrzymów, którzy podobno mieszkali w jaskiniach i czeluściach skalnych, gdzie nikt nie mógł ich podejść. Miałem pewność, że choćby nawet pięciuset dzikusów puściło się za mną w pościg, to nie zdołaliby mnie odszukać, a jeśli by im się udało, nie ośmieliliby się napaść mnie tutaj.

Stary kozioł, którego znalazłem w jamie, zdechł nazajutrz. Ponieważ trudno było mi go stamtąd wyciągnąć, więc musiałem zakopać go u wejścia do jaskini, by uniknąć przykrej woni padliny.

Nadszedł dwudziesty trzeci rok mojego pobytu na wyspie. Przez ten czas tak już przywykłem do tego miejsca i trybu życia, że jeśli tylko miałbym pewność, iż dzicy nie będą mnie niepokoić, zgodziłbym się spędzać tu resztę mych dni aż do czasu, kiedy mi przyjdzie położyć się i umrzeć ze starości, jak ów kozioł w jaskini. Miewałem nawet rozrywki, dzięki którym czas upływał mi znacznie przyjemniej niż kiedyś. Moją Poll nauczyłem mówić, więc gwarzyła ze mną poufale, a przy tym tak poprawnie i wyraźnie, że nie posiadałem się z radości. Przeżyła ze mną dwadzieścia sześć lat. Nie wiem, jak długo żyła jeszcze później, ale słyszałem w Brazylii, że papugi mogą żyć i sto lat. Może więc zacna Poll żyje tam jeszcze po dziś dzień, przywołując swego biednego Robinsona. Mój pies był mi wiernym i tkliwym towarzyszem przez szesnaście lat, lecz wreszcie zdechł ze starości. Koty, jak już wspomniałem, tak się rozmnożyły, że musiałem niektóre powystrzelać, aby uchronić siebie i mój dobytek przed zniszczeniem. Kiedy w końcu dwa stare, które przywiozłem z okrętu, zdechły, przestałem pozostałe karmić, tak że prawie wszystkie uciekły do lasu i zdziczały. Ci „wybrańcy" stanowili część mojej „rodziny". Trzymałem też przy sobie dwa obłaskawione koźlęta, które jadły mi z ręki, oraz jeszcze dwie papużki, które nieźle mówiły i wołały mnie po imieniu, choć nie tak wyraźnie jak Poll. Oswoiłem także kilka ptaków morskich, nieznanych mi z nazwy, które schwytałem na wybrzeżu i podciąłem im skrzydła. Trzymałem je w gaju, który wyrósł koło mej zagrody.

Słowem, czułbym się nader szczęśliwy i zadowolony z życia, gdybym tylko nie obawiał się dzikusów. Jednakże losy pokierowały mną inaczej, niż pragnąłem.

Nieraz bywa tak, że to, co nas najbardziej przeraża, często staje się jedynym, najbardziej pożądanym środkiem naszego zbawienia. Mógłbym z przygód mego życia przytoczyć niejeden przykład na poparcie tej prawdy, lecz żaden nie jest tak charakterystyczny jak wypadki, które zaszły w ostatnich latach mego samotnego pobytu na wyspie.

Było to w grudniu, dwudziestego trzeciego roku mego przebywania na niej. Ta pora południowego przesilenia dnia z nocą (bo nie mogę nazwać jej zimą) była okresem żniw i wymagała dłuższej bytności w polu. Otóż, kiedy wyszedłem z domu wczesnym rankiem, byłem zdumiony, ujrzawszy blask ognia na wybrzeżu w odległości około dwóch kilometrów ode mnie, i to po mojej stronie wyspy. Przystanąłem w zaroślach, nie śmiejąc wyjść i drżąc z niepokoju, że dzicy, buszując po wyspie, dostrzegą rosnące zboże lub moje narzędzia czy urządzenia i domyślą się natychmiast bytności ludzkiej. Zatrwożony taką ostatecznością, podążyłem wprost do mej warowni, wciągnąłem za sobą drabinę i nadałem całemu otoczeniu jak najdzikszy i najbardziej do natury zbliżony wygląd.

Jednocześnie przygotowywałem się do obrony: naładowałem wszystkie „armaty", to jest muszkiety ustawione na nowej fortyfikacji, i nabiłem pistolety, postanawiając stawiać opór do ostatniego tchu. Nie zapomniałem też polecić się bożej opiece, bym mógł ujść cało z rąk owych barbarzyńców.

Ale po dwóch godzinach oczekiwań, zapragnąłem zdobyć jakieś wiadomości. Nie mając zwiadowców, których mógłbym wysłać, musiałem iść sam na przeszpiegi. Wszedłem na występ skalny, a następnie dostałem się na sam szczyt wzgórza; tu wyciągnąłem lunetę i położywszy się na brzuchu, jąłem obserwować okolicę. Dostrzegłem dziewięciu nagich tubylców siedzących wokół ogniska, które rozniecili nie w celu ogrzania się (bowiem tego dnia było bardzo gorąco), ale, jak przypuszczałem, owej ohydnej uczty z mięsa ludzkiego.

Mieli dwie łódki, które wciągnęli na brzeg; był to właśnie czas przypływu, więc najwidoczniej czekali na powrót fali, by odpłynąć do domu. Łatwo sobie wyobrazić zamęt mych myśli, uspokoiłem się jednak trochę, gdy uprzytomniłem sobie, że ich obecność zawsze zależy od morskiego przypływu, a zatem w czasie odpływu mogę chodzić po wyspie całkiem bezpiecznie.

Stało się tak, jak oczekiwałem. Ledwo fala zaczęła się cofać ku zachodowi, ujrzałem, że zepchnęli łodzie na wodę, wzięli się do wioseł i niebawem znikli w oddali. Dodam jeszcze, że na godzinę przed odpłynięciem odprawiali tańce i mogłem przez lunetę rozpoznać ich postacie i gesty: widziałem, że byli zupełnie nadzy, ale nie mogłem rozróżnić, czy są to mężczyźni czy kobiety.

Gdy odpłynęli, wziąłem dwie strzelby na ramię, dwa pistolety za pas i z wielkim moim kordelasem (bez pochwy) przy boku ruszyłem co sił w nogach w tym kierunku. Kiedy po dwóch godzinach tam się dowlokłem (nie mogłem szybciej, gdyż broń bardzo mi ciążyła), przekonałem się, że stały tam niedawno jeszcze trzy inne łodzie dzikusów; widziałem przez moją lunetę, jak wszystkie razem płynęły w oddali po morzu, kierując się w stronę lądu.

Widok ten bardzo mnie przeraził, zwłaszcza gdy zobaczyłem okropne ślady ich haniebnej uczty: krew, kości i szczątki ludzkiego ciała. Byłem tym widokiem tak wzburzony, że powziąłem zamiar zgładzenia wszystkich tych zbójców bez względu na to, ilu ich zjawi się na wyspie.

Widocznie nie zaglądali tu jednak zbyt często, skoro upłynęło z górą piętnaście miesięcy, zanim zjawili się ponownie. Przez cały ten czas nie widziałem żadnego śladu ich pobytu. Niewątpliwie w porze deszczowej nie wypływali ze swego kraju, a przynajmniej nie zapuszczali się tak daleko. Jednakże przez cały ten czas żyłem w niepewności, oczekując bez przerwy ich przybycia.

Trwałem ciągle przy moich morderczych zamiarach i wiele godzin spędziłem na wynajdywaniu sposobów, jakimi mógłbym podejść dzikich i uderzyć na nich znienacka.

Wychodząc z domu, rozglądałem się wokoło z największą bacznością. Na szczęście miałem trzodę oswojonych kóz, więc nie potrzebowałem polować, zwłaszcza po tej stronie wyspy, na której zazwyczaj lądowali. Huk strzału niewątpliwie zaalarmowałby dzikich.

W każdym razie upłynął rok i trzy miesiące, zanim znów zobaczyłem dzikusa. Było to w maju, dwudziestego czwartego roku mej bytności na wyspie, ale o tym opowiem w innym miejscu mej księgi.

Nie był to dla mnie łatwy okres. Sypiałem niespokojnie, miewałem straszliwe sny i nieraz z przerażeniem budziłem się w nocy. Najczęściej śniło mi się, że zabijam dzikich albo szukam powodów usprawiedliwienia tego czynu. Ale o tym za chwilę.

Oto w połowie maja, być może szesnastego, jeśli dobrze wyliczyłem według mojego drewnianego kalendarza (bo wciąż jeszcze nacinałem karby na słupie), rozpętała się straszliwa wichura. Trwała cały dzień wśród gromów i błyskawic, po czym nastała noc ciemna i dżdżysta. Byłem właśnie zajęty czytaniem Biblii i zadumą nad mym obecnym położeniem, gdy naraz wzdrygnąłem się, posłyszawszy daleki huk, jakby wystrzał działa na morzu.

W największym pośpiechu zerwałem się z miejsca, w jednej chwili przystawiłem drabinę do skały, wbiegłem po niej na górę i pociągnąłem ją za sobą, a ustawiwszy ją powtórnie, wdrapałem się na sam szczyt wzgórza w chwili, gdy błysk ognia zapowiadał nowy huk. Istotnie, po pół minuty usłyszałem go. Z odgłosu wymiarkowałem, iż pochodzi on z tej strony morza, na którą zostałem kiedyś zniesiony prądem, gdym płynął na mej łódce.

Odgadłem od razu, że musiał to być jakiś okręt znajdujący się w niebezpieczeństwie i że w ten sposób wzywa pomocy. Dosyć miałem przytomności umysłu, aby dojść do wniosku, że choć sam nie potrafię im pomóc, jednak mógłbym oczekiwać od nich pomocy. Zgarnąłem więc tyle suchego chrustu, ile miałem pod ręką, i ułożywszy z niego stos, zapaliłem na wzgórzu. Suche gałęzie paliły się wybornie, a chociaż wiatr wiał gwałtownie, płomienie, unoszące się w górę coraz silniej, mogły być widziane ze statku. I tak też się stało; gdy mój ogień się rozpalił, usłyszałem nowe wystrzały, po których wkrótce nastąpiły dalsze, zawsze w tym samym kierunku. Całą noc podsycałem ogień, a z nadejściem dnia, gdy niebo się trochę wypogodziło, ujrzałem w znacznej odległości od wyspy, dokładnie na wschodzie, coś, co nawet nie dawało się zidentyfikować przez lunetę, tym bardziej że powietrze było jeszcze mgliste. Musiał to być okręt albo przynajmniej jego szczątki.

Wpatrując się w ten przedmiot za dnia, dostrzegłem wkrótce, iż wcale nie zmieniał położenia, musiał więc być zakotwiczony. Nie mogąc usiedzieć spokojnie, wziąłem fuzję i pobiegłem ku południowemu brzegowi i skałom, do których niegdyś uniósł mnie prąd wody. Gdy dotarłem na miejsce, powietrze było już czyste i z wielkim żalem ujrzałem szczątki okrętu, który rozbił się tej nocy na podwodnych skałach, tych samych, jakie zauważyłem podczas wycieczki na skały. Gdyby widzieli wyspę, próbowaliby dostać się do brzegu na szalupie, chyba że od razu ją utracili, co często się zdarza, zwłaszcza gdy fale dostają się na okręt. Pomyślałem jeszcze, że może okręt płynął razem z drugim albo kilku innymi, które w obliczu nieszczęścia przyjęły na swój pokład całą załogę. Na koniec mogło się i tak stać, iż ludzie tej nieszczęśliwej załogi wsiedli do swojej szalupy, a pędzeni prądem, nie mogą tam nic znaleźć prócz śmierci i głodu. „Może – pomyślałem sobie – znajdują się w tej chwili w rozpaczliwym położeniu, w obliczu śmierci głodowej".

Wszystko to było tylko zwykłym domysłem, nie mogłem jednak nic uczynić oprócz opłakiwania smutnego losu tych biednych ludzi; w obliczu tego nieszczęścia zwiększyła się moja wdzięczność dla Stwórcy, który przybył mi z pomocą i sprawił, iż tylko ja jeden zostałem wyratowany.

Jednak nieopisana rozpacz opanowała moją duszę na widok szczątków rozbitego okrętu.

– Ach, dlaczego Opatrzność nie dopuściła – wołałem – żeby przynajmniej jeden lub dwóch ludzi wyratowało się i dotarło tu do mnie... żebym miał bodaj jednego towarzysza, jedną bliźnią istotę, z którą mógłbym przebywać i rozmawiać.

Przez cały czas mego samotnego żywota nigdy nie czułem równie głębokiej i silnej tęsknoty za towarzystwem ludzi ani tak wielkiego smutku z powodu braku towarzystwa. Istnieją pewne tajne źródła naszych uczuć, które nagle poruszone, wybuchają z taką gwałtownością, że niepodobna utulić się w bólu.

– O, gdyby choć jeden! – powtarzałem sobie tysiąc razy. – Gdybyż choć jeden!

A tęsknota tak we mnie rosła, że mówiąc te słowa, zaciskałem pięści z taką siłą, iż gdybym trzymał coś w ręce, na pewno skruszyłbym na miazgę; zęby zaciskałem tak silnie, że z trudem mogłem je rozewrzeć. Przyrodnikom pozostawiam trud wytłumaczenia i znalezienia przyczyn tych zjawisk. Ja ze swej strony mogę tylko opisać fakt, który mnie samego zaskoczył, lecz jego pochodzenia wyjaśnić nie umiem. Niewątpliwie zrodził się na skutek mych gorących pragnień i silnej potrzeby pociechy, którą by mi przyniosła rozmowa choćby z jedną bratnią chrześcijańską duszą.

Ale pragnienie moje nie miało się spełnić: przeznaczenie postanowiło inaczej. I aż do ostatniego roku mej bytności na wyspie nie dowiedziałem się, czy z owego okrętu ktokolwiek się wyratował. Jedynie kilka dni potem znalazłem zwłoki chłopca okrętowego, wyrzuconego na brzeg wyspy. Chłopak miał na sobie kurtkę marynarską, parę krótkich płóciennych spodni i niebieską płócienną koszulę; po żadnym z tych szczegółów nie potrafiłem odgadnąć, jakiej narodowości był nieszczęsny topielec. W jego kieszeni znalazłem jedynie fajeczkę i dwa talary; pierwszy z tych przedmiotów miał dla mnie wartość dziesięciokrotnie większą.

Nastała cisza na morzu, więc zapałałem wielką chęcią wyprawienia się łodzią do wraku, bo nie miałem wątpliwości, że na pokładzie znajdę niejedną przydatną rzecz. Ale jeszcze bardziej kusiła mnie nadzieja, że na okręcie być może pozostała jakaś żywa istota, której ocaliłbym życie, a w zamian zyskałbym radość i pocieszenie w mym ciężkim położeniu. Polecając się Bogu, któremu również przypisywałem, że to On natchnął mnie tą myślą, pobiegłem z powrotem do warowni i przygotowałem się do odpłynięcia, biorąc ze sobą spory zapas chleba, wielki garnek świeżej wody, kompas, butelkę rumu i koszyk suszonych winogron.

Wróciwszy do łodzi, wybrałem z niej wodę, spuściłem na morze, złożyłem na dnie cały ładunek i poszedłem po drugi; ten składał się z worka ryżu, parasola dla ochrony głowy przed słońcem, drugiego dzbana z wodą, placków jęczmiennych, sera i butelki mleka koziego. Wszystko z wielkim trudem przeniosłem do mej łodzi. Poleciwszy się Bogu, by kierował moją żeglugą, odbiłem od brzegu. Gdy dotarłem do najdalszego, północno-wschodniego cypla wyspy, skąd miałem wypłynąć na ocean, spojrzałem na gwałtowne prądy płynące z obu stron wyspy i serce mi zamarło na wspomnienie przygody, jaką tu kiedyś przeżyłem. Gdyby porwał mnie jeden z owych prądów i zaniósł daleko w morze, gdzie straciwszy prawdopodobnie z oczu wyspę, a w każdym razie nie mogąc łatwo się do niej dostać, byłbym niechybnie zgubiony.

Te myśli tak mnie przeraziły, że gotów już byłem zrezygnować z mojego przedsięwzięcia. Przyholowawszy łódkę do małej zatoczki na wybrzeżu, wysiadłem i usadowiłem się na wzniesieniu, wahając się między obawą a pragnieniem dalszej wyprawy. W czasie tych rozmyślań przypływ począł wzbierać, co uniemożliwiło wyprawę na kilka godzin. Wówczas przyszło mi na myśl, że powinienem wspiąć się na najwyższy szczyt w okolicy i stamtąd obserwować, jak zmieniają się prądy w czasie przypływu i odpływu, aby zorientować się, czy mógłbym obrać sobie inną drogę powrotną, unoszony prądem równie bystrym.

Zaledwie o tym pomyślałem, zobaczyłem niewielki pagórek, z którego rozciągał się widok na morze. Było z niego dokładnie widać prądy i wahania przypływów i odpływów. Zauważyłem, że prądy odpływu biegną wzdłuż południowego brzegu wyspy, a prąd przypływu dochodzi do jej północnego krańca. A zatem w drodze powrotnej pozostaje mi tylko kierować się ku północnej stronie wyspy, aby dopłynąć bezpiecznie.

Zachęcony tą obserwacją, postanowiłem ruszyć nazajutrz wraz z przypływem. Ułożywszy się w łodzi pod wielkim płaszczem marynarskim, przespałem noc, a rankiem wypłynąłem na morze. Od razu skierowałem się na pełną wodę, dokładnie na północ, a gdy poczułem siłę prądu, popłynąłem z nim ku wschodowi. Nie niósł mnie tak gwałtownie jak prąd południowy i nie odbierał panowania nad łodzią, tak więc sterując wiosłem, płynąłem wprost na wrak i dotarłem do niego w ciągu dwóch godzin.

Zastałem smutny widok. Okręt, prawdopodobnie hiszpański, tkwił uwięziony pomiędzy dwiema skałami. Rufa i tylna część były potrzaskane w kawałki, przód miał połamane maszty, ale bukszpryt był cały, a dziób i przedni pokład wydawały się jeszcze zupełnie mocne. Gdy podpłynąłem blisko, na pokład wybiegł pies, który na mój widok począł szczekać i wyć żałośnie. Gdy go zawołałem, wskoczył do morza i popłynął do mnie. Wziąłem go do łódki; był ledwie żywy z głodu i pragnienia, więc dałem mu jeden placek. Pożarł go jak wygłodniały wilk, który dwa tygodnie siedział w śniegach, a gdy podałem mu wody, pił z taką łapczywością, że gdybym mu dał więcej, z pewnością by pękł.

Wszedłem na pokład. Pierwszym, co rzuciło mi się w oczy, byli dwaj topielcy leżący w kambuzie na przodzie

statku, spleceni ze sobą mocno ramionami. Doszedłem do wniosku, że w chwili, kiedy okręt rozbił się o skałę i fale zaczęły zalewać pokłady, ludzie ci zostali po prostu uduszeni pod naporem wody, która przedostała się do środka. Oprócz psa nie było tu żywej duszy, a zapasy zniszczyła woda morska. Znalazłem kilka beczek jakiegoś trunku, ale były zbyt ciężkie, by je wytoczyć. Spostrzegłem też kilka kufrów marynarskich, z których dwa wziąłem na łódkę, nie badając zawartości.

Biorąc pod uwagę to, co w nich znalazłem, skłonny jestem przypuszczać, że okręt wiózł wielkie bogactwa, które w tej chwili już nikomu nie były przydatne. Z tego, co mogłem się zorientować, okręt płynął z Buenos Aires albo Rio de la Plata w kierunku Brazylii lub Hawany, może do Zatoki Meksykańskiej, a stamtąd do Hiszpanii. Co stało się z resztą załogi, wówczas jeszcze nie wiedziałem.

W jednej z kabin było kilka muszkietów i wielki róg z prochem, który zabrałem. Wziąłem też szufelkę do węgla i obcęgi, które mi bardzo były potrzebne, a także dwa mosiężne kociołki, miedziany garnek do gotowania czekolady i ruszt z pieca. Z takim ładunkiem i psem ruszyłem ku brzegowi na wzbierającej fali przypływu. Tego wieczoru, na godzinę przed zapadnięciem nocy, dotarłem do wyspy, zmęczony i wyczerpany do ostateczności.

Noc przespałem w łodzi, nazajutrz zaś postanowiłem całą zdobycz przenieść do nowej jaskini. Posiliwszy się, wyniosłem ładunek na brzeg i zacząłem go oglądać. W kufrach znalazłem kilka rzeczy bardzo użytecznych: skrzyneczkę pięknego kształtu, pełną butelek wódek delikatnych i dobrych, dwa słoje konfitur, tak dobrze opakowanych, że woda nie mogła ich zepsuć. Najradośniej powitałem kilka zupełnie dobrych koszul oraz półtora tuzina białych chusteczek.

Na samym dnie kufra znalazłem trzy wory talarów, w sumie tysiąc sto sztuk w bitej monecie, poza tym owiniętych papierem sześć dublonów w złocie i kilka sztabek złota. W drugim kufrze było trochę odzieży o mniejszej dla mnie wartości. W sumie wyprawa przyniosła mi niewiele. Pieniądze nie miały dla mnie znaczenia, bo nie miałem ich na co wydawać. Wolałbym kilka par angielskich trzewików i pończoch, za którymi bardzo tęskniłem, a których od wielu lat nie miałem na nogach. Wprawdzie zdobyłem teraz dwie pary obuwia, które ściągnąłem z nóg topielcom, oraz dwie inne, znalezione w kufrze, ale nie przypominały naszych angielskich trzewików i nie bardzo pasowały na moją nogę. W drugim kufrze znalazłem też około pięćdziesięciu talarów, ale nie w złocie, tylko w srebrze.

Pieniądze przewiozłem również do jaskini i złożyłem obok tych, które pochodziły z mojego okrętu. Żałuję, że nie miałem dostępu do drugiej strony okrętu, bo jestem pewny, że wypełniłbym łódkę złotem, które leżałoby w bezpiecznym schowku w grocie, aż do momentu, gdy mógłbym zabrać je ze sobą do Anglii.

Kiedy schowałem już wszystkie zdobycze, powróciłem do łodzi i poprowadziłem ją wiosłem do dawnej przystani, po czym podążyłem jak najprędzej do mego starego domostwa, gdzie wszystko znalazłem w należytym porządku. Przyszedłszy nieco do siebie, zacząłem znów żyć według dawnego trybu i zajmować się gospodarstwem. Przez pewien czas żyłem dość spokojnie, tylko byłem czujniejszy niż dawniej, rzadziej wychodziłem z domu, a z większą swobodą poruszałem się tylko we wschodniej części wyspy, gdzie miałem pewność, że tubylcy nigdy się nie zjawiają i dokąd mogłem się udać bez zachowywania specjalnej ostrożności.

Tak przeżyłem jeszcze dwa lata, podczas których moja szalona głowa, po to chyba stworzona, by zawsze unieszczęśliwiać me ciało, zaczęła znów roić się od zamiarów i projektów opuszczenia wyspy. Czasami wyruszałem na ponowne przetrząśnięcie wraku, choć rozum mówił mi, że nie znajdę tam nic godnego uwagi, czasami coś kusiło mnie do

takiej czy innej włóczęgi i mówiłem sobie, że gdybym miał
taką łódź, na jakiej uciekłem z Sale, odważyłbym się w niej
wypłynąć na pełne morze. Całe moje życie było i jest prze-
strogą dla tych wszystkich, którzy narzekają na los, jaki im
Bóg i życie przeznaczyło. Gdybym bowiem pozostał w Brazylii i zadowolił się stopniowym bogaceniem się, byłbym
już teraz jednym z najznaczniejszych plantatorów. Sądząc
z zysków, które osiągnąłem na początku, jestem przekonany,
że doszedłbym do majątku wartego około stu tysięcy moidorów. Dlaczego więc porzuciłem majątek i dobrze zago-
spodarowaną plantację, aby rozpocząć handel Murzynami,
których po pewnym czasie mógłbym kupić u siebie
w domu? A chociaż kosztowałoby to mnie nieco drożej,
jednak różnica ceny w żadnym wypadku niewarta była po-
dejmowania tak wielkiego ryzyka. Taki los czeka młode za-
palone głowy, a rozwaga przychodzi zwykle po wielu latach.
Szaleństwo zostaje drogo okupione doświadczeniem. Podobnie rzecz ma się ze mną: tak głęboko zakorzenił się we
mnie ów nawyk do włóczęgi, że nieustannie szukałem sposobów i możliwości, aby się stąd wydostać.

A teraz, gdy dochodzę do końca mej opowieści, nie będzie
od rzeczy wspomnieć o moich szalonych zamysłach ucieczki
z wyspy i o przyczynach, które mną kierowały. Po ostatniej
podróży do rozbitego okrętu powróciłem znów do mej warowni. „Fregata" moja stała jak zwykle ukryta i zabezpieczona
w zatoczce. Zacząłem prowadzić dawny tryb życia. Miałem
więcej bogactw niż dotychczas, ale nie stałem się dzięki nim
szczęśliwszy. Nie miałem z nich więcej pożytku niż Indianie
w Peru przed przybyciem Hiszpanów.

Pamiętam jedną noc podczas dżdżystej pory marcowej
w dwudziestym czwartym roku mej samotności na wyspie. Leżałem w hamaku, nie śpiąc. Byłem zdrów na ciele, nie miałem
bólów ani dolegliwości, ani też żadnych kłopotów, a przecież
nie mogłem zmrużyć oczu i zasnąć.

Przez głowę przelatywały mi niezliczone myśli, które wirowały w mym mózgu. Przypomniałem sobie całą historię mego żywota aż do chwili przybycia na wyspę, a następnie i ten okres życia, jaki na niej spędziłem. W rozważaniach dotyczących tego drugiego okresu porównywałem szczęśliwsze pierwsze lata z życiem pełnym obaw, niepokoju i troski, jakie wiodłem od chwili, gdy ujrzałem pierwszy ślad ludzki na piasku. Te same niebezpieczeństwa groziły mi i dawniej, ale o nich nie wiedziałem. Nie wiedziałem, że podczas spacerów, kiedy czułem się tak bezpiecznie i spokojnie, od okrutnej śmierci dzielił mnie tylko grzbiet wzgórza, jakieś wielkie drzewo czy niepostrzeżenie zapadający zmrok. Byłem niemal o krok od śmierci z rąk ludożerców, którzy rzuciliby się na mnie jak na żółwia lub kozę, a zjadłszy, nie mieliby większych wyrzutów sumienia, niż gdybym ja to samo uczynił z gołębiem czy innym ptakiem. Byłoby kłamstwem, gdybym przeczył, że nie jestem szczerze wdzięczny memu Stwórcy, którego szczególnej opieki doznałem, za którego sprawą doświadczyłem niejednokrotnie wybawienia.

Następnie zacząłem rozmyślać o owych nieszczęsnych istotach, które niejednokrotnie nawiedzały wyspę (mam na myśli dzikich). Zadawałem sobie pytanie, jak się to dzieje, że mądry Stwórca mógł obdarzyć niektóre ze swych stworzeń tak nieludzkim okrucieństwem, iż pożerały bliźnich. Po tych bezowocnych dociekaniach począłem zastanawiać się nad inną kwestią: w jakim kraju żyją ci nieszczęśliwcy? Jak daleko jest wybrzeże, z którego przybyli? Dlaczego odważają się przypływać aż tu? Jakie mają łodzie? I dlaczego nie mógłbym tak jak oni przeprawić się na tamten brzeg? Nie zastanawiałem się nad tym zbytnio, co bym uczynił, gdybym wpadł w ręce dzikusów. Mój umysł był całkowicie zaprzątnięty zamiarem przedostania się na ląd stały. Obecne moje położenie uważałem za najgorsze ze wszystkich, tak iż tylko śmierć mogła być od niego gorsza. Sądziłem, że wystarczy dotrzeć do brzegów kontynentu, a natrafię tam na jakąś pomoc. Ostatecznie mógłbym też natknąć się na jaki statek chrześcijański, który wziąłby mnie na pokład, a w najgorszym przypadku śmierć byłaby dla mnie wybawieniem od wszystkich nieszczęść. Byłem tak wzburzony tymi myślami, że znikł mój wewnętrzny spokój, poddanie się Opatrzności i nie oczekiwałem już wyroku niebios. Nie mogłem myśleć o niczym innym poza planowaną podróżą na ląd. Myśl ta prześladowała mnie z taką siłą, że nie byłem w stanie jej się oprzeć.

Gdy umysł mój był już tak wzburzony, że krew we mnie kipiała i pulsowała jak w gorączce, przyszła mi w końcu z pomocą natura, wtrącając w głęboki sen. Zdawałoby się, że moje sny dotyczyć będą spraw, które mnie poruszyły na jawie, lecz było wręcz przeciwnie. Śniło mi się, że wyszedłem jak zwykle z mej warowni i nagle ujrzałem dwie łodzie z jedenastoma dzikimi przybijające do brzegu; przywieźli ze sobą jeszcze jednego dzikusa, którego mieli zabić i spożyć, gdy nagle on im się wyrwał i zaczął uciekać. Wydawało mi się, że wbiegł do mego gaju, by się ukryć, ja zaś, widząc go samego i nie wiedząc, że inni go ścigają, skinąłem nań ręką i z uśmiechem zachęcałem, by podszedł bliżej. Wówczas on ukląkł przede mną, jakby prosząc, bym go wziął w opiekę, na co wskazałem mu moją drabinę, wprowadziłem na górę i do jaskini, a on był odtąd mym sługą. Ledwo spotkałem tego człowieka, powiedziałem sobie: „Teraz już na pewno mogę myśleć o wyprawie do stałego lądu, ten druh będzie moim przewodnikiem, powie mi, co czynić, skąd wziąć żywność i dokąd się udać, żeby nie zostać pożartym i uciec szczęśliwie".

Zbudziłem się niezwykle radosny, lecz gdy wytrzeźwiałem i zrozumiałem, że był to tylko sen, przygnębienie moje nie miało granic.

Wkrótce jednak wpadłem na pomysł, że sam muszę schwytać jednego z dzikich, najlepiej przeznaczonego na pożarcie przez swoich pobratymców. Lecz aby zrealizować ten plan, musiałbym napaść na całą bandę dzikusów i pozabijać ich wszystkich; byłby to postępek iście desperacki, który mógłby skończyć się niepowodzeniem. Zresztą nie wiem, czy moje sumienie pozwoliłoby mi na taki rozlew krwi.

W końcu jednak, po wielu wewnętrznych zmaganiach z samym sobą, pragnienie wydostania się stąd zagłuszyło wszystkie inne uczucia i postanowiłem schwytać jednego z dzikusów, choćby mnie to nie wiedzieć ile kosztowało. Ponieważ nie wiedziałem jeszcze, jak to zrobić, postanowiłem na razie zaobserwować, kiedy przybędą na wyspę, a resztę zostawić biegowi wypadków, od których będzie zależało dalsze moje postępowanie.

Zgodnie z tym zamiarem raz po raz zasiadałem na czatach, aż w końcu zaczęło mnie to nużyć, ponieważ nic się nie działo przez półtora roku. Tak jak dawniej starałem się unikać widoku dzikich i uważałem, aby nie być przez nich widzianym, tak teraz pałałem pragnieniem, by się z nimi zetknąć.

Wyobrażałem sobie również, że potrafię ujarzmić nie jednego, ale nawet kilku i uczynić z nich uległych niewolników całkowicie posłusznych mej woli. Długo zabawiałem się podobnymi myślami, ale z tych wszystkich fantazji i projektów nic nie wyszło, gdyż przez cały ten czas ani jeden dziki człowiek nie zjawił się na wyspie.

Półtora roku minęło mi na snuciu takich planów i zamysłów i kiedy straciłem już prawie nadzieję, nagle, pewnego wczesnego ranka, zaskoczył mnie widok aż pięciu łodzi wyciągniętych na brzeg po mojej stronie wyspy. Ci, którzy na nich przybyli, bez wątpienia wyszli już na ląd, choć nigdzie ich nie widziałem. Ich liczba od razu pokrzyżowała wszystkie moje zamierzenia. Zazwyczaj do jednej łodzi wsiadało czterech, sześciu albo i więcej dzikusów. Więc w pojedynkę nie mogłem napaść na dwudziestu albo trzydziestu ludzi. Przyczaiłem się więc w mojej warowni, zbity z tropu i przygnębiony, nie rezygnując jednak z obmyślania ataku i gotów do czynu, gdyby zaszła potrzeba. Czekałem przez długą chwilę, nasłuchując każdego odgłosu z ich strony. W końcu zniecierpliwiony ustawiłem muszkiety u stóp drabiny i wspiąłem się na wierzchołek góry. Przez lunetę dostrzegłem przeszło trzydziestu dzikich, którzy rozniecili ognisko i coś na nim gotowali oraz tańczyli dokoła niego.

Po dłuższej obserwacji, wyróżniłem dwóch nieszczęśników, których wywleczono z łodzi i ciągnięto na zabicie. W pewnej chwili jeden z nich padł na ziemię, prawdopodobnie ogłuszony pałką; zaraz przyskoczyli ku niemu dwaj siepacze, by go zarżnąć na ucztę. Przez ten czas druga ofiara stała na uboczu, czekając, aż z tamtym skończą. Nagle, korzystając z nieuwagi oprawców, zerwał się z miejsca i z niewiarygodną szybkością zaczął biec przez piaszczystą wydmę wprost na mnie.

Wyznać muszę, że przestraszyłem się śmiertelnie, myśląc że cała zgraja biegnie za nim. Oczekiwałem, że spełni się część mojego snu i zbieg będzie szukał u mnie schronienia. W każdym razie trwałem wciąż na stanowisku i poczułem wielką ulgę, gdy spostrzegłem, że goniło go nie więcej niż trzech ludzi, którzy zresztą szybko zostali w tyle.

Między nimi a moją warownią znajdowało się ujście rzeczułki, gdzie niegdyś wyładowywałem rzeczy wyniesione z okrętu. Wiedziałem, że biedak musi ją przepłynąć, inaczej zostanie natychmiast schwytany. Dopadłszy rzeczułki dał nura w wodę, przepłynął ją błyskawicznie około trzydziestoma ruchami ramion, wdrapał się na ląd i biegł dalej z niespożytą siłą i zręcznością. Gdy trzej prześladowcy dobiegli do wody, okazało się, że tylko dwaj umieją pływać, a trzeci został na brzegu, niebawem zaś zawrócił z wolna, co wyszło mu na dobre.

Zauważyłem, że dwaj goniący płynęli dwa razy dłużej niż uciekający. Wtedy zaświtało mi w głowie, że nadszedł czas, bym znalazł sobie sługę i towarzysza, zesłanego mi najwidoczniej przez Opatrzność. Nie zwlekając, zbiegłem w dół po drabinach, porwałem dwie strzelby i, wspiąwszy się znowu na szczyt wzgórza, zacząłem biec na przełaj w stronę morza. Ponieważ biegłem z góry i krótszą drogą, niebawem znalazłem się pomiędzy ścigającymi a ściganym. Krzyknąłem głośno na uciekającego, który odwrócił się do mnie przestraszony, ja jednak skinąłem na niego ręką, by się cofnął, a sam wypadłem na tego, który był na przodzie, zwaliłem go z nóg kolbą strzelby, bałem się bowiem strzelać, by nie usłyszała mnie reszta zgrai. Gdy powaliłem owego draba, drugi zatrzymał się najwyraźniej strwożony. Podbiegłem do niego, ale gdy byłem już niedaleko, spostrzegłem, że ma łuk i strzały i właśnie celuje we mnie. Byłem więc zmuszony go uprzedzić i jednym strzałem położyłem go na miejscu.

Biedny uciekinier, mimo że widział obu nieprzyjaciół leżących bez życia na ziemi, był jednak tak przerażony ogniem i hukiem z mej strzelby, iż nie był w stanie ruszyć się z miejsca; skłonny był raczej uciekać, niż podejść bliżej. Zawołałem do niego i dawałem mu znaki, aby zbliżył się do mnie. Zrozumiał, podszedł kilka kroków i znów się zatrzymał. Wtedy spostrzegłem, że cały drży, nie wiedząc, co go czeka. Wszelkimi sposobami zacząłem go zachęcać, by przyszedł do mnie, a on zbliżał się, klękając co kilkanaście kroków na znak wdzięczności za uratowanie życia. Uśmiechnąłem się do niego, spojrzałem nań przyjaźnie i znów dałem znak ręką, by podszedł jeszcze bliżej. W końcu znalazł się tuż obok mnie, ukląkł, ucałował ziemię, położył na niej głowę i, chwyciwszy moją stopę, położył ją sobie na czole. Gest ten, jak sądzę, oznaczał wierność i wiekuiste poddaństwo. Podniosłem go z ziemi i pocieszałem, jak mogłem, ale nie miałem na to zbyt wiele czasu, bo pierwszy z dzikusów, którego tylko ogłuszyłem, począł przychodzić do siebie. Wskazałem go ręką uratowanemu, a on odrzekł coś na to w swoim języku; chociaż go nie rozumiałem, jednak miło mi było go słuchać, gdyż był to pierwszy ludzki głos, jaki usłyszałem od dwudziestu pięciu lat. Ale nie było czasu na takie rozmyślania, gdyż ów dzikus na tyle odzyskał przytomność, że usiadł na ziemi. Wymierzyłem do niego ze strzelby, ale „mój" dzikus wskazał na szablę, wiszącą u mego boku. Zrozumiałem, że chce, abym mu ją pożyczył. Skoro na to przystałem, skoczył na nieprzyjaciela i jednym ciosem zdjął mu z karku głowę tak zręcznie, że żaden kat nie uczyniłby tego prędzej ani lepiej. Potem podbiegł do mnie ze śmiechem i położył przede mną szablę oraz głowę zabitego nieprzyjaciela.

Jednak mój wyczyn wprawił go w jeszcze większe zdumienie, nie mógł zrozumieć, w jaki sposób mogłem zabić drugiego Indianina z tak wielkiej odległości. Gestem spytał, czy może do niego podejść, a potem przewracał ciało z boku na bok, oglądając ranę, z której mało wyciekło krwi, ponieważ kula przeszła powyżej piersi i krew wylała się do wewnątrz. Mój dzikus zabrał zabitemu łuk i strzały, a potem wrócił do mnie. Wtedy dałem mu znak, aby poszedł za mną, ponieważ niebezpiecznie było zostawać w tym miejscu.

Dzikus pokazał mi na migi, że chciałby najpierw pogrzebać ciała, żeby ścigający nas nie zobaczyli trupów. Wyraziłem na to zgodę. Wziął się do roboty i po chwili wykopał rękoma dwie dość głębokie jamy, do których zaciągnął zabitych i przysypał piaskiem.

Po dotarciu do jaskini dałem mu chleba, suszonych winogron i wodę, bo jak przypuszczałem, był bardzo spragniony po tak morderczym biegu. Nakarmiwszy go, dałem mu znak, by się położył na spoczynek na wiązce słomy i derce, na której sam nieraz sypiałem. Biedak, ledwo przyłożył głowę do posłania, usnął natychmiast.

Był to chłopak miły i przystojny, dobrze zbudowany, o silnych, prostych ramionach i długich nogach, wysoki, ale nie za wielki. Wyglądał na dwadzieścia sześć lat. Twarz

miał dobrotliwą, bez dzikości w spojrzeniu, a jednak męską i mężną; zwłaszcza kiedy się uśmiechał, miał w sobie coś z Europejczyka. Włosy miał długie i czarne, proste, czoło wysokie, oczy żywe i bystre. Twarz jego była smagła, o oliwkowym odcieniu, okrągła i pucołowata, nos mały, lecz nie spłaszczony jak u Murzyna, wargi wąskie, ładnie wykrojone, zęby zaś piękne, równe i białe jak kość słoniowa. Po krótkiej drzemce wybiegł z groty i zaczął się za mną rozglądać. Właśnie przebywałem w zagrodzie dla kóz. Gdy mnie spostrzegł, przybiegł i rzucił mi się do nóg z oznakami wdzięczności i poddaństwa, na jakie się umiał zdobyć. Zrozumiałem, co chciał mi powiedzieć, i zapewniłem go, że również jestem z niego zadowolony. Wkrótce zacząłem mówić do niego i uczyć go angielskich słów. Postanowiłem nazwać go Piętaszek, od piątku – dnia, w którym ocaliłem mu życie. Nauczyłem go również słowa „pan", wskazując na siebie, a także „tak" i „nie", tłumacząc, co znaczą. Dałem mu trochę mleka w glinianym garnuszku i kawałek chleba, który nauczyłem go maczać w mleku. Najwyraźniej bardzo mu smakowało.

Po nocy, którą przespaliśmy pod wspólnym dachem, postanowiłem zaprowadzić go do mej warowni, aby znaleźć dla niego jakieś ubranie; był kompletnie nagi. Gdy przechodziliśmy koło miejsca, gdzie zagrzebał dwóch zabitych, zaczął dawać mi znaki, że powinniśmy ich odkopać i zjeść. Okazałem mu swoje najwyższe oburzenie i skinieniem ręki nakazałem mu iść za mną, co też natychmiast uczynił.

Poszliśmy potem na szczyt wzgórza, skąd można było zobaczyć brzeg, na którym rozpalili ognisko dzicy. Nie było śladu ani ludzi, ani łodzi. Z pewnością odpłynęli, nie zadając sobie trudu, by poszukać swoich towarzyszy.

To mnie jednak nie uspokoiło. Mając teraz więcej pewności siebie, a tym samym i ciekawości, wziąłem Piętaszka, dając mu szablę do ręki, a na plecy łuk i strzały, z którymi umiał się zręcznie obchodzić, i pomaszerowaliśmy do koczowiska dzikich. Gdy doszliśmy na miejsce, krew zastygła mi w żyłach, a serce zamarło. Widok był straszny, przynajmniej dla mnie, bo Piętaszek nic sobie z niego nie robił. Wokół paleniska walały się kości ludzkie, ziemia zbrukana była krwią, a tu i ówdzie odkrywałem niedojedzone resztki ludzkiego mięsa; słowem ślady uczty, jaką wyprawili po zwycięstwie nad nieprzyjacielem. Znalazłem trzy czaszki, pięć rąk, kości trzech czy czterech nóg oraz inne części ciała. Piętaszek wyjaśnił mi na migi, że przywieziono czterech jeńców, z których trzech zjedzono, a jemu udało się uciec. Dowiedziałem się poza tym, że odbyła się wielka bitwa między dwoma sąsiadującymi plemionami, z których jednego pochodził Piętaszek. Zwyciężyło wrogie plemię. Pojmano wielką liczbę jeńców, których wleczono w różne miejsca.

Kazałem Piętaszkowi zebrać wszystkie te kości i szczątki i spalić na popiół. Widziałem, że miał apetyt na to, co pozostało, jako że był z natury ludożercą. Okazałem jednak tyle wstrętu i obrzydzenia, że Piętaszek nie śmiał przyznać się do swoich przyzwyczajeń. Poza tym zagroziłem, że go zabiję, jeśli przyłapię go na ludożerstwie.

Następnie wróciliśmy do mojej warowni, gdzie postanowiłem popracować nad moim Piętaszkiem. Najpierw dałem mu parę płóciennych hajdawerów, potem uszyłem mu kaftan z koziej skóry oraz dałem mu także czapkę zrobioną z zajęczej skórki. Odziany jako tako, nie posiadał się z radości, choć początkowo poruszał się dość niezgrabnie.

Nazajutrz zacząłem się zastanawiać, gdzie mojego sługę zakwaterować. Chcąc zapewnić mu wygodę, a samemu nie być skrępowanym, postawiłem mu mały namiot między dwiema liniami fortyfikacyjnymi. Ponieważ w tym miejscu było wejście do jaskini, więc zrobiłem framugę i prawdziwe drzwi z grubych desek, otwierające się do wewnątrz, które na noc barykadowałem. Tak więc Piętaszek nie mógł się do mnie dostać, nie zrobiwszy hałasu, który by mnie obudził.

Wszystkie te środki ostrożności były zresztą zupełnie zbyteczne, ponieważ nikt nigdy nie miał sługi wierniejszego i bardziej przywiązanego. Uległy i posłuszny, był do mnie przywiązany całym sercem jak dziecię do ojca. Wierzę, że gotów był życie poświęcić, by ocalić moje. Liczne dowody, jakie mi na to dawał, przekonały mnie wkrótce, że ze strony Piętaszka nie potrzebuję niczego się obawiać.

Podziwiając jego rozliczne zalety, uświadomiłem sobie, że Bóg sprawiedliwie obdzielił nimi wszystkie istoty, jednak niektóre nie mają szans, by je wykorzystać.

Ale powróćmy do mego nowego towarzysza.

Byłem zachwycony Piętaszkiem i postanowiłem nauczyć go wszystkiego, co mogłoby mu się przydać, a przede wszystkim mówić w moim języku. Był najpojętniejszym uczniem, jakiego w życiu widziałem, a przy tym pilnym i tak szczęśliwym, gdy mógł mnie zrozumieć albo gdy ja jego rozumiałem. Odtąd życie zaczęło mi płynąć tak przyjemnie, aż bałem się zapeszyć i przestałem myśleć o opuszczeniu wyspy.

Jednym z moich celów w stosunku do Piętaszka była potrzeba odzwyczajenia go od ohydnego nawyku żywienia się ludzkim mięsem; chciałem, by zasmakował w innym, toteż pewnego dnia zaprowadziłem go do lasu. Zamierzałem zabić jedno z koźląt z mej trzody, przynieść je do domu i oporządzić. Ale po drodze zobaczyłem dziką kozę leżącą w cieniu z dwojgiem małych.

– Stój – zawołałem na Piętaszka, dając mu znak, by się nie ruszał, po czym złożyłem się do strzału i zabiłem jedno z koźląt.

Biedak, który już raz był świadkiem niezwykłej właściwości mojej strzelby, trząsł się, dygotał i wydawał się tak przerażony, że mało brakowało, a zemdlałby ze strachu. Nie dostrzegł koźlęcia i był pewny, że strzelałem do niego. Począł drzeć na sobie kaftan, lamentować, zawodzić, a potem podbiegł, ukląkł przede mną i obejmując moje kolana, mówił w swoim języku, ale go nie rozumiałem. Domyślałem się oczywiście, że prosi mnie, bym go nie uśmiercał.

Wkrótce znalazłem sposób, by go przekonać, że nie mam zamiaru zrobić mu krzywdy. Śmiejąc się, wziąłem go za rękę i wskazując ubite koźlę, dałem mu znak, żeby mi je przyniósł. Uczynił to skwapliwie, a kiedy oglądał koziołka na wszystkie strony, nabiłem powtórnie strzelbę i wypatrzyłem wielkiego ptaka najprawdopodobniej papugę, siedzącego na drzewie na odległość strzału. Przywołałem Piętaszka do siebie, wskazałem mu ptaka oraz moją strzelbę, a potem ziemię pod drzewem, na którym siedział. W ten sposób dałem mu do zrozumienia, że strzałem zabiję ptaka. Kiedy strzeliłem, kazałem mu patrzeć na spadającą papugę. Stał jak ogłuszony i mimo moich przekonywań, był jeszcze bardziej oszołomiony niż poprzednio, gdyż myślał, że w tym tajemniczym przedmiocie musi kryć się śmierć i zniszczenie zdolne zabić człowieka, zwierzę lub ptaka zarówno z bliska, jak i z daleka. Nie mógł przez dłuższy czas ochłonąć z przerażenia i myślę, że gdybym mu na to pozwolił, zacząłby darzyć czcią boską mnie i moją strzelbę. Jeśli chodzi o strzelbę, to przez kilka dni nie chciał wziąć jej do ręki, a gdy był sam, przemawiał do niej jak do rozumnej istoty. Powiedział mi później, iż prosił ją, żeby go nie zabijała.

Gdy już nieco ochłonął, dałem mu znak, by mi przyniósł ustrzelonego ptaka, co uczynił po pewnej zwłoce, gdyż papuga jeszcze żyła i odfrunęła nieco dalej od miejsca, gdzie upadła. W końcu jednak ją znalazł i mi przyniósł. Ponieważ wiedziałem, że nigdy dotąd nie miał do czynienia z bronią palną, skorzystałem z jego chwilowej nieobecności i nabiłem strzelbę na wypadek, gdyby nawinęła się jakaś zwierzyna. Ale już nic więcej nie spotkaliśmy, więc zaniosłem koziołka do domu, ściągnąłem z niego skórę, pokroiłem mięso i z kawałka ugotowałem potrawkę oraz dobry rosół. Usiadłszy do jedzenia, zaprosiłem oczywiście mojego Piętaszka, który nie posiadał się z radości i wszystko bardzo chwalił, chociaż bardzo się dziwił, że soliłem potrawy. Dawał mi rozpaczliwe znaki, że sól nie nadaje się do jedzenia. Nasypał sobie szczyptę na język, udawał nudności, spluwał i odchrząkiwał, przepłukując sobie usta czystą wodą. Natomiast ja wziąłem do ust kawałek niesolonego mięsa i spluwałem w ten sam sposób jak on po skosztowaniu soli. Piętaszek nigdy jednak nie chciał solić mięsa czy rosołu. Dopiero po dłuższym czasie nauczył się tego, ale i wtedy solił zaledwie szczyptę.

Nakarmiwszy go rosołem i potrawką, postanowiłem nazajutrz uraczyć go pieczystym z kozła. Wbiłem więc dwa słupki po obu stronach ogniska, na nich zatknąłem poprzeczkę i przywiązałem do niej kawał mięsa, który obracałem jednostajnym ruchem, tak jak widziałem to w Anglii. Piętaszek nie mógł się temu nadziwić, a gdy spróbował pieczeni, starał się dać mi do zrozumienia, jak bardzo mu smakuje. W końcu oznajmił, że już nigdy nie będzie jadł ludzkiego mięsa. Ta deklaracja sprawiła mi wielką radość. Następnego dnia posadziłem go do roboty, każąc mu tłuc ziarno i przesiewać je przez sito. Niebawem nauczył się robić to nie gorzej ode mnie, zwłaszcza odkąd zrozumiał, że z tego będzie chleb. Wkrótce nauczyłem go wyrabiać ciasto i wypiekać placki. Słowem, wkrótce Piętaszek umiał robić wszystko to co i ja.

Uświadomiłem sobie, że mając obecnie dwie gęby do wyżywienia, muszę zaorać więcej gruntu pod uprawę i zasiewać więcej zboża niż dotychczas. Wytyczyłem więc większy kawałek ziemi i ogrodziłem jak poprzednio, w czym Piętaszek pomagał mi nie tylko chętnie i wytrwale, ale z wielką radością, zdając sobie sprawę, że przez niego mam o wiele więcej pracy.

Ten rok był dla mnie najmilszy ze wszystkich, jakie spędziłem na wyspie. Piętaszek mówił już wybornie, jeszcze więcej rozumiał, a gwarzył ze mną ustawicznie. Tak więc mogłem nareszcie posługiwać się własną mową. Wielką radość sprawiała mi również sama jego obecność. Każdego dnia miałem okazję przekonywać się o jego uczciwości i poczułem do niego prawdziwą sympatię. I on też, jak przypuszczam, kochał mnie nad wszystko na świecie.

Raz, chcąc się przekonać, czy chciałby powrócić do swego kraju, zapytałem go, czy plemię, do którego należał, zwyciężyło w bitwie. Uśmiechnął się na to i odrzekł:

– Tak, tak! My zawsze walczyć dobrze – co znaczyło, że zawsze odnoszą zwycięstwa. Po czym wywiązała się dyskusja:

Pan: To dlaczego wzięto cię do niewoli, mój Piętaszku?

Piętaszek: Ale moje plemię bić bardzo.

Pan: Jeżeli twoje plemię ich bije, to dlaczego ciebie pojmano?

Piętaszek: Ich więcej niż moje plemię; oni wziąć jeden, dwa, trzy i mnie. Moje plemię pobić ich na drugie miejsce, gdzie ja nie być, tam moje plemię wziąć jeden, dwa, wielki tysiąc.

Pan: A dlaczego twoi ziomkowie nie wyzwolili cię z rąk nieprzyjaciół?

Piętaszek: Oni biec jeden, dwa, trzy i ja i kazać iść do łodzi, moje plemię nie mieć wtedy łódź.

Pan: No, ale powiedz, mój Piętaszku, co twoje plemię robi z ludźmi wziętymi do niewoli? Czy ich wywożą daleko i zjadają, jak tamci?

Piętaszek: Tak, moje plemię jeść także ludzi, zjadać ludzi!

Pan: A dokąd ich wywożą?

Piętaszek: Do inne miejsce, gdzie oni chcieć.

Pan: A czy tu przyjeżdżają?

Piętaszek: Tak, tak, oni tu przyjeżdżać, przyjeżdżać także inne miejsca.

Pan: Więc bywałeś tu z nimi dawniej?

Piętaszek: Tak, ja być tam! – To mówiąc, wskazał północno-zachodnią stronę wyspy.

Z tego zrozumiałem, że mój Piętaszek, kiedy był jeszcze wśród dzikusów, przypływał wraz z nimi na przeciwległy koniec wyspy na ludożercze stypy. W jakiś czas potem, gdy odważyłem się zaprowadzić go w tamtą okolicę, natychmiast rozpoznał miejsce i oznajmił, że był tu wtedy, gdy zjedli dwudziestu mężczyzn, dwie kobiety i jedno dziecko. Ponieważ nie umiał jeszcze liczyć po angielsku, więc ułożył na ziemi dwadzieścia kamyków i kazał mi je przeliczyć.

Wkrótce po wspomnianej rozmowie zapytałem go, jak daleko jest do lądu i czy łodzie często ulegają wypadkom. Odpowiedział, że żadne niebezpieczeństwo nie grozi i nigdy żadna łódź nie zatonęła, jednak należy pamiętać o tym, że nieco dalej na morzu jest inny kierunek prądu i wiatru rankiem, a inny wieczorem. Zrozumiałem, że chodzi o przypływ i odpływ morza. Później też zorientowałem się, że przyczyną tych zmian były silne prądy wielkiej rzeki Orinoko, u ujścia której, jak się później dowiedziałem, leżała nasza wyspa, a lądem na zachodzie i północnym zachodzie była wielka Wyspa Świętej Trójcy. Zadawałem Piętaszkowi tysiące pytań dotyczących owej krainy, jej mieszkańców, morza, wybrzeży i narodów sąsiednich. Z całą szczerością mówił mi wszystko, co wiedział. Pytałem go o nazwy kilku plemion, ale prócz Karibi nie udało mi się zidentyfikować innej nazwy. Łatwo się domyśliłem, że chodzi o Karaibów, którzy według naszych map zamieszkują w obszarze Ameryki sięgającym od ujścia Orinoko do Gujany i dalej do Świętej Marty. Następnie dowiedziałem się, że kawał drogi poza księżycem, co oznaczało stronę zachodu księżyca, czyli na zachód od ich kraju, mieszkają ludzie białobrodzi, tacy jak ja – tu wskazywał na mój zarost – którzy „pozabijali wiele człowieków".

Domyśliłem się, że miał na myśli Hiszpanów, których okrucieństwa cieszyły się złą sławą w tamtych stronach.

Dopytywałem się, czy umiałby wskazać mi drogę wydostania się z tej wyspy i dotarcia między białych ludzi.

– Tak, tak! Mogę iść dwie łodzie! – zawołał.

Nie rozumiałem, co chciał przez to powiedzieć, ale w końcu domyśliłem się, że chodzi mu pewnie o łódź tak dużą, jak dwie zwykłe łódki.

Pokrzepiła mnie na duchu ta rozmowa z Piętaszkiem i żywiłem od tego czasu nadzieję, że kiedyś przecież znajdę sposób, aby uciec z wyspy i że ten biedny dzikus mi w tym pomoże.

W owym czasie, gdy już Piętaszek zaczął ze mną rozmawiać i rozumieć moje słowa, nie omieszkałem zaszczepiać w jego umyśle zasad religii. Pewnego dnia zapytałem go, kto go stworzył. Biedak nie pojął mego pytania, myśląc, że go pytam, kto był jego ojcem. Zacząłem zatem z innej strony, pytając, kto stworzył morze, ziemię, po której stąpamy, góry i lasy.

Odpowiedział mi na to, że uczynił to stary Benamuki, który jest ponad wszystkim. Nie umiał mi jednak nic powiedzieć o tej osobie, z wyjątkiem tego, że Benamuki jest bardzo stary, znacznie starszy niż ziemia i morze, księżyc i gwiazdy. Pytam więc dalej Piętaszka, dlaczego jeśli Benamuki stworzył świat, nie wszyscy oddają mu cześć. Spoważniał i z wyrazem wielkiej prostoty odrzekł:

– Wszystko na świecie mówić do niego: „O!".

Pytałem dalej, dokąd odchodzą ludzie z jego kraju, kiedy umierają.

– Tak, oni wszyscy pójść do Benamuki – odpowiedział mi Piętaszek.

Spytałem go, czy idą tam także ci, którzy są przez nich zjadani.

– Tak! – brzmiała krótka odpowiedź.

Odtąd starałem się, aby poznał Boga prawdziwego. Wskazałem na niebo, mówiąc, że tam żyje wielki Stwórca wszechrzeczy, który rządzi światem z tą samą mocą i opatrznością, z jaką świat stworzył, że jest wszechmocny, przeto może dla nas wszystko uczynić, wszystkim nas obdarzyć i wszystko nam odebrać. Tak stopniowo otwierałem mu oczy na te sprawy. Słuchał z uwagą i z radością przyjął wiadomość, że Jezus Chrystus został zesłany na ziemię, by nas odkupić, oraz że Bóg nawet z niebios słyszy nasze modły. Pewnego dnia poczciwy chłopak oznajmił mi:

– Jeżeli twój Bóg mieszkać wyżej słońca i stamtąd móc nas słyszeć, musi być potężniejszy od Benamuki, który znajdować się tylko na wysokich górach.

Zapytałem go, czy mówił z nim na tych górach.

– Nie – odpowiedział Piętaszek. – Młodzi tam nie chodzić, tylko starcy, których nazywamy Uwokaki.

Domyśliłem się, że starcami są ich kapłani, którzy wychodzą na poświęcone miejsca, aby mówić: „O!" (w języku Piętaszka oznaczało to modlitwę), i potem wracają, ogłaszając ludowi, co im Benamuki powiedział. Zrozumiałem, że nawet wśród najgłupszych bałwochwalców kapłani praktykują oszustwo i że okrywają religię tajemnicą w celu zapewnienia sobie poszanowania ludu. Takie praktyki są stosowane nie tylko w Rzymie, ale przez wszystkie religie świata, nawet najbardziej dzikie i barbarzyńskie.

Starałem się wyjaśnić Piętaszkowi, że owi starzy ludzie, którzy wchodzą na góry, by mówić „O!" do Benamuki, dopuszczają się oszustwa i że owe wieści, które stamtąd przynoszą, są również nic niewarte. Po czym wdałem się z nim w długą dyskusję o szatanie, jego początkach, buncie przeciw Bogu, nienawiści w stosunku do ludzi i jej powodach i tak dalej.

Przekonałem się jednak, iż pojęcie diabła nie było dla Piętaszka takie proste i zrozumiałe, jak nauka o Bogu. Toteż nieborak pewnego razu pozornie niewinnym pytaniem tak mnie zbił z tropu, że prawie nie wiedziałem, co mu odpowiedzieć.

– Skoro – ozwał się Piętaszek – powiadasz, że Bóg być tak wielki i tak silny, to dlaczego diabeł też być tak silny i taki mocny?

– Piętaszku – odrzekłem – Bóg jest silniejszy od diabła, Bóg jest wyższy nad diabła, dlatego modlimy się do Boga, byśmy mogli zdeptać diabła i zdolni byli opierać się jego pokusom oraz odpierać jego ogniste pociski.

- Ale kiedy Bóg silniejszy i większy niż diabeł - rzecze mi na to Piętaszek - to czemu Bóg nie zabić diabła i nie sprawić, żeby już nie był zły?

Zaskoczyło mnie to pytanie, bo choć byłem już człowiekiem w podeszłym wieku, jednak dopiero od niedawna uczonym w Piśmie Świętym i nie potrafiłem rozwiać wszystkich wątpliwości. Nie wiedząc więc, co odpowiedzieć, udałem, że nie dosłyszałem. Ale on zbyt poważnie wziął sobie sprawę do serca, by mógł zapomnieć o swym pytaniu, więc powtórzył je tym samym łamanym językiem. Lecz przez ten czas już zdążyłem się namyślić i rzekłem:

- W końcu Bóg go ukarze bardzo surowo, w dniu Sądu Ostatecznego, kiedy wtrąci go w otchłań bezdenną, gdzie ogień piekielny trawić go będzie wiecznie.

Piętaszka to nie zadowoliło i upierał się przy swoim.

- Zachować go do sądu? Ja tego nie rozumieć. Dlaczego nie zabić diabła teraz, nie zabić dawno bardzo?

- Równie dobrze mógłbyś mnie zapytać - odparłem - dlaczego Bóg nie zabił ciebie i mnie, gdy dopuściliśmy się złych uczynków, które Go obrażają. On nas zachował, byśmy żałowali i uzyskali przebaczenie.

Piętaszek zadumał się przez chwilę.

- Dobrze, dobrze! - powiedział z przejęciem. - To dobrze! Ty, ja, diabeł, my wszyscy źli, wszystkich zachować, wszyscy żałować, Bóg wszystkim przebaczyć.

Znowu zapędził mnie w kozi róg, co uświadomiło mi po raz któryś z rzędu, że tylko Ewangelia Pana Naszego i Zbawcy, Jezusa Chrystusa, czyli słowo Boże i duch Boży, może zaszczepić te nauki w duszy człowieka i wskazać mu drogi zbawienia.

Przerwałem więc na razie naszą rozmowę z Piętaszkiem, wysyłając go po coś dość daleko, i zacząłem się modlić gorąco do Boga, by dał mi umiejętność przekazania memu dzikusowi wiary w Chrystusa.

- O Boże! - zawołałem. - Naucz mnie słów, dzięki którym jego sumienie zostanie przekonane, oczy otworzone, a dusza zbawiona.

Gdy chłopak powrócił, kontynuowaliśmy rozmowę na temat odkupienia świata przez Chrystusa, Ewangelii, skruchy i wiary w przebaczenie, wyjaśniłem mu następnie, dlaczego nasz Zbawiciel przyszedł na świat, aby nawrócić zbłąkane owieczki z domu Izraela.

Bóg wie, że miałem więcej szczerych chęci niż wiedzy. Muszę wyznać, że jednocześnie sam się uczyłem i oświecałem w wielu rzeczach, których bądź przedtem nie znałem, bądź dotąd nie rozważałem dogłębnie. I tak, gdyby nawet ten biedny dzikus niewiele skorzystał i nie stał się lepszy dzięki moim naukom, to jego towarzystwo byłoby dla mnie jednym z największych dobrodziejstw nieba. Wraz z jego przybyciem mój smutek się zmniejszył, życie stało się milsze i wygodniejsze, a do tego miałem okazję zwrócić dług Bogu, nawracając tego biedaka na prawdziwą wiarę. Gdy o tym rozmyślałem, jakaś tajemna radość przebiegała przez każdą cząstkę mej istoty i nieraz cieszyłem się, że zostałem wyrzucony na tę wyspę, którą tak często uważałem za miejsce największej udręki, jaka mogła mnie spotkać.

W tym nastroju pełnym wdzięczności upływały mi kolejne dni. Rozmowy, które całymi godzinami prowadziłem z Piętaszkiem, sprawiały, iż trzy lata razem przeżyte mógłbym nazwać zupełnie szczęśliwymi, gdyby prawdziwe i zupełne szczęście istniało. Dzikus przeobraził się w dobrego chrześcijanina, o wiele lepszego ode mnie, choć mam prawo spodziewać się i błogosławić Boga za to, że obaj jednakowo pokutowaliśmy za nasze winy i byliśmy pocieszeni i pokrzepieni dzięki tej pokucie.

Mieliśmy Pismo Święte, które czytałem i tłumaczyłem mojemu uczniowi, on zaś przez swoją dociekliwość doskonalił mnie w wiedzy o Bogu.

Ale czas kontynuować moje opowiadanie.

Gdy zaznajomiłem się z Piętaszkiem na tyle dobrze, aby rozumiał wszystko, co do niego mówiłem, i gdy sam umiał mówić dość płynnie po angielsku, opowiedziałem mu historię mego życia, a przynajmniej to, co miało związek z moim pobytem na wyspie. Wtajemniczyłem go też (bo było dotąd dla niego tajemnicą), jak używać kul i prochu, i nauczyłem strzelać. Dałem mu nóż, z którego ucieszył się niezmiernie, sporządziłem mu też pas z pochwą, w której nosił siekierkę, równie pożyteczną jak oręż, a znacznie bardziej uniwersalną do różnej roboty.

Opowiadałem Piętaszkowi o różnych europejskich krajach, zwłaszcza zaś o Anglii, skąd pochodziłem. Mówiłem mu, jak żyjemy, czcimy Boga, odnosimy się jedni do drugich i handlujemy na statkach płynących do wszystkich części świata. Wspomniałem o rozbitym statku, na którym kiedyś pływałem, i pokazałem miejsce, gdzie spoczywały jego szczątki.

Pokazałem mu też resztki naszej łodzi okrętowej, której kiedyś nie miałem siły ruszyć, a która teraz, zmurszawszy, rozpadła się całkowicie. Kiedy Piętaszek ją zobaczył, stał przez chwilę zadumany. Gdy pytałem, nad czym tak rozmyśla, odrzekł mi w końcu:

– Ja widzieć taką łódź, ona przybić do brzegu koło mojego plemienia.

Nie zrozumiałem go w pierwszej chwili, ale po dłuższym dopytywaniu się pojąłem, że jakaś łódka, podobna do mojej, przybiła kiedyś do jego ojczyzny, zniesiona prądem. Miałem jednak umysł tak przytępiony, iż ani razu nie przemknęło mi przez myśl, że byli to ludzie, którzy uciekli z rozbitego nieopodal okrętu. Zapytałem jedynie o wygląd samej łodzi. Piętaszek opisał mi ją dość dokładnie, a na koniec dodał:

– My wybawić biały człowiek od utopić się.

Wówczas zapytałem go, czy w łodzi byli biali ludzie.

– Tak – odrzekł skwapliwie – łódź pełna białe ludzie!

Zapytałem, ilu ich było. Pokazał na palcach, że siedemnastu. Spytałem go, co się z nimi stało.

A on na to:

– Oni żyć, oni mieszkać z moje plemię.

Wyobraziłem sobie od razu, że byli to ludzie z okrętu, który rozbił się koło mej wyspy, a oni ratowali się ucieczką w łodzi i wylądowali na wybrzeżu pomiędzy dzikimi ludźmi. Toteż z większą już podejrzliwością zapytałem Piętaszka, co stało się z rozbitkami. Jął mnie zapewniać, że żyją tam od czterech lat, że dzicy dali im zupełną swobodę i nawet zaopatrzyli w pożywienie. Zapytałem, jak to się stało, że dotąd ich nie zabili i nie zjedli. A on na to:

– Nie, oni zrobić z nich braci (domyśliłem się, że zawarli z nimi przymierze). – Po czym dodał: – Oni nie jadać ludzi, tylko gdy walczyć na wojnie – co oznaczało, że zjadają tylko tych, którzy zostali przez nich wzięci do niewoli po bitwie.

W jakiś czas później weszliśmy na wierzchołek wzgórza na wschodniej stronie wyspy, skąd niegdyś po raz pierwszy dostrzegłem ląd, najprawdopodobniej kontynent amerykański. Pogoda była piękna, słoneczna. Piętaszek, spojrzawszy w tamtą stronę, zaczął skakać, tańczyć i wołać do mnie.

– O, radość! – zawołał. – O, wesoło! Tam widzieć mój kraj! Tam moje plemię!

Zauważyłem niezwykłe zadowolenie na jego twarzy, błysk w oku, dziwną tęsknotę, jak gdyby pragnął wrócić do ojczyzny. To spostrzeżenie nieco mnie zaniepokoiło. Nie miałem wątpliwości, że przy pierwszej okazji Piętaszek będzie chciał wrócić do swego kraju i wkrótce zapomni nie tylko o zasadach religii, ale też o mnie. Powiadomi swych ziomków, wrócą na wyspę i będą mieli ze mnie nie lada ucztę.

Bardzo skrzywdziłem biedaka tym posądzeniem, ale o tym przekonałem się później. Tymczasem moja podejrzliwość rosła i nie opuszczała mnie przez kilka tygodni, stałem się ostrożniejszy, a tym samym mniej poufały i przyjazny.

Obserwowałem go codziennie, czy nie ukrywa jakichś zamysłów, ale przekonałem się niebawem, że wszystko, co mówił, tchnęło taką niewinnością i uczciwością, że zaprzestałem żywić wszelkie podejrzenia.

Pewnego dnia, gdy weszliśmy na wzgórek, zapytałem chłopaka:

– Piętaszku, nie chciałbyś wrócić do swego kraju, do plemienia?

– Tak – odpowiedział Piętaszek. – Ja być bardzo szczęśliwy wrócić do mój kraj!

– A cóż byś tam robił? – zapytałem. – Czy byłbyś znowu dzikim człowiekiem i jadłbyś ludzkie mięso?

Popatrzył na mnie zmartwiony i rzekł, potrząsając głową:

– Nie, nie! Piętaszek powiedzieć im żyć dobrze, powiedzieć im modlić się do Boga, powiedzieć im jeść chleb, mięso kozy, mleko, nie jeść ludzi.

– Jak to? – mówię mu na to. – Toż oni cię zabiją!

Spojrzał na mnie z powagą, a następnie odrzekł:

– Nie, oni mnie nie zabić, oni kochać się uczyć. – Po czym dodał, że oni już wiele się nauczyli od brodatych ludzi, którzy przyjechali w łodzi. Wówczas zapytałem go, czy chciałby do nich wrócić. Uśmiechnął się i odparł, że nie potrafi płynąć tak daleko. Zapewniłem go, że zbuduję mu łódkę. Odpowiedział mi, że chętnie pojedzie, jeżeli popłynę razem z nim.

– Razem z tobą? – rzekłem. – Toż oni mnie zjedzą, jeśli do nich przybędę!

– Nie, nie! – zapewniał Piętaszek. – Ja zrobić, oni ciebie nie zjeść, ja zrobić, oni kochać ciebie! Potem opowiedział, jak dobrzy byli jego rodacy dla siedemnastu białych, brodatych ludzi, którzy przybili do ich brzegu.

Od tego czasu zacząłem poważnie myśleć o wyprawie do owych brodatych ludzi, którzy najprawdopodobniej byli Hiszpanami lub Portugalczykami. Nie wątpiłem, że jeżeli wyprawa się uda, łatwiej będzie nam w większym towarzystwie obmyślić jakiś sposób ucieczki niż mnie jednemu, przebywającemu samotnie na odludnej wyspie bez żadnej pomocy. W kilka dni później wziąłem Piętaszka znów na spytki i oznajmiłem, że dam mu łódź, którą popłynie do swoich. Zaprowadziłem go do mej „fregaty" znajdującej się po drugiej stronie wyspy; wydostawszy ją spod wody (zawsze ukrywałem ją w ten sposób) i wyprowadziwszy ją z zatoki, wypłynęliśmy na morze.

Okazało się, że był bardzo zręczny w jej prowadzeniu i umiał wprawiać łódź w ruch niemal tak szybko jak ja.

– Cóż, Piętaszku, popłyniemy do twego kraju? – zagadnąłem go.

Moje słowa wprawiły go w zdumienie, ponieważ łódź była za mała na tak daleką wyprawę. Wówczas oznajmiłem mu, że mam drugą, większą. Nazajutrz więc udaliśmy się tam, gdzie zostawiłem pierwszą łódź, której nie udało mi się zepchnąć na wodę. Piętaszek oświadczył, że jeśli chodzi o wielkość, łódź jest dobra, ale ponieważ przeleżała dwadzieścia dwa lub trzy lata w zapomnieniu, więc wyschła, popękała od słońca i stała się prawie nie do użytku.

W owym czasie byłem na tyle zdecydowany przeprawić się wraz z Piętaszkiem na ląd, że postanowiłem zbudować równie wielką łódź. Chłopak nie odrzekł ani słowa, ale stał się ponury i smutny. Spytałem, o co mu chodzi.

– Czemu pan gniewać się na Piętaszka? Co ja zrobić? – odparł strapiony.

Nie rozumiałem, co miał na myśli, ale zapewniłem go, że się nie gniewam.

– Nie gniewać się, nie gniewać się! – powtarzał kilka razy. – A czemu odsyłać Piętaszka do jego naród?

– Jak to, mój Piętaszku? Czyż nie mówiłeś, że pragniesz tam wrócić?

– Tak, tak – odparł. – Ale chcieć pójść obaj. Nie chcieć Piętaszek być tam, a pan tutaj.

- Dobrze, Piętaszku, pojadę! - powiadam. - Ale cóż tam będę robił?

Oburzył się bardzo na te słowa.

- Pan robić tam wiele bardzo dobra! - zawołał. - Uczyć dzikich ludzi być dobry, oswojony, uczyć znać Boga, modlić się do Boga, żyć nowe życie.

- Niestety, mój Piętaszku! - mówię na to. - Nie wiesz, co mówisz. Ja sam jestem człek nieoświecony.

- Nie, nie! Pan uczyć mnie dobrze, uczyć ich dobrze.

- Nie, mój Piętaszku - odparłem. - Pojedziesz sam, pozwól mi żyć w samotności jak dawniej.

On znów oburzył się na te słowa, porwawszy jedną z siekierek, i podał mi ją.

- Cóż mam z tym zrobić? - spytałem.

- Pan wziąć i zabić Piętaszka - odparł.

- Za cóż mam cię zabić?

- Dlaczego pan odsyłać Piętaszek? Zabić Piętaszek, a nie odsyłać Piętaszek!

Mówił to z takim przejęciem, że w jego oczach pojawiły się łzy. Przekonawszy się o jego przywiązaniu i stałości charakteru, zaręczyłem mu, że nie odprawię go dopóty, dopóki zechce ze mną zostać.

Odżyła znów we mnie chęć ucieczki, tym bardziej że liczyłem na to, iż owych siedemnastu brodatych mężczyzn jeszcze tam żyje. Nie zwlekając, wyruszyliśmy więc z Piętaszkiem w poszukiwaniu odpowiedniego drzewa nadającego się do sporządzenia wielkiej pirogi. Drzew na wyspie nie brakło, można z nich było zbudować nie tylko łódź, ale całą flotyllę wielkich okrętów, ale musiało rosnąć w pobliżu wody.

W końcu Piętaszek znalazł odpowiedni gatunek, bo znał się na tym lepiej ode mnie. Zamierzał wykonać łódkę sposobem znanym w jego kraju, to znaczy wypalając w drzewie wgłębienia, ale gdy mu pokazałem, że można to zrobić za pomocą narzędzi, szybko nauczył się ich używać. Po ciężkiej, trwającej cztery tygodnie pracy, ukończyliśmy wreszcie łódkę, która była bardzo zgrabna i gładko ociosana. Potem całe dwa tygodnie zabrało nam stoczenie łodzi na drągach ku wodzie. Gdy się wreszcie tam znalazła, z łatwością mogła udźwignąć nawet dwudziestu ludzi.

Byłem pełen podziwu dla Piętaszka, który wyjątkowo zręcznie sterował wielką łodzią. Zapytałem go więc, czy chciałby przeprawić się w niej przez morze.

– Tak – odpowiedział – Piętaszek odważyć się, choćby wiać wielki wicher.

Ale miałem jeszcze inny zamiar, o którym nie wiedział. Postanowiłem sporządzić maszt i żagiel oraz zaopatrzyć łódź w cumę i kotwicę. O maszt było nietrudno: wystarczyło zrąbać młode drzewo cedrowe, których na wyspie było wielkie mnóstwo. Poleciłem Piętaszkowi ściąć je, ociosać z gałęzi i wygładzić, by nadać mu właściwy kształt. Z żaglem była sprawa trudniejsza; miałem wprawdzie wiele starych płacht żaglowych, ale leżały już dwadzieścia sześć lat nie dość troskliwie przechowywane, więc wiele z nich zatęchło i przegniło. Znalazłem jednak dwie sztuki płótna w dobrym stanie, z których zrobiłem trójkątny, niezdarny żagiel z rejką u dołu i krótką żerdką u wierzchołka. Podobnych żagli, nazywanych w Anglii „baranią łopatką", używają zwykle nasi marynarze na szalupach swych statków. Nauczyłem się posługiwać takim żaglem podczas ucieczki z niewoli w Afryce, jak już wspominałem.

Ustawienie masztu i żagli zajęło mi niemal dwa miesiące. Na przodzie łodzi dodałem mały żagielek na wypadek, gdybyśmy mieli płynąć pod wiatr, na rufie zaś umocowałem mały ster. A choć byłem początkującym szkutnikiem, starałem się wykonać wszystko jak najlepiej, nie żałując trudów.

Uporawszy się z tą robotą, zacząłem uczyć Piętaszka zasad żeglugi, o których nie miał najmniejszego pojęcia. Nie mógł wyjść z podziwu, że za każdym ruchem steru łódź skręca w inną stronę, a żagiel wydyma się w ten czy inny sposób, zależnie od kierunku, w jakim płyniemy. Niebawem jednak zaznajomił się ze wszystkim i stał się doświadczonym żeglarzem z wyjątkiem posługiwania się kompasem, co zresztą nie było konieczne, gdyż w nocy można się było dobrze orientować według gwiazd, a w dni pogodne ląd widać było wybornie.

Rozpocząłem dwudziesty siódmy rok uwięzienia na wyspie, choć trzy ostatnie lata, odkąd miałem Piętaszka, zaliczałem do bardzo udanych. W rocznicę wylądowania na wyspie dziękowałem Bogu za opiekę i nadzieję na rychłe wybawienie, miałem bowiem przeczucie, że jest to już ostatni rok mego uwięzienia. Dalej jednak zajmowałem się gospodarstwem, kopiąc, grodząc, siejąc i sadząc. Zbierałem i suszyłem winne grona, słowem, robiłem wszystko, co potrzeba. Tymczasem nadeszła pora deszczowa, gdy trzeba było więcej przebywać pod dachem. Zabezpieczyłem, jak mogłem, moją łódź, sprowadziwszy ją do zatoczki. Kazałem Piętaszkowi wykopać mały basen, w którym statek wygodnie mógł się pomieścić i pływać; gdy zaś nadszedł odpływ, zbudowaliśmy od strony morza silną tamę powstrzymującą nadmiar wody. Samą łódź nakryliśmy gałęziami tak szczelnie, że była jakby pod dachem. Tak czekaliśmy listopada i grudnia, kiedy miałem zamiar rozpocząć wyprawę.

Gdy nadeszła wyznaczona pora, wraz z poprawą pogody rozpoczęliśmy przygotowania do żeglugi. Pierwszą rzeczą, o której pomyślałem, było zaopatrzenie się w odpowiedni zapas żywności na drogę, po czym w ciągu tygodnia lub dwóch postanowiliśmy otworzyć basen i spuścić łódź na wodę. Pewnego dnia poleciłem Piętaszkowi, by na brzegu morskim poszukał żółwi, których mięso oraz jajka bardzo nam smakowały. Zanim się obejrzałem, Piętaszek był już z powrotem bardzo wzburzony i przestraszony.

– O panie, panie! O nieszczęście! O źle! – krzyczał już z daleka.

- Co się stało, Piętaszku? - zapytałem.

- O tam! - odrzekł. - Jedna, dwie, trzy łodzie! Jedna, dwie, trzy!

- No dobrze, mój Piętaszku - uspokajałem go. - Nie bój się!

Ale biedny chłopak przerażony był śmiertelnie, ponieważ sądził, że przypłynęli po niego. Biedak tak drżał ze strachu, że nie wiedziałem, jak dodać mu otuchy.

- Piętaszku - tłumaczyłem - musimy zdecydować się na walkę z nimi. Czy umiesz walczyć?

- Ja strzelać - odrzekł Piętaszek - ale tu móc przyjść ich bardzo duża liczba.

- Jeśli przyjdą - nie dawałem za wygraną - nasze strzelby wystraszą tych, których nie zabijemy.

I zapytałem go, czy gotów jest bronić mnie tak, jak ja jego - wspierać i spełniać wszelkie moje rozkazy.

- Ja umrzeć, gdy pan kazać umrzeć - usłyszałem.

Poczęstowałem go więc łykiem rumu, a potem kazałem przynieść dwie fuzje myśliwskie i naładowałem je grubym śrutem, tak wielkim jak pistoletowe kule. Po czym nabiłem cztery muszkiety, kładąc w każdy pięć dużych kul i dwie małe. Przypiąłem sobie do boku moją szeroką szablę bez pochwy, a Piętaszkowi dałem siekierę.

Przygotowawszy się w ten sposób, chwyciłem lunetę i wbiegłem na wierzchołek wzgórza. Przez szkła wypatrzyłem w oddali trzy łodzie, dwudziestu jeden dzikusów i trzech więźniów. Znowu zatem miała odbyć się uczta po zwycięskiej walce.

Zauważyłem też, że przybili do brzegu bliżej rzeczułki, który był niższy, i gęsty las dochodził niemal do wybrzeża. Ta ich bliskość oraz obrzydzenie w stosunku do celu, jaki ich tu sprowadził, napełniła mnie takim oburzeniem, iż pobiegłem do Piętaszka i oznajmiłem mu, że postanowiłem ich wszystkich wystrzelać. Chłopak przemógł już trochę trwogę,

a łyk rumu bardzo mu w tym pomógł, więc zapewnił mnie solennie, iż gotów jest iść ze mną na śmierć i życie.

Rozdzieliłem więc między nas nabitą broń, dając Piętaszkowi za pas pistolet i trzy muszkiety na ramię, sam zaś wziąłem drugi pistolet i również trzy muszkiety. Tak uzbrojeni wymaszerowaliśmy. W kieszeni niosłem małą butelkę rumu, a Piętaszka obarczyłem workiem z dodatkowym zapasem kul i prochu. Rozkazałem, by trzymał się tuż za mną i nie strzelał, póki nie wydam komendy; zabroniłem mu również odzywać się choćby słowem. Skręciliśmy w prawo, by przeprawić się przez rzeczułkę i dostać w głąb lasu; w ten sposób mogłem wyjść przed dzikich na odległość strzału, zanim mnie dostrzegą.

W czasie marszu znów zaczęły nawiedzać mnie dawne skrupuły, czy mam prawo maczać ręce we krwi i napadać na ludzi, którzy nie uczynili mi nic złego. Nie byłem powołany na sędziego ani też na wykonawcę Bożej sprawiedliwości. Myśli te tak mnie prześladowały przez całą drogę, że postanowiłem jedynie podejść blisko i zdać się na Boga, który najlepiej wszystkim pokieruje i podda najodpowiedniejszy sposób postępowania.

Z takim nastawieniem wkroczyłem do lasu i maszerowałem w największej ciszy i gotowości bojowej. Piętaszek szedł za mną krok w krok. Kiedy byliśmy tuż obok przybyszów, przywołałem po cichu Piętaszka i ukazując mu wielkie drzewo, kazałem mu na nie wejść, by lepiej wszystko widzieć. Wykonał rozkaz i wnet wrócił do mnie, oznajmiając, że widział ich bardzo wyraźnie; właśnie siedzą przy ognisku, spożywając mięso jednego ze swych jeńców, zaś drugi leży związany, czekając na swoją kolej. Już to podsyciło mój gniew, a czara została przepełniona, gdy mi oznajmił, że ów jeniec jest jednym z białobrodych ludzi, o których mi opowiadał.

Okrążywszy nieco zarośla, wspiąłem się na małe wzniesienie, z którego widziałem całą scenę.

Nie miałem chwili do stracenia, ponieważ dziewiętnastu nędzników usiadło na ziemi wokół ogniska, a dwaj inni zbliżyli się do nieszczęsnego chrześcijanina z nożami w rękach. Wtedy szepnąłem do Piętaszka:

– Teraz, Piętaszku, czyń, co ci każę. – Piętaszek skinął głową. – Rób dokładnie to samo co ja.

To mówiąc, położyłem na ziemi jeden z muszkietów i jedną z fuzji, drugi muszkiet wycelowałem w stronę dzikich, dając Piętaszkowi znak, by mnie naśladował.

– A teraz pal w nich! – wydałem komendę i w tej samej chwili wystrzeliłem.

Piętaszek poszedł w moje ślady, od jego strzału padło dwóch zabitych i trzech rannych, a od mojego – dwóch rannych i jeden zabity. Łatwo sobie wyobrazić przerażenie wśród dzikich. Ci, których nie dosięgnęły kule, skoczyli na równe nogi, ale nie wiedzieli, gdzie uciekać. Piętaszek nie spuszczał ze mnie oka. Po pierwszym strzale rzuciłem muszkiet na ziemię i porwałem fuzję. Piętaszek zrobił to samo.

– Gotów jesteś, Piętaszku? – spytałem.

– Tak – odpowiedział.

– A więc strzelaj, w imię Boże! – zakomenderowałem.

I palnęliśmy znowu w przerażonych hultajów. Padło tylko dwóch, bo fuzje nabite były mniejszymi kulkami i śrutem, jednak wielu zostało rannych. Biegali oszaleli z bólu, wrzeszcząc i ociekając krwią. Widok był straszny. Wkrótce na ziemię padło jeszcze trzech, widocznie byli śmiertelnie ranni.

– A teraz za mną, Piętaszku! – krzyknąłem, odkładając na bok fuzję i biorąc w rękę nabity muszkiet.

Wypadłszy z lasu, ukazaliśmy się dzikusom. Krzycząc ile sił w płucach, pobiegliśmy wprost ku nieszczęsnej ofierze leżącej na piasku. Dwaj oprawcy, którzy szykowali się, by go zamordować, na odgłos pierwszych strzałów uciekli w popłochu ku brzegowi i wskoczyli do łodzi, trzej inni poszli za ich przykładem. Zwróciwszy się do Piętaszka, kazałem mu dać do nich ognia. Zrozumiał rozkaz i wypalił. Myślałem, że powalił wszystkich jednym wystrzałem, ponieważ padli jeden na drugiego, po chwili jednak dwóch wstało pośpiesznie.

W czasie gdy Piętaszek strzelał, dobyłem noża i przeciąłem więzy nieszczęsnego jeńca, uwalniając mu ręce i stopy. Podniosłem go z ziemi i spytałem po portugalsku, kim jest. Był tak słaby, że ledwo mógł utrzymać się na nogach lub mówić. Wyszeptał tylko jedno słowo po łacinie:

– Christianus...

Wyciągnąłem z kieszeni flaszkę i wręczyłem mu, dając znaki, żeby się napił. Gdy to uczynił, podałem mu kawałek chleba, który zjadł łapczywie. Wówczas zapytałem go, z jakiego kraju pochodzi.

– Espanole – odpowiedział.

A czując się już nieco wzmocniony, starał się wyrazić swą wdzięczność za ratunek.

– Señor – ozwałem się do niego, starając się przypomnieć sobie hiszpańską mowę – później porozmawiamy, teraz musimy walczyć. Jeśli masz choć odrobinę sił, bierz szablę i pistolet.

Spojrzał na mnie z wdzięcznością, a ledwo poczuł broń w ręce, wstąpiły weń nowe siły. Zerwał się, natarł z furią na swych morderców i w jednej chwili dwóch z nich poszatkował w kawałki; co prawda byli tak zaskoczeni całym owym wydarzeniem, a szczególnie hukiem ognistej broni, iż padli na ziemię, rezygnując z ucieczki, a ciała ich niezdolne były oprzeć się naszym kulom.

Miałem jeszcze w ręku nabitą strzelbę, lecz na razie nie strzelałem, natomiast przywołałem Piętaszka i kazałem mu przynieść muszkiety, które w pośpiechu zacząłem nabijać. Kiedy byłem tym zajęty, wywiązała się zawzięta walka między Hiszpanem a jednym z dzikich, który nań natarł z drewnianym mieczem. Jeniec, choć osłabiony, bronił się dzielnie i zadał Indianinowi dwie cięte rany w głowę, ale ten, silniejszy, zdołał powalić go na ziemię. W ostatniej chwili Hiszpan wydobył pistolet zza pasa i strzeliwszy dzikusowi w piersi, zabił go na miejscu.

Piętaszek, któremu dałem wolną rękę, ścigał uciekających z siekierką w ręku, którą rozpłatał trzech. Wręczyłem Hiszpanowi jedną z fuzji; dwóch zranił, jednak mu zbiegli, bo nie miał sił ich gonić. Wyręczył go Piętaszek, który dopadł uciekających i zabił jednego, drugi jednak, choć ranny, skoczył w morze i popłynął co siły ku tym, którzy byli w łodzi. Tak więc z dwudziestu jeden dzikich zostało tylko trzech w łodzi i jeden, o którym nie wiedzieliśmy, czy zginął, czy ocalał. Oto dokładny wykaz naszego starcia.

Za pierwszą salwą zabitych	3
Za drugą	2
W łodzi przez Piętaszka zabitych	2
Rannych, dobitych przez Piętaszka	2
Przez Piętaszka zabitych w lesie	1
Zabitych przez Hiszpana	3
Zmarłych od ran	4
Umknęło na łodziach (z tych jeden ciężko ranny i kto wie, czy od razu nie umarł)	4
Razem	21

Ci, którzy byli w łodzi, zawzięcie wiosłowali, aby nie dosięgnęły ich nasze strzały. Piętaszek wskoczył do łodzi i rzucił się za nimi w pogoń. W obawie, by uciekający nie sprowadzili pomocy, postanowiłem i ja ich ścigać. Poleciłem Piętaszkowi płynąć za mną. Będąc już w łodzi, ze zdumieniem ujrzałem w niej jeszcze jedną nieszczęśliwą ludzką istotę ze związanymi rękami i nogami, przeznaczoną najprawdopodobniej na ludożerczą ucztę. Żyw jeszcze, acz nieprzytomny ze strachu, człowiek ten nie wiedział, co się dzieje, ponieważ był związany i nie mógł wychylić się z łodzi.

Natychmiast przeciąłem więzy i chciałem pomóc mu wstać, ale on nie mógł ani wstać, ani mówić, tylko jęczał żałośnie, myśląc zapewne, że czeka go śmierć.

Poleciłem więc Piętaszkowi, żeby zagadał do nieznajomego w jego języku i powiedział mu, że go wyzwoliliśmy, sam zaś wlałem mu do ust odrobinę rumu. Trunek wraz z wiadomością tak go ożywił, że biedak mógł teraz usiąść w łodzi. Ledwo Piętaszek na niego spojrzał, stało się coś takiego, co każdego wzruszyłoby do łez: zarzucił nieznajomemu ręce na szyję, począł go ściskać, całować, krzyczał, śmiał się, nawoływał, skakał dokoła, tańczył, śpiewał, znów pokrzykiwał, zacierał ręce, bił się po twarzy i głowie, potem znów śpiewał, pląsał i skakał wkoło jak szalony. Sporo czasu upłynęło, zanim udało mi się z niego wydobyć, że ów ocalony człowiek jest jego ojcem.

Niełatwo wyrazić mi wzruszenie, jakiego doznałem na widok synowskiego uczucia w stosunku do ojca ocalonego od śmierci. Piętaszek bez ustanku to wchodził do łodzi, to z niej wychodził, odsłaniał pierś i przyciskał do niej głowę ojca, obejmował jego ramiona i łydki, które były zsiniałe i zdrętwiałe od więzów, gładził je i rozcierał rękoma. Widząc to, dałem mu rumu do nacierania, co przyniosło starcowi wielką ulgę.

To spotkanie położyło kres pościgowi za łodzią z dzikimi, którzy nam już prawie zniknęli z oczu. I dobrze się stało, bo dwie godziny później rozszalał się wicher i dął bez przerwy przez całą noc i to w kierunku dla nich przeciwnym, tak że nie przypuszczam, by mogli ocalić swą łódź i dotrzeć do rodzinnych wybrzeży.

Ale powróćmy do Piętaszka. Był tak zaaferowany spotkaniem z ojcem, iż nie miałem serca mu w tym przeszkadzać,

dopiero po jakimś czasie przywołałem chłopaka do siebie. Przybiegł, skacząc, śmiejąc się i okazując oznaki wielkiej radości. Zapytałem go, czy dał ojcu kawałek chleba.

– Nie, ja brzydki pies zjeść wszystko sam.

Dałem mu więc drugi kawałek oraz poczęstowałem łykiem rumu, który zaniósł ojcu wraz z garścią suszonych winogron. Kiedy nakarmił nieszczęśnika, wybiegł z łodzi i popędził przed siebie jak oparzony. Na nic się zdały wszystkie moje nawoływania; gnał przed siebie niczym gazela. W jakiś kwadrans później wracał znacznie wolniej z dzbanem świeżej wody i dwoma bochenkami chleba. Chleb oddał mnie, a wodę zaniósł ojcu. Woda pokrzepiła starca bardziej niż łyk rumu, gdyż prawie umierał z pragnienia.

Gdy napił się do syta, poleciłem Piętaszkowi, aby to, co pozostało, zaniósł biednemu Hiszpanowi, który był równie spragniony jak jego ojciec. Wraz z wodą posłałem Hiszpanowi jeden z bochenków chleba. Biedak był bardzo osłabiony i z wolna przychodził do siebie, odpoczywając w cieniu drzewa. Poczęstunek przyjął z wielką wdzięcznością i skwapliwie zabrał się do jedzenia. Próbował wstać, ale nie był w stanie, ponieważ kostki nóg miał opuchnięte i bardzo obolałe. Poleciłem Piętaszkowi, by natarł mu stopy rumem, tak jak to robił ojcu, a następnie pomógł mu dojść do łodzi, którą popłyniemy do mojego domostwa.

Piętaszek, w gorącej wodzie kąpany, porwał Hiszpana na plecy i zaniósł go do łodzi, a potem wrócił po swojego ojca. Zepchnął łódź na wodę i począł wiosłować tak prędko, iż nie mogłem za nią nadążyć. Wprowadziwszy łódź do bezpiecznej przystani na rzeczułce, pobiegł, by przyciągnąć drugą łódkę dla mnie. Przeprawił mnie więc na drugą stronę i wrócił do naszych biedaków, aby pomóc im wyjść na brzeg. Ale żaden z nich nie mógł zrobić nawet dwóch kroków.

Kazałem mu zostać z chorymi na brzegu, gdy tymczasem sporządziłem coś w rodzaju noszy i z pomocą Piętaszka przeniosłem ich do naszej warowni. Tu natrafiliśmy na niemałą trudność, gdyż nie byliśmy w stanie przenieść ich przez ogrodzenie, a nie chciałem niszczyć moich fortyfikacji. Wzięliśmy się więc do roboty i po dwóch godzinach zbudowaliśmy poza zewnętrzną palisadą, w obrębie młodego zagajnika, piękny namiot pokryty starymi płótnami żaglowymi i gałęziami; tam usłałem im leże ze słomy ryżowej, nakrytej derkami.

Teraz moja wyspa była już zaludniona i mogłem uważać się za władcę państwa składającego się z trzech poddanych. W istocie wyspa była moją niezaprzeczoną własnością, miałem prawo rządzić nią według mojej woli, tym bardziej że mój naród był mi we wszystkim uległy. Stałem się samowładcą i jedynym prawodawcą. Wszyscy moi poddani zawdzięczali mi życie i wszyscy byli gotowi poświęcić je dla mnie, gdyby zaszła taka potrzeba. Interesujące było również to, że każdy z moich trzech poddanych był odmiennej religii. Mój Piętaszek był protestantem, jego ojciec bałwochwalcą i ludożercą, a Hiszpan katolikiem. W całym moim państwie postanowiłem utrzymać wolność wyznania.

Kiedy obu uratowanych jeńców umieściłem w bezpiecznym miejscu, dając im schronienie i wypoczynek, zacząłem myśleć, czym ich nakarmić. Kazałem Piętaszkowi zabić koziołka z mej trzody i ugotowaliśmy wyborny rosół z ryżem i kaszą jęczmienną. Podczas wspólnego posiłku, aby ich ośmielić, zabawiałem ich rozmową. Piętaszek był moim tłumaczem.

Po obiedzie zleciłem Piętaszkowi, by wziął jedną z łódek i przywiózł naszą broń palną, którą zostawiliśmy na pobojowisku. Nazajutrz kazałem mu pójść tam znowu i pogrzebać ciała dzikusów, które leżały na słońcu i zaczynały już cuchnąć; poleciłem mu również, by pogrzebał szczątki ich barbarzyńskiej uczty, na co sam zdobyć się nie mogłem. Piętaszek spełnił mój rozkaz skrupulatnie i zatarł wszelkie ślady bytności dzikusów.

Wdając się w rozmowę z mymi nowymi poddanymi, najpierw spytałem ojca Piętaszka, czy nie należy oczekiwać przybycia dzikusów w większej liczbie, której nie zdołalibyśmy stawić oporu. Początkowo twierdził, że na pewno nie przeżyli burzy, która szalała całą noc, i albo potonęli, albo zostali zapędzeni na południe ku innym wybrzeżom, gdzie niewątpliwie pożarły ich dzikie zwierzęta. Gdyby natomiast udało im się dopłynąć cało do ojczystych wybrzeży, byli tak przerażeni niespodziewanym napadem, hukiem i ogniem, że na pewno baliby się jeszcze raz odbyć tak ryzykowną wyprawę. Po raz pierwszy bowiem byli świadkami tego, by człowiek rzucał ogień, przemawiał grzmotem i zabijał z odległości, nie podnosząc nawet w górę ręki. I miał rację ojciec Piętaszka – od tej pory dzicy omijali z daleka moją wyspę.

Jednak o tym nie wiedziałem i miałem się wciąż na baczności wraz z moją drużyną składającą się co prawda tylko z trzech osób, ale gotową stawić czoło choćby stu przeciwnikom w otwartym polu.

Po pewnym czasie, gdy zorientowałem się, że nie mamy się czego obawiać, znów zacząłem snuć plany wyprawy na ląd, zwłaszcza po zapewnieniach ojca Piętaszka, że w jego kraju nic nam nie grozi.

Jednakże moje plany uległy pewnej zwłoce po rozmowie z Hiszpanem. Dowiedziałem się od niego, że za morzem przebywa jeszcze szesnastu jego towarzyszy, Hiszpanów i Portugalczyków, którzy schronili się tam po zatonięciu ich okrętu. Żyli wprawdzie w zgodzie z dzikusami, jednakże cierpieli na dotkliwy brak środków niezbędnych do życia. Wypytywałem go o szczegóły ich podróży i dowiedziałem się, że płynęli na hiszpańskim statku z Rio de la Plata do Hawany, gdzie mieli złożyć ładunek, przeważnie srebro i skóry, a z powrotem przywieźć różne europejskie towary. Na pokładzie mieli pięciu portugalskich żeglarzy wyratowanych z innego rozbitego okrętu, pięciu z własnej załogi zatonęło w czasie katastrofy na morzu, a pozostali na szalupach dotarli do krainy ludożerców, gdzie narażeni byli na pożarcie.

Opowiedział mi, że mieli ze sobą broń, jednak niezdatną do użytku, gdyż zabrakło im kul i prochu.

Nieraz zastanawiali się nad możliwością ucieczki, ale ponieważ nie mieli odpowiedniego statku ani narzędzi do jego budowy, wszystkie narady kończyły się zwątpieniem i rezygnacją.

Zaproponowałem mu wspólne poszukiwanie dróg wyrwania się z wygnania. Wymyśliłem, że należałoby sprowadzić wszystkich jego przyjaciół na moją wyspę. Wyznałem mu jednak szczerze, że obawiam się zdrady z ich strony, jeśli złożyłbym mój los w ich ręce.

– Wolałbym – mówiłem dalej – dostać się raczej w ręce ludożerców i być żywcem przez nich pożarty niż wpaść w szpony nielitościwych księży i zostać zamknięty w więzieniach inkwizycji. Gdyby udało mi się tu ich zgromadzić, moglibyśmy zbudować barkę dostatecznie wielką do przewiezienia nas do Brazylii bądź na północ, ku wyspom lub hiszpańskiemu wybrzeżu. Byleby oni, dostawszy broń do ręki, nie wykorzystali mojej naiwności i nie uczynili mnie swoim niewolnikiem.

Odrzekł mi na to z wielką szczerością, że ich los był tak opłakany, a oni tak znękani, iż na pewno brzydziliby się jakimkolwiek złym postępkiem wobec człowieka, który przyczynił się do ich wybawienia. Przeto gotów jest popłynąć do nich z ojcem Piętaszka i porozmawiać w tej sprawie. Obiecał, że postawi im warunek, by przysięgli na Ewangelię i sakramenty święte, iż podporządkują się całkowicie mojemu dowództwu, będą ściśle wypełniać wszystkie moje rozkazy i opuszczą mnie dopiero wtedy, gdy wylądują bezpiecznie w chrześcijańskim kraju przeze mnie wybranym. Oświadczył, iż ma zamiar przedstawić im na piśmie warunki, które potwierdzą i własnoręcznie podpiszą. Sam zaś ofiarował się pierwszy złożyć mi przysięgę, iż póki żyw, nie opuści mnie, dopóki nie otrzyma ode mnie pozwolenia, oraz że bronić mnie będzie do ostatniej kropli krwi, jeśliby jego ziomkowie dopuścili się choćby najmniejszego wiarołomstwa.

Opisał mi też swoich towarzyszy jako ludzi łagodnych i uczciwych, podkreślając jeszcze raz, iż znajdują się w najcięższym położeniu, jakie sobie wyobrazić można, nie mając ani broni, ani odzieży, ani pożywienia, zdani całkowicie na łaskę dzikusów i pozbawieni nadziei powrotu do ojczyzny; przeto jest pewny, że za udzieloną im pomoc gotowi będą życie dla mnie poświęcić. Tym mnie przekonał.

Ale gdy już wszystko było gotowe do wyprawy, sam Hiszpan poradził mi, aby odłożyć ją co najmniej na pół roku. Rzecz w tym, że zapas mojego zboża, aż nadto dostateczny dla mnie samego, mógł z trudem wystarczyć dla czterech osób. Gdyby ta liczba powiększyła się o kilkunastu jego ziomków, nie byłbym w stanie zapewnić im wyżywienia, a w każdym razie byłoby go za mało, aby zaopatrzyć statek na daleką wyprawę. Powinniśmy najpierw we czterech uprawić większy szmat pola i zaczekać do najbliższych żniw, gdy już będziemy mogli wyżywić wszystkich jego rodaków.

– Przypomnij sobie, waćpan – przekonywał – synów Izraela, którzy początkowo cieszyli się, że zostali wybawieni z Egiptu, lecz zbuntowali się przeciw samemu Bogu, gdy zabrakło im chleba na pustyni.

Byłem uradowany wiernością mego nowego kompana, jak też jego rozsądną radą. Wzięliśmy się więc energicznie do kopania i w ciągu miesiąca uprawiliśmy taki kawał gruntu, iż mogliśmy na nim zasiać dwadzieścia dwa korce jęczmienia i szesnaście stągwi ryżu, co stanowiło cały nasz zapas siewnego ziarna; nie zostawiliśmy sobie nawet dostatecznej ilości jęczmienia na te sześć miesięcy, po których dopiero mogliśmy spodziewać się plonów.

Miałem teraz dostateczną liczbę towarzyszy i do pogawędki, i do obrony w razie napadu dzikich ludzi, chyba żeby przewyższali nas liczebnie, chodziliśmy więc po wyspie swobodnie. Przygotowując się do wyprawy, nakarbowałem kilka drzew, które wydały mi się odpowiednie, i poleciłem Piętaszkowi oraz jego ojcu, aby je ścięli. Hiszpanowi zaś, któremu zwierzałem się z moich projektów, zleciłem doglądanie i kierowanie robotą. Pokazywałem im, z jaką cierpliwością i trudem obrabiałem wielkie drzewa na pojedyncze deski, i nakazałem, by robili podobne. Zwalczając nieopisane trudności, udało im się wykonać tuzin potężnych desek dębowych, grubych na około dwa do czterech cali, długich na trzydzieści pięć stóp, a szerokich na dwie stopy.

Jednocześnie starałem się powiększyć moją kozią trzódkę; wyłapując małe i dołączając je do stada. W ten sposób niebawem nasz dobytek liczył dwadzieścia sztuk.

Kiedy nadeszła pora suszenia winogron, rozwiesiłem na słońcu tyle gron, że wydawało mi się, iż jestem w Alicante, gdzie suszą je w podobny sposób. Moje zapasy mogłyby zapełnić sześćdziesiąt do osiemdziesięciu baryłek. Rodzynki i chleb stanowiły podstawę naszego pożywienia, i to bardzo dobrego pożywienia; mogę was o tym zapewnić, gdyż owoc ten ma niezwykłe wartości odżywcze.

Nadeszły żniwa i urodzaj był dobry, choć nie największy w porównaniu z poprzednimi. W każdym razie w zupełności wystarczał na nasze potrzeby, bo z dwudziestu dwu korców zasianego jęczmienia zebraliśmy i wymłóciliśmy przeszło dwieście dwadzieścia korców; podobna była proporcja ryżu, co najzupełniej wystarczyło dla szesnastu Hiszpanów oraz do zabrania na okręt. Wzięliśmy się też zaraz do wyplatania koszy do przechowania zboża; mój Hiszpan okazał się w tym szczególnie zręczny.

Mając już pod dostatkiem żywności, upoważniłem Hiszpana, by udał się łodzią na kontynent i zobaczył, co da się uczynić dla tych, którzy tam zostali. Dałem mu jednak surowe zalecenie, by nie przywoził nikogo, kto nie złoży przysięgi na wierność, posłuszeństwo i lojalność w stosunku do osoby, która okazała mu dobroć i przysłała po niego łódź, by go wybawić. Wszystkie te warunki miały być spisane i podpisane przez nich własnoręcznie.

Z takimi instrukcjami Hiszpan i ojciec Piętaszka wsiedli na łódź, na której przywieziono ich jako jeńców, i wyruszyli w podróż. Dałem każdemu z nich muszkiet i po osiem nabojów, kul i prochu, polecając, by używali ich oszczędnie i tylko w ostateczności. Dostali też zapas chleba i suszonych winogron, wystarczający im na wiele dni, a kilkunastu ludziom na około tydzień. Życzyłem im szczęśliwej drogi, umówiwszy się, jaki sygnał mieli wywiesić w chwili powrotu, bym mógł ich rozpoznać z daleka, zanim przybiją do brzegu.

Odjechali z pomyślnym wiatrem w czasie pełni księżyca. Według mego rachunku był to październik, ale dokładnej daty nie byłem już w stanie ustalić.

Minęło już osiem dni na oczekiwaniu, gdy zdarzył się dziwny i nieprzewidziany wypadek. Pewnego ranka, kiedy jeszcze spałem twardo w mej chacie, nadbiegł Piętaszek, krzycząc głośno:

– Panie, panie! Oni przyjechać, oni przyjechać!

Zerwałem się, nie bacząc na niebezpieczeństwo, i ledwie się odziawszy, wybiegłem na brzeg. Stanąłem zdumiony, gdy w odległości półtora kilometra zobaczyłem łódź opatrzoną trójkątnym żaglem i zmierzającą z wiatrem ku brzegowi. Uderzyło mnie jednak, że nie przybywała od strony kontynentu, lecz z południowego krańca wyspy. Przywołałem więc Piętaszka i kazałem mu czatować przy sobie, gdyż przybywający ku nam ludzie nie byli tymi, których oczekiwaliśmy. Następnie poszedłem po moją lunetę i wyciągnąwszy drabinę, wspiąłem się na wierzchołek wzgórza.

Zaledwie postawiłem stopę na wzgórzu, dostrzegłem statek stojący na kotwicy o jakieś dwa i pół kilometra na południowy wschód ode mnie. Na pierwszy rzut oka statek był angielski, taki jak szalupa, która zdawała się do niego należeć. W tym momencie ogarnął mnie zamęt sprzecznych uczuć. Z jednej strony poczułem gwałtowną radość na widok statku, który wedle przypuszczeń należał do moich ziomków, a więc i przyjaciół; z drugiej jednak strony tliły się we mnie jakieś wątpliwości, które nakazywały mieć się na baczności. Pytałem sam siebie, co mogło sprowadzić angielski statek w tę część świata, tak odległą od handlowych szlaków uczęszczanych przez Anglików. Nic mi nie było wiadomo o żadnych burzach, które by go tu zapędziły. Jeśli byli to Anglicy, to nie przybywali w dobrych zamiarach, ja zaś wolałem żyć tak jak dotychczas niż wpaść w ręce opryszków i morderców.

Nigdy nie powinniśmy lekceważyć przeczuć, które ostrzegają nas przed niebezpieczeństwem. Jeśli więc jakiś tajemniczy głos mówi nam, na co powinniśmy uważać, bądźmy pewni, że został wysłany przez życzliwą nam siłę jedynie dla naszego dobra.

Wypadek, który mam tu opowiedzieć, potwierdza w pełni słuszność tego stwierdzenia. Gdybym nie posłuchał tajemniczego ostrzeżenia, zginąłbym, a przynajmniej mój los stałby się o wiele trudniejszy do zniesienia niż dotąd.

Tak czy owak, nie mogłem długo się zastanawiać, bo łódź zbliżała się szybko do wybrzeża, najwyraźniej poszukując jakiejś zatoczki lub ujścia rzeki do zakotwiczenia. W końcu przybili do wydmy piaszczystej o jakieś pięćset metrów ode mnie.

Była to dla mnie bardzo pomyślna okoliczność, inaczej bowiem wylądowaliby tuż przed mym domostwem i pewnie niebawem wygnaliby mnie z mej warowni, a może i ograbili z wszystkiego, co posiadałem.

Gdy wyszli na brzeg, z zadowoleniem stwierdziłem, że byli Anglikami, choć kilku wyglądało mi na Holendrów. Okazało się jednak, że się pomyliłem. W sumie było ich jedenastu, z czego trzech bezbronnych i związanych. Jeden z nich gwałtownymi gestami błagał o litość, natomiast dwaj pozostali zachowywali się o wiele spokojniej.

Zmieszałem się bardzo tym widokiem i nie wiedziałem, co o tym myśleć. Piętaszek zaczął tłumaczyć mi swoją łamaną angielszczyzną:

– Panie! Pan widzieć? Anglicy jeść jeńcy jak dzicy ludzie!

– E, Piętaszku! – odparłem. – Naprawdę myślisz, że oni ich zjedzą?

– Tak – odpowiedział Piętaszek. – Oni ich zaraz zjeść!

– Nie, nie – rzekłem na to. – Oni nie zjedzą ich na pewno, ale boję się, że chcą ich zabić.

Chociaż nie wiedziałem, co o tym sądzić, drżałem z przerażenia na ten widok. Nagle dostrzegłem, że jeden z drabów podniósł rękę uzbrojoną w kordelas, by uderzyć więźnia.

Chciałem zbliżyć się niepostrzeżenie, by uratować trzech jeńców, jednakże sprawa potoczyła się zupełnie inaczej, niż myślałem. Naraz brutalni marynarze dali spokój swoim ofiarom i rozproszyli się po okolicy. Zdziwiło mnie, że trzem więźniom zostawiono całkowitą swobodę, oni jednak siedli na ziemi i wyglądali jak siedem nieszczęść.

Ich położenie przypominało mi moje własne, kiedy wyrzucony na brzeg patrzyłem dokoła i sądziłem, że jestem zgubiony. Musiałem mieć podobnie błędne spojrzenie, niepokoje i obawy przed dzikimi zwierzętami, które mogły mnie pożreć, i z tego powodu przesiedziałem całą noc na drzewie.

Jesteśmy krótkowzroczni i dlatego powinniśmy zaufać Stwórcy, który nigdy nie opuszcza ludzi w nieszczęściu. Nawet w najbardziej beznadziejnych okolicznościach znajdzie się szansa na wybawienie.

Gdy owi ludzie przybyli na wyspę, przypływ był w całej pełni, teraz jednak nadeszła pora odpływu, a łódź ich osiadła na lądzie.

W łodzi zostawili dwóch ludzi, którzy widocznie zbyt dużo wypili i posnęli. Jednakże jeden z nich zbudził się nieco wcześniej, a ujrzawszy, że łódź nazbyt ugrzęzła w piasku, zaczął przywoływać towarzyszy. Przybyli niebawem i zaczęli pomagać, ale mimo wysiłków nie mogli ruszyć łodzi z miejsca.

Rozproszyli się więc znów po wyspie i usłyszałem, jak jeden z nich wołał na innych pozostających jeszcze w łodzi:

– Hej, Jack! Nie możecie jej teraz zostawić w spokoju? Popłynie z najbliższym przypływem!

Po tym okrzyku nie miałem już wątpliwości, że mam do czynienia z moimi rodakami.

Przez cały ten czas nie odważyłem się wychodzić z mojej warowni dalej niż na szczyt wzgórza i z zadowoleniem stwierdziłem, że dobrze obwarowałem swoje siedlisko. Wiedziałem, że zanim łódź będzie mogła wypłynąć na morze, minie co najmniej dziesięć godzin, a przez ten czas już się ściemni, dzięki czemu będę mógł swobodniej podglądać marynarzy i podsłuchiwać ich rozmowy.

Tymczasem przygotowywałem się do walki z większą ostrożnością niż dotychczas, wiedząc, że mam do czynienia z innym niż poprzednio nieprzyjacielem. Piętaszkowi, który wyszkolił się na znakomitego strzelca, dałem trzy muszkiety, a dwie fuzje wziąłem sam. W okropnym kaftanie z koziej skóry, nie mniej strasznej koziej czapie, mając przy boku obnażoną szablę, za pasem dwa pistolety, a strzelby na obu ramionach, wyglądałem naprawdę groźnie i zawadiacko. Miałem zamiar nie czynić żadnych kroków wojennych przed zmierzchem, ale koło drugiej w południe, gdy upał był nieznośny, cała gromada rozproszyła się po lesie i zapewne ułożyła się do snu. Tylko trzej jeńcy siedzieli w cieniu wiel-

kiego drzewa mniej więcej dwieście metrów ode mnie, niepil-
nowani przez swoich prześladowców.

Widząc to, postanowiłem dać im jakiś znak i dowiedzieć
się czegoś o ich losie. Podpełznąłem ku nim na bezpieczną
odległość, a potem, zanim któryś zdążył mnie zobaczyć, szepnąłem po hiszpańsku:

– Kim jesteście, mości panowie?

Zerwali się z miejsca zaskoczeni, ale dziesięć razy bardziej
zdziwił ich mój niesamowity strój. Nie odpowiedzieli, najwyraźniej nie mogąc wydusić z siebie słowa, więc przemówiłem
do nich po angielsku:

– Nie lękajcie się mnie, waćpanowie! Może będę mógł
wam pomóc.

– Zatem jest nam pan chyba z nieba zesłany – ozwał się jeden
z nich, zdejmując kapelusz z głowy. – Co prawda w naszym położeniu wszelka pomoc ludzka wydaje się niemożliwa.

– Wszelka pomoc przychodzi z nieba, mości panie! – odpowiedziałem równie uprzejmie. – Ale zechciejcie mnie ob-
jaśnić, jakim sposobem ma wam dopomóc, bo z tego, co
widzę, znajdujecie się w tragicznym położeniu.

Wówczas ów nieszczęśnik, drżąc i wpatrując się we mnie
osłupiałymi oczyma, z których ciekły łzy, odrzekł:

– Czy mówię do człowieka, czy do Boga? Czy to człowiek
żyjący, czy anioł?

– Nie miej co do tego żadnych złudzeń – odrzekłem. –
Gdyby Bóg zesłał anioła, przyszedłby piękniej odziany i lepiej
uzbrojony niż ten, którego przed sobą widzisz. Porzuć, proszę,
wszelkie strachy. Jestem zwykłym śmiertelnikiem, do tego Anglikiem, i gotów jestem przyjść waćpanom z pomocą. Widzisz obok mnie tylko jednego sługę, ale mamy broń i amunicję. Powiedzcie nam szczerze, jak możemy wam pomóc. Co
wam się przydarzyło?

– Zbyt długo przyszłoby o tym mówić – powiedział nie-
znajomy – a nasi oprawcy są tak blisko. Powiem krótko,

jestem kapitanem statku, który widać na horyzoncie. Załoga zbuntowała się przeciwko mnie i ledwo uszliśmy z życiem, chociaż i tak czekała nas śmierć głodowa na tej wyspie, którą braliśmy za bezludną.

– Gdzie są teraz ci nędznicy, wasi wrogowie? – zapytałem. – Dokąd poszli?

– Śpią tam – odpowiedział kapitan, wskazując kępę drzew. – Serce zamiera mi z trwogi, by nie usłyszeli naszej rozmowy, bo wtedy wymordują nas na pewno.

– Czy mają broń palną? – spytałem.

Odpowiedział, że mają dwie strzelby ze sobą i jedną w łodzi.

– To dobrze – odrzekłem. – Resztę zdajcie na mnie. Widzę, że posnęli, łatwo więc byłoby ich pozabijać, ale może lepiej będzie wziąć ich w niewolę?

Kapitan wyjaśnił, że między zbuntowanymi jest dwóch skończonych łotrów, których należy unieszkodliwić, a wtedy reszta podda się sama. Obiecał też, że kiedy się pobudzą, wskaże mi tych prowodyrów i zapewnił, że będzie mi we wszystkim posłuszny.

– Dobrze więc – powiedziałem. – Ukryjmy się w gęstwinie i naradzimy się, co dalej czynić.

Chętnie zgodzili się na moją propozycję i niebawem skryła nas leśna gęstwina.

– Słuchajcie, mości panowie – zacząłem. – Czy zgodzicie się spełnić dwa warunki, jeżeli obiecam wam wolność?

Kapitan zapewniał mnie, że jeżeli tylko ich ocalę, odda siebie i cały swój statek pod moje dowództwo; jeśli zaś nie odzyska statku, gotów będzie żyć i umierać ze mną w każdej części świata, do jakiej go wyślę. To samo powtórzyli dwaj jego towarzysze niedoli: oficer i podróżny.

– Zgoda – odrzekłem. – Stawiam tylko dwa warunki. Pierwszy: póki będziecie przebywać na wyspie, nie będziecie sobie rościć żadnych praw do zwierzchnictwa i będziecie podlegali wszystkim moim rozkazom, a jeżeli dam wam broń do ręki, to zwrócicie mi ją na moje żądanie bez sprzeciwu. Drugi: jeżeli odzyskacie statek, macie przewieźć mnie i mojego sługę do Anglii, nie biorąc za to żadnej opłaty.

Kapitan przysięgał na wszystkie świętości, że wypełni moje słuszne żądania i będzie mi wdzięczny do końca życia.

– Dobrze więc – rzekłem. – Macie tu oto trzy muszkiety, proch i kule, a teraz powiedzcie mi, co waszym zdaniem należy czynić?

W tej kwestii zdał się całkowicie na mnie. Zaproponowałem więc, by dać salwę do śpiących, a jeśli któryś z nich uszedłby cało i prosił o litość, można darować mu życie.

Kapitan zgodził się ze mną, twierdząc, że brzydzi się rozlewem krwi, jeśli nie ma po temu potrzeby. Należy jednak uważać, by ci dwaj łotrzy nie zdołali uciec na okręt, aby sprowadzić nam na kark resztę załogi.

– W takim razie nie mamy się nad czym zastanawiać – odezwałem się. – Jest to jedyny sposób ocalenia naszego życia.

Widząc jednak, że wciąż jeszcze jest niechętny rozlewowi krwi, poleciłem mu tak załatwić sprawę, jak uzna za stosowne.

Kiedy się naradzaliśmy, dostrzegliśmy jakieś poruszenie między buntownikami, najwidoczniej pobudzili się z drzemki.

Kapitan wziął muszkiet, zatknął za pas pistolet i ruszył w stronę buntowników; przed nim szli dwaj jego towarzysze, obaj z bronią w ręku. Na odgłos ich kroków jeden z marynarzy odwrócił się i, ujrzawszy idących, krzyknął na resztę kamratów. Lecz już było za późno, bo dwaj towarzysze kapitana dali ognia. Wycelowali tak świetnie, że jeden z oprychów padł martwy, a drugi został ciężko ranny, ale kapitan dobił go kolbą muszkietu. Pozostałych trzech zaczęło błagać o litość. Kapitan obiecał darować im życie, jeśli wyrzekną się zdrady i przysięgną, iż będą mu pomagali w odzyskaniu statku i doprowadzeniu go do Jamajki, skąd wypłynęli. Zaczęli go zapewniać o swojej lojalności, a on postanowił darować im życie. Nie byłem temu przeciwny, ale nakazałem, by spętał im nogi i ręce, póki byli na wyspie.

Tymczasem wyprawiłem Piętaszka wraz z pomocnikiem kapitana, by pilnowali łodzi i zdjęli z niej wiosła i żagiel. Niebawem nadciągnęli trzej maruderzy, którzy (na szczęście dla nich) odłączyli się od pozostałych marynarzy, lecz na wystrzał z muszkietów wrócili. Ujrzawszy swego kapitana, który z jeńca przemienił się w zwycięzcę, poddali się niezwłocznie i pozwolili się związać. Zwycięstwo nasze nie podlegało kwestii. Teraz mieliśmy dość czasu, bym mógł bliżej zapoznać się z kapitanem.

Najpierw opowiedziałem mu wszystkie moje przygody, których słuchał z uwagą graniczącą ze zdumieniem, zwłaszcza kiedy doszedłem do cudownego sposobu, w jaki zaopatrzony zostałem w żywność i amunicję. A ponieważ moja historia była naprawdę pełna cudów, przeto wzruszyła go głęboko.

Następnie wszystkich trzech zaprowadziłem do mego domostwa, nakarmiłem tym, co miałem pod ręką, i pokazałem wynalazki i udogodnienia, których byłem autorem. Wyraźnie byli pod wrażeniem, a kapitan szczególnie podziwiał moją fortecę osłoniętą drzewami, które w ciągu dwudziestu lat wyrosły w gęsty i niedostępny las. Pochwaliłem się, że oprócz tej rezydencji mam jeszcze letnią siedzibę, którą pokażę im później, a tymczasem musimy obmyślić sposób odzyskania statku.

Zgodzili się ze mną, ale żaden pomysł nie przychodził im do głowy. Na statku pozostało jeszcze dwudziestu sześciu ludzi, również zbuntowanych, przez co naraziliby się prawu i groziłaby im śmierć na szubienicy, gdyby przybyli do Anglii lub kolonii angielskich.

Jakiś czas rozmyślałem nad jego słowami i przyznałem mu rację. Doszedłem do wniosku, że należy działać szybko i schwytać buntowników w pułapkę. Prawdopodobnie niedługo zaniepokoją się, co się stało z ich towarzyszami, i poślą po nich drugą łódź z uzbrojonymi ludźmi. Kapitan uznał słuszność mych przewidywań.

Doszliśmy do wniosku, że powinniśmy jak najszybciej przedziurawić leżącą na brzegu łódź, by nie mogli jej uprowadzić. Wyniósłszy wszystko, co było w łodzi, na brzeg, wywierciliśmy w dnie wielką dziurę. Wiosła, maszt, żagiel i ster zabraliśmy z niej już przedtem.

Ledwo się z tym uporaliśmy i zaczęliśmy się naradzać, co czynić dalej, usłyszeliśmy huk działa ze statku i zobaczyliśmy wywieszoną flagę, która była sygnałem dla łodzi, że powinna jak najszybciej wracać. Ponieważ łódź ani myślała powracać, strzelono jeszcze kilka razy. W końcu, gdy cała ta strzelanina i wszystkie sygnały okazały się bezskuteczne, zobaczyłem przez lunetę, iż spuszczono drugą łódź, która ruszyła w stronę brzegu. W miarę jak się zbliżała, dostrzegłem, że siedzi w niej co najmniej dziesięciu ludzi i że wszyscy mają broń palną. Po jakimś czasie mogliśmy już odróżnić poszczególne twarze płynących, a kapitan, który znał każdego doskonale, powiedział mi, że trzech z nich to ludzie porządni, którzy jedynie ze strachu i przemocą zostali wciągnięci do spisku, natomiast bosman oraz pozostali to najwięksi hultaje z całej załogi. Zbyt dużo ryzykują, aby się nie mieli bronić do upadłego. Kapitan bardzo się lękał, że mogą osiągnąć nad nami militarną przewagę. Odrzekłem mu z uśmiechem, że ludzie w naszym położeniu nie powinni się niczego obawiać, ponieważ każde jest lepsze od tego, w którym się znajdowaliśmy. Zapytałem go, co zatem sądzi o kolejach mego losu i czy nadzieja oswobodzenia nie jest warta takiego ryzyka.

– I gdzie się podziała pańska wiara? – dodałem. – Zostałem uratowany, by ocalić waćpanom życie? Jeżeli o mnie chodzi – rzekłem jeszcze – widzę tylko jedną trudność w tym przedsięwzięciu.

– A cóż takiego? – zapytał.

– To – odparłem – że wedle słów waćpana jest wśród nich trzech czy czterech uczciwych ludzi, których należałoby oszczędzić. Gdyby wszyscy byli nikczemnikami, sądziłbym, że to Opatrzność nam ich zesłała, aby wydać w ręce waćpana. Każdy bowiem, który wysiądzie, zostanie naszym jeńcem i albo zginie, albo darujemy mu życie, zależnie od tego, jak się zachowa.

Widziałem, że moje słowa, wypowiedziane pewnym głosem i z rozjaśnioną twarzą, dodały mu otuchy. Wzięliśmy się więc do roboty, żeby przygotować się na powitanie „gości".

Przede wszystkim umieściliśmy naszych więźniów w bezpiecznym miejscu. Dwóch, co do których kapitan miał pewne podejrzenia, wyprawiłem do mojej jaskini pod strażą Piętaszka i jednego z trzech wypuszczonych na wolność ludzi. Tam pozostawiłem ich związanych, aby nie uciekli, jednakże obiecałem zwrócić im wolność po kilku dniach, jeżeli zachowają spokój; w przeciwnym razie zagroziłem im śmiercią bez żadnego pardonu. Tak więc przyrzekli nam posłuszeństwo oraz wdzięczność za darowanie życia.

Z innymi jeńcami obszedłem się łaskawiej. Co prawda dwaj nadal byli związani, ponieważ kapitan im nie dowierzał, natomiast dwaj pozostali, za wstawiennictwem kapitana, zostali przyjęci do mnie na służbę, po złożeniu uroczystej przysięgi, że zgadzają się z nami żyć i umierać. Tak więc było nas siedmiu dobrze uzbrojonych ludzi i nie miałem wątpliwości, że damy sobie radę z dziesięcioma przybyszami, tym bardziej, że między nimi było podobno także trzech czy czterech poczciwych i porządnych.

Tymczasem tamci już dopłynęli do miejsca, gdzie znajdowała się pierwsza łódź i wyszli wszyscy na ląd, wyciągając łódź na mieliznę, z czego niezmiernie się ucieszyłem. Bałem się, że zakotwiczą w pewnej odległości od brzegu i zostawią w łodzi kilku ludzi na straży. W takim przypadku zdobycie łodzi byłoby dla nas niepodobieństwem.

Natychmiast skierowali się ku pierwszej łodzi i łatwo się domyśleć, jak bardzo się zdziwili, gdy zastali łódź obrabowaną ze wszystkiego, a jej dno przedziurawione. Chwilę nad nią dumali, po czym zaczęli nawoływać ile sił w płucach na swoich towarzyszy. Ale nikt im nie odpowiedział. Wówczas ustawili się w krąg i dali salwę z pistoletów. Ale i to na nic się nie zdało. Ci, co byli w jaskini, nie usłyszeli jej na pewno, a ci, którzy byli z nami, nie ośmielili się na nią odpowiedzieć.

Przybyłych ogarnęło tak wielkie zdumienie, że postanowili natychmiast powrócić na statek i powiadomić na nim pozostałych, że wymordowano wszystkich towarzyszy, a łódź została zniszczona. Jakoż zepchnęli łódź na wodę i zaczęli do niej wsiadać.

Ten widok niezmiernie zaniepokoił kapitana, który był przekonany, że buntownicy udadzą się na pokład, rozwiną żagle i, będąc przekonani, że ich towarzysze są straceni, odpłyną, pozbawiając nas nadziei na odzyskanie statku. Ale wkrótce obawy te zmieniły się na inne, nie mniej istotne. Oto buntownicy, po krótkiej naradzie, nagle zmienili zamiar i wyszli na brzeg, aby poszukiwać towarzyszy, pozostawiając jednak trzech do pilnowania łodzi.

Nie wiedzieliśmy teraz, co czynić. Pokonanie siedmiu ludzi znajdujących się na brzegu nie przedstawiało dla nas żadnej korzyści, gdyż trzej pozostali w łodzi zdołaliby uciec, a wówczas pozostała załoga zdecydowałaby się podnieść kotwicę i odpłynąć, kładąc kres naszym nadziejom na odzyskanie statku.

Tak czy owak, nie było innego wyjścia, jak czekać i obserwować dalszy bieg wypadków. Siedmiu wyszło na brzeg, a trzech w łodzi odbiło nieco od lądu i tam rzuciło kotwicę, by poczekać na powrót towarzyszy, tak iż żadnym sposobem nie mogliśmy się do nich dostać.

Ci, którzy wyszli na ląd, trzymali się w kupie, kierując się ku wzgórzu, na którym znajdowało się moje siedlisko. Widzieliśmy ich zatem wyraźnie, choć oni nie mogli nas dostrzec. Bardzo pragnęliśmy, by podeszli do nas całkiem blisko, żebyśmy mogli do nich strzelić albo żeby odeszli nieco dalej i umożliwili nam wypad.

Tymczasem oni, doszedłszy do grzbietu wzgórza, skąd roztaczał się szeroki widok na dolinę i lasy po północno-wschodniej stronie wyspy, zaczęli nawoływać i krzyczeć na swych towarzyszy, aż w końcu ochrypli, po czym, nie mając odwagi oddalać się zbytnio od brzegu i jeden od drugiego, usiedli pod drzewem, by się naradzić. Gdyby zdecydowali się przenocować na wyspie, byłoby to nam bardzo na rękę, lecz wpadli w zbyt wielki popłoch, żeby odważyć się zasnąć.

Kapitan wyraził przypuszczenie, że może znowu zechcą dać salwę, aby poinformować towarzyszy o miejscu swego pobytu; doradzał, żeby skorzystać z okazji i zaatakować w momencie, gdy po wystrzale będą mieli nienabitą broń, co dałoby nam zwycięstwo bez rozlewu krwi. Obiecałem, że skorzystam z tego pomysłu, jeśli będziemy dostatecznie blisko.

Ale do tego nie doszło i nadal nie wiedzieliśmy, co czynić. W końcu oświadczyłem, iż moim zdaniem nie da się nic uczynić przed nocą, a wtedy, jeśli nie powrócą do łodzi, może uda nam się zajść ich od tyłu i odciąć od wybrzeża, potem zaś, używszy podstępu, ściągnąć i tych, co pilnowali łodzi.

Kiedy nadal czekaliśmy w napięciu, oni naradzali się jeszcze przez jakiś czas, po czym wstali i zaczęli schodzić ku morzu; prawdopodobnie przeczuwali jakieś grożące im niebezpieczeństwo i postanowili wrócić na statek, ogłosiwszy, że ich poprzednicy zaginęli, oraz wyruszyć w dalszą drogę.

Podzieliłem się moimi przypuszczeniami z kapitanem, który był tym bardzo zaniepokojony, ale nabrał otuchy, gdy wyjawiłem mu plan ściągnięcia owych ludzi z powrotem i zrealizowania naszych zamiarów.

Poleciłem Piętaszkowi i pomocnikowi kapitana, by ruszyli na zachód, do tego miejsca, gdzie niegdyś wybawiłem Piętaszka z opresji i krzyczeli ile sił w piersiach, czekając na odzew. Kiedy go usłyszą, niech zawołają raz jeszcze, a potem klucząc i nawołując, zwabią buntowników w głąb wyspy, a następnie powrócą do mnie okrężną drogą, którą im wskazałem.

Majtkowie już mieli wchodzić do łodzi, kiedy Piętaszek i pomocnik kapitana zaczęli nawoływać. Ich głosy zostały natychmiast usłyszane, bo odpowiedzieli na wołanie i zaczęli biec wzdłuż brzegu w kierunku, skąd głos dochodził. Niebawem natknęli się na rzeczułkę, której nie mogli przebrnąć, gdyż była wezbrana przypływem, zaczęli więc przyzywać tych, co byli w łodzi, żeby przeprawili ich na drugą stronę. Wszystko więc toczyło się zgodnie z planem.

Gdy się już przeprawili, zakotwiczyli łódź w zacisznej zatoczce i zostawiwszy tylko dwóch ludzi na straży, ruszyli w kierunku, skąd dochodziły nawoływania.

Tego sobie właśnie życzyłem. Dając Piętaszkowi i oficerowi wolną rękę do dalszego działania, wziąłem ze sobą pozostałych ludzi i przebrnąwszy rzeczułkę w miejscu, gdzie nie mogliśmy być widziani, rzuciliśmy się znienacka na dwóch strażników, z których jeden siedział w łodzi, a drugi drzemał na brzegu. Ten ocknął się wprawdzie i chciał uciec, ale kapitan natarł na niego i ogłuszył jednym ciosem, po czym krzyknął na tego w łodzi, by natychmiast się poddał, jeżeli mu życie miłe. Nie musiał używać zbyt wielu argumentów na widok towarzysza obalonego na ziemię, a pięciu nacierających na niego z bronią w ręku; poddał się bez trudu, a nawet przeszedł na naszą stronę.

Tymczasem Piętaszek i pomocnik kapitana tak świetnie wywiedli w pole pozostałą zgraję, nawołując i odpowiadając na ich wołania od wzgórza do wzgórza, od boru do boru, że tamci nie tylko padali ze zmęczenia, ale zaszli tak daleko, iż nie mogli dotrzeć z powrotem do łodzi przed zmierzchem.

Nie pozostało nam nic innego, jak na nich czatować i uderzyć nocą.

Upłynęło kilka godzin od chwili powrotu Piętaszka, zanim buntownicy dotarli wreszcie do swojej łodzi skrajnie wycieńczeni. Skarżyli się na zbolałe nogi i zmęczenie nie pozwalające im iść prędzej. Bardzo nas to wszystko cieszyło.

Trudno opisać ich zdumienie na widok łodzi zarytej w piasku (właśnie nastąpił odpływ). Nie wiedzieli także, co stało się z ich towarzyszami. Słyszeliśmy, jak nawoływali ich żałośnie, załamywali ręce z rozpaczy, wchodzili i wychodzili z łodzi i przechadzali się po brzegu tam i z powrotem.

Moi ludzie pragnęli, bym zezwolił im natychmiast ruszyć do ataku, ale skłaniałem się raczej ku temu, aby poczekać na dogodną sposobność, dzięki której mógłbym uniknąć rozlewu krwi po obu stronach, a zwłaszcza po mojej, bo widziałem, że tamci są dobrze uzbrojeni. Miałem nadzieję, że zaczną się oddalać jeden od drugiego. Na wszelki wypadek kazałem kapitanowi i Piętaszkowi podczołgać się do nich niepostrzeżenie na bliską odległość i dopiero wtedy otworzyć ogień.

Niedługo czekali, gdyż w ich kierunku zaczął zbliżać się bosman w towarzystwie dwóch ludzi, wszyscy najwyraźniej bardzo przestraszeni i przygnębieni. Kapitan, usłyszawszy głos tego łotra, zerwał się na nogi i strzelił, nie zastanawiając się długo; Piętaszek poszedł w jego ślady. Bosman padł na miejscu. Jeden z jego towarzyszy, ciężko ranny w brzuch, zmarł kilka godzin później, natomiast drugi zbiegł, widząc, co się święci.

Na huk wystrzału ruszyłem natychmiast na czele mojej armii, liczącej ośmiu ludzi. Za mną szedł kapitan z dwoma swoimi druhami i trzema jeńcami wojennymi, którym daliśmy broń. Podeszliśmy do wrogów w ciemności, tak że nie mogli nas dostrzec. Człowiekowi, który pilnował łodzi, a teraz przystał do nas, rozkazałem, by wołając swoich kamratów po imieniu, próbował skłonić ich do układów na na-

szych warunkach. Byliśmy przekonani, że w obecnym położeniu okażą się skłonni do kapitulacji.

– Tomaszu Smith! Tomaszu Smith! – krzyczał na całe gardło.

Tomasz Smith odezwał się natychmiast:

– Kto to? Czy ty, Robin?

– Tak jest! Tak jest! Na miłość boską, Tomku Smith, rzućcie broń i poddajcie się, bo inaczej czeka was niechybna śmierć.

– Komu się mamy poddać? Gdzie oni są? – spytał Smith.

– W pobliżu. Nasz kapitan, z nim pięćdziesięciu ludzi, polują na was już od dwóch godzin. Bosman zabity, Will Fry raniony, a ja wzięty do niewoli. Jeżeli się nie poddacie, jesteście zgubieni.

– Poddamy się, jeśli darują nam życie – odpowiedział Tom Smith.

– Będę za wami prosił, jeśli obiecacie się poddać – rzekł Robin. Po czym zwrócił się do kapitana, a ten zaczął wołać od siebie:

– Hej, Smith, poznajesz chyba mój głos. Jeżeli natychmiast złożycie broń i się poddacie, daruję wam wszystkim życie, z wyjątkiem Willa Atkinsa.

– Na miłość boską! Cóż takiego zrobiłem? – usłyszeliśmy głos Willa Atkinsa. – Panie kapitanie, chciej i mnie ułaskawić! Ja nie zawiniłem więcej od innych.

Co mijało się z prawdą, gdyż to właśnie Willi Atkins był pierwszym, który podniósł rękę na kapitana podczas buntu, wiążąc mu ręce i lżąc brutalnymi słowami. Kapitan oświadczył mu, że powinien złożyć broń i zdać się na łaskę gubernatora. Miał na myśli moją osobę.

Krótko mówiąc, wszyscy buntownicy złożyli broń i prosili tylko o darowanie życia. Wysłałem do nich człowieka, który z nimi parlamentował, oraz dwóch innych, którzy ich powiązali, a wówczas mój wielki oddział, złożony w rzeczywistości tylko z ośmiu osób, wziął w swe posiadanie jeńców oraz ich łódkę. Jedynie ja, ze względów taktycznych, trzymałem się wraz z Piętaszkiem na uboczu.

Tymczasem kapitan przemówił do buntowników w bardzo ostrych słowach, grożąc im więzieniem, różnego rodzaju karami, a nawet szubienicą. Okazali wielką skruchę i błagali o darowanie życia. Odpowiedział, że decyzja w tej sprawie nie należy do niego, ale do gubernatora wyspy, Anglika, który mógłby ich powywieszać, ale ponieważ dał im parol, więc prawdopodobnie odeśle ich na sąd do Anglii, prócz Willa Atkinsa, którego nazajutrz czeka stryczek.

Chociaż wszystko było jedynie wymysłem kapitana, jego słowa osiągnęły pożądany skutek. Atkins padł na kolana, prosząc, by kapitan orędował za nim u gubernatora, a pozostali w imię Boga błagali, aby ich nie odsyłano do Anglii. Wówczas przyszło mi na myśl, że czas naszego wyzwolenia jest bliski i że można wykorzystać tych drabów do zdobycia statku. Ukryłem się zatem w mroku i zawołałem kapitana do siebie.

– Już idę, wasza ekscelencjo – odpowiedział.

Słowa te wywarły wielkie wrażenie na jeńcach. Byli przekonani, że gubernator z pięćdziesięcioma ludźmi jest w pobliżu.

Wyjawiłem kapitanowi mój plan zdobycia statku. Był nim zachwycony i postanowił wprowadzić go w czyn nazajutrz rano. W celu sprawniejszego wykonania planu należało podzielić więźniów. Atkinsa i dwóch innych, którzy cieszyli się najgorszą sławą, związaliśmy i zaprowadziliśmy do jaskini, gdzie już leżeli trzej ich kamraci. Pozostałych skierowałem do mojej letniej rezydencji, skąd byłem pewny, że nam nie umkną. Nazajutrz posłałem do nich kapitana, by wybadał, czy można im zaufać i liczyć na ich pomoc w zdobywaniu statku. Kapitan uświadomił im błąd, jaki popełnili, występując przeciwko niemu, i przedstawił położenie, w jakim się znajdują. Wprawdzie gubernator darował im życie, ale nie ominie ich szubienica po powrocie do Anglii. Gdyby przyłączyli się do wyprawy mającej na celu przejęcie statku, gubernator tej wyspy zobowiąże się uroczyście wyjednać im całkowite ułaskawienie. Nietrudno zgadnąć, że propozycja została przyjęta. Padli na kolana przed kapitanem i przysięgali, że będą mu wierni do ostatniej kropli krwi, że pójdą z nim choćby na koniec świata.

– Dobrze – zgodził się kapitan. – Powiem gubernatorowi, co od was usłyszałem, i spróbuję skłonić go, aby wam uwierzył.

Zdał mi ze wszystkiego relację, dodając, że liczy na ich dobrą wolę. W każdym razie dla większego bezpieczeństwa poleciłem mu, żeby wybrał tylko pięciu najpewniejszych, a pozostałych oraz owych trzech, którzy byli w jaskini, zatrzymał jako zakładników, których czekała śmierć w razie zdrady. Surowe to zarządzenie przekonało ich, że gubernator nie żartuje. Nie mieli zresztą wyboru i musieli się zgodzić. Teraz zadaniem kapitana oraz zakładników było przekonanie owych pięciu o konieczności wypełnienia nałożonych na nich obowiązków.

W ten sposób nasze siły wzrosły do dwunastu ludzi: 1. Kapitan, porucznik i podróżnik. 2. Dwaj jeńcy, po pierwszej potyczce zabrani do niewoli, których za poręczeniem kapitana obdarowałem wolnością i powierzyłem broń. 3. Dwaj inni, których kazałem trzymać związanych w mojej letniej rezydencji, a teraz uwolniłem za poręczeniem kapitana. 4. Na koniec pięciu, którzy otrzymali przebaczenie. Należy do nich doliczyć jeszcze pięciu skrępowanych i przetrzymywanych w mojej jaskini oraz dwóch zakładników.

Spytałem kapitana, czy odważy się z tymi ludźmi wyruszyć na statek; ja sam z Piętaszkiem wolałem pozostać na wyspie, mając siedmiu ludzi pod strażą, których należało pilnować i żywić.

Gdy po raz pierwszy stanąłem przed zakładnikami, kapitan oznajmił im, że jestem wysłannikiem gubernatora, który zlecił mi nad nimi nadzór.

Ponieważ nigdy przedtem mnie nie widzieli, przeto łatwo mi było udawać kogoś innego i opowiadać im przy każdej okazji o gubernatorze, garnizonie, twierdzy itp.

Obecnie kapitan nie miał już żadnych problemów poza zaopatrzeniem obu łodzi w żywność i skompletowaniem załogi. Na jednej łodzi umieścił swego towarzysza z czterema ludźmi, do drugiej zaś wsiadł sam z oficerem i sześcioma marynarzami. Około północy podpłynęli pod statek. Gdy byli od niego na odległość głosu, kapitan kazał Robinowi, aby poinformował załogę, iż przybył z odnalezionymi towarzyszami. Tymczasem kapitan z pomocnikiem wdarli się na pokład i kolbami muszkietów powalili drugiego oficera i cieślę okrętowego. Wspierani przez podążających za nimi pięciu ludzi, obezwładnili wszystkich, którzy byli na głównym i tylnych pokładach, i zaczęli ryglować zapadnie, by odgrodzić tych, co byli na dole. Tymczasem załoga drugiej łodzi opanowała przód statku, aresztując napotkanych po drodze ludzi.

Gdy cały pokład był już w rękach zdobywców, kapitan wysłał oficera z trzema ludźmi, by wdarli się do budki sterniczej, gdzie przebywał nowo obrany dowódca zbuntowanej załogi; na wszczęty alarm zerwał się z posłania, przywołał dwóch ludzi i chłopaka okrętowego, gromadząc koło siebie kilka sztuk broni palnej. Gdy pierwszy oficer wyważył drzwi bosakiem, zarówno on, jak i jego ludzie zostali zranieni od kul. Pomimo strzaskanego ramienia pierwszy oficer wdarł się do budki sterniczej, jednym strzałem rozwalił głowę samozwańca, tak że kula weszła ustami, a wyszła za uchem, i nieszczęśnik padł bez słowa; pozostałych rebeliantów zmusił do poddania. W ten sposób statek został opanowany bez dalszych strat w ludziach.

Wówczas kapitan, zgodnie z umową, kazał siedmiokroć dać ognia, by zawiadomić mnie o zwycięstwie. Z radością usłyszałem to hasło. Ponieważ byłem bardzo zmęczony czuwaniem do drugiej w nocy, położyłem się i zasnąłem twardo.

Nazajutrz obudził mnie wystrzał ze strzelby. Zerwawszy się, usłyszałem wołanie:

– Mości gubernatorze! Mości gubernatorze!

Poznałem po głosie kapitana. W chwilę stał obok mnie na szczycie wzgórza, wskazał ręką w stronę statku i rzucił mi się w objęcia.

– Mój przyjacielu i wybawco! – zawołał. – Oto twój statek! On i my wszyscy należymy do ciebie!

Rzuciłem okiem w tamtą stronę. Ujrzałem statek zakotwiczony pięćset metrów od wybrzeża, u ujścia rzeczułki. Ponieważ przypływ wzbierał, kapitan podprowadził swoją łódź do tego miejsca, gdzie kiedyś holowałem moje tratwy, nieopodal mego siedliska.

Zawirowało mi w głowie na ten niespodziewany widok. Oto oczami wyobraźni widziałem już swoje wybawienie: miałem je na wyciągnięcie ręki bez dodatkowych trudności. Ten wielki statek mógł mnie stąd zabrać, dokądkolwiek bym sobie życzył. Przez dłuższą chwilę nie mogłem wydobyć z siebie słowa, nie puszczałem z objęć kapitana, żeby nie upaść. Zrozumiał, co się ze mną dzieje, więc wyciągnął z kieszeni butelkę i poczęstował mnie łykiem kordiału. Wypiwszy, usiadłem na ziemi, ale sporo czasu minęło, zanim przyszedłem do siebie, nie na tyle jeszcze, aby powstrzymać łzy.

Odzyskawszy wreszcie mowę, z kolei ja zacząłem go ściskać i witać jako mego wybawiciela, którego zesłało mi niebo. Wszystkie wydarzenia wydawały mi się pasmem cudów, świadectwem i dowodem, że tajemnicza ręka Opatrzności kieruje światem, a boski wzrok zdolny jest dojrzeć każdego w najdalszym zakątku ziemi i przyjść z pomocą najmizerniejszemu stworzeniu.

Nie omieszkałem też w owej chwili wznieść z wdzięcznością oczu ku niebu, by podziękować Temu, który nie tylko zachował mnie w tak cudowny sposób przy życiu na tym dzikim pustkowiu, ale któremu zawdzięczam wszystko.

Po krótkiej rozmowie kapitan oznajmił, że przywiózł mi trochę zapasów z okrętu, jakie nie zostały jeszcze złupione przez grasujących na nim buntowników. Krzyknął głośno do ludzi na szalupie, aby wyładowali rzeczy przeznaczone dla gubernatora. Było tego wszystkiego tyle, jakbym nadal miał zostać na wyspie, a oni mieli odjechać beze mnie: skrzynka doskonałych wódek, sześć wielkich butli wina madery, każda zawierała po dwie kwarty, dwa kilo wybornego tytoniu, peklowana wołowina i wieprzowina, worek grochu, sucharów, poza tym paka cukru, mąki, worek cytryn, dwie butle syropu cytrynowego i mnóstwo innych rzeczy. Prócz tego rzecz dla mnie najcenniejsza: sześć czystych, nowych koszul, sześć bardzo dobrych halsztuków, dwie pary rękawiczek, para trzewików, kapelusz, para pończoch i kompletny mundur, jego własny, prawie nieużywany. Krótko mówiąc, ubrał mnie od stóp do głów.

Dla kogoś w moim położeniu był to dar niezwykle przyjemny, choć trudno sobie wyobrazić, jak bardzo czułem się początkowo nieswojo i jak mi było niewygodnie w tych szatach.

Po odprawieniu tych wszystkich ceremonii i ulokowaniu rzeczy w moim szczupłym mieszkaniu, poczęliśmy się naradzać, co począć z naszymi więźniami; czy zabrać ich ze sobą, czy pozostawić. Chodziło szczególnie o dwóch, których kapitan określił jako wyjątkowo niepoprawnych i krnąbrnych, których już nic nie jest w stanie naprawić. Jeśli mieliby wracać z nami, to tylko skuci jako zbrodniarze, w celu wydania ich w ręce sprawiedliwości w pierwszej kolonii angielskiej. Zauważyłem, że cała ta sprawa bardzo niepokoiła kapitana. Zaproponowałem mu więc, że jeżeli pozwoli, spróbuję z nimi pomówić, aby sami zdecydowali się pozostać na wyspie.

– Z całego serca cieszyłbym się z tego – oświadczył kapitan.

– Zatem zgoda – odparłem – poślę po nich i będę z nimi mówił w pańskim imieniu.

Posłałem Piętaszka i dwóch zakładników po owych pięciu więźniów, a sam przywdziałem nowe ubranie i poleciłem tytułować się gubernatorem. Gdy już wszyscy się zebrali, kazałem przyprowadzić więźniów przed moje oblicze i oświadczyłem im, że poinformowano mnie dokładnie o ich niegodziwym postępowaniu, o zawładnięciu statkiem i dalszych zamierzonych łotrostwach, ale Opatrzność nie dopuściła do dalszego rozboju i oto sami wpadli w zasadzkę, którą zastawili na innych. Oznajmiłem im, że na mój rozkaz statek został zdobyty, stoi obecnie w porcie i wkrótce ujrzą swego zbuntowanego dowódcę powieszonego na głównej rei. Dodałem, że to samo mogę uczynić z nimi jak z korsarzami przyłapanymi na gorącym uczynku.

Wówczas jeden z nich odpowiedział w imieniu wszystkich, że kapitan przyrzekł im darowanie życia, więc pokornie dopraszają się mojej łaski. Odpowiedziałem, że nie wiem, jaką mógłbym okazać im łaskę, skoro postanowiłem sam opuścić wyspę i powrócić na ich statku do Anglii. Co się zaś tyczy kapitana, to może on przewieźć ich do Anglii tylko jako więźniów, których czeka sąd za udział w rokoszu. Przeto radzę im pozostanie na wyspie, jeśli chcą mieć darowane życie.

Przyjęli propozycję z wdzięcznością, wybierając pobyt na wyspie zamiast szubienicy w Anglii. Kapitan udawał niezadowolenie, upierając się przy deportacji do Anglii. Oburzony oświadczyłem, że są moimi, nie jego więźniami i chcę dotrzymać danego słowa.

Więźniowie nie mieli słów, by wyrazić mi swą wielką wdzięczność, wypuściłem ich więc na wolność, obiecując, że zostawię im nieco broni palnej i amunicji oraz kilka wskazówek, jak przeżyć na wyspie.

Następnie poprosiłem kapitana, żeby udał się na pokład i przygotował statek do drogi, a nazajutrz przysłał po mnie łódkę. Poleciłem mu jednocześnie, aby zabitego herszta buntowników kazał powiesić na rei ku przestrodze innym.

Po odejściu kapitana wdałem się z więźniami w poważną rozmowę. Oświadczyłem, iż zrobili trafny wybór, unikając kary w ojczyźnie.

Gdy ponownie zapewnili mnie o gotowości pozostania na wyspie, wówczas wtajemniczyłem ich w sposoby przetrwania na przykładzie historii mojego życia. Pokazałem moje fortyfikacje, uprawę zboża, wypiekanie chleba, suszenie winogron, słowem, wszystko, co było im do życia potrzebne. Wspomniałem też o szesnastu Hiszpanach, których powrotu oczekiwałem lada dzień i dla których zostawiłem list. Wymogłem na nich obietnicę, iż będą z nimi postępować jak z braćmi, dzieląc się zapasami żywności.

Zostawiłem im także pięć muszkietów, trzy fuzje i trzy szable oraz blisko półtorej baryłki prochu. Opowiedziałem im, w jaki sposób hodowałem kozy i jak je doiłem, wyrabiałem masło i ser. Przyrzekłem, iż zobowiążę kapitana, aby im zostawił jeszcze dwie baryłki prochu oraz nasiona jarzyn, za którymi bardzo tęskniłem przez cały czas mego pobytu na wyspie; wręczyłem im wreszcie worek grochu od kapitana i wyraziłem nadzieję, że będą go uprawiali.

Nazajutrz pożegnałem się z nimi i udałem na statek. Przygotowaliśmy się natychmiast do żeglugi, ale nie podnieśliśmy jeszcze kotwicy. Rankiem dnia następnego dwóch spośród pięciu pozostawionych na wyspie przypłynęło do burty statku, uskarżając się na pozostałych, że chcieli ich zamordować. Zaklinali nas na wszystkie świętości, byśmy ich wzięli na pokład, choćby nawet kapitan miał zamiar ich powiesić. W końcu, po solennych obietnicach poprawy, zostali wpuszczeni na statek, gdzie otrzymawszy tęgą chłostę, wkrótce okazali się zupełnie porządnymi i spokojnymi kompanami.

Wkrótce, korzystając z przypływu, wysłano na ląd szalupę z obiecanym ładunkiem dla wygnańców. Na moją prośbę kapitan dołączył jeszcze ich kufry i manatki, co sprawiło im wielką radość. Zapewniłem ich również, że postaram się przysłać po nich okręt.

Opuszczając wyspę, wziąłem ze sobą na pamiątkę mój parasol, wielką skórzaną czapkę i jedną z mych papug. Nie zapomniałem też zabrać pieniędzy, zarówno tych z mojego okrętu, jak też znalezionych w rozbitym statku hiszpańskim.

I tak odpłynęliśmy, zgodnie z obliczeniami okrętowymi, dnia 19 grudnia roku pańskiego 1686, zatem w dwadzieścia osiem lat, dwa miesiące i dziewiętnaście dni od chwili mego przybycia na wyspę. Z tego więzienia zostałem wyzwolony dokładnie w tym samym dniu i miesiącu, w którym przed laty zbiegłem z mauretańskiej niewoli w Sale.

11 czerwca 1687 roku, po długiej morskiej podróży przybyłem do Anglii, którą opuściłem przed trzydziestu pięciu laty, więc byłem tu wszystkim najzupełniej obcy, jakbym nigdy nie mieszkał w tym kraju. Zacna niewiasta, której niegdyś powierzyłem moje pieniądze, żyła jeszcze, ale doznała wielu niepowodzeń, owdowiała po raz wtóry i zubożała bardzo. Nie dopominałem się więc o należność, owszem, z wdzięczności za jej dawną uczciwość udzieliłem jej małego wsparcia, na jakie pozwalały moje skromne fundusze. Było to na owe czasy bardzo niewiele; zapewniłem ją jednak, iż zawsze pamiętać będę o jej dobroci. Nie zapomniałem o niej i później, kiedy byłem już w stanie ją wesprzeć, jak to się w przyszłości okaże.

Następnie udałem się do hrabstwa York, ale nie zastałem przy życiu ani ojca, ani matki, ani nikogo z rodziny prócz dwóch sióstr i dwojga dzieci jednego z braci. Ponieważ od dawna uważano mnie za umarłego, więc nie zostawiono należnej mi części z podziału po rodzicach. Słowem, nie znalazłem tu żadnego wsparcia ani pomocy.

Z kłopotu wybawił mnie kapitan statku, który zdał armatorom dokładny i pochlebny raport o moim postępku. Armatorzy zaprosili mnie do siebie, dziękowali bardzo serdecznie i na pożegnanie wręczyli mi dwieście funtów szterlingów.

Po bezskutecznych rozmyślaniach nad mym położeniem i próbach zdobycia jakiegoś stanowiska w świecie, postanowiłem udać się do Lizbony, by zasięgnąć języka o mojej plantacji w Brazylii oraz o moim wspólniku, który – jak miałem prawo przypuszczać – od dawna uważał mnie za zmarłego.

Jakoż w kwietniu przybyłem w towarzystwie nieodstępującego mnie i wiernego Piętaszka do Lizbony.

Tu, rozpytując się na wszystkie strony, ku mej radości odszukałem wreszcie mego starego przyjaciela, owego kapitana, który niegdyś wziął mnie na pokład przy brzegach Afryki. Postarzał się i dawno porzucił morze, oddawszy swój statek synowi, który także już nie był pierwszej młodości i tak jak ojciec prowadził handel z Brazylią. Staruszek początkowo mnie nie poznał, ale niebawem przypomniał sobie, kiedy powiedziałem mu, kim jestem.

Po chwili czułych uniesień z okazji odnowienia starej przyjaźni zapytałem go o mego wspólnika i plantację. Staruszek rzekł, że nie był w Brazylii od dziewięciu lat; gdy odjeżdżał stamtąd, mój wspólnik jeszcze żył, a dwaj ludzie, których zostawiłem na plantacji, już pomarli. Starzec przypuszczał, że będę miał poważne zyski. Ponieważ jednak uważano mnie za zmarłego, owi plenipotenci zdali zyski pełnomocnikowi do spraw skarbowych, który przysądził jedną trzecią królowi, zaś dwie trzecie klasztorowi św. Augustyna na fundusz utrzymania ubogich i krzewienia wiary katolickiej wśród Indian. W chwili mego powrotu zyski zostaną mi zwrócone, z wyjątkiem rocznych dochodów, które zostały rozdane na cele dobroczynne.

Zapewnił mnie także, że zarówno pełnomocnik do spraw skarbowych, jak i przeor zakonu dołożyli wszelkich starań, aby mój wspólnik składał rzetelne sprawozdania z dochodów, których połowę do mnie należącą odbierali.

Spytałem go, jaką wartość ma obecnie moja plantacja i czy warto byłoby się nią zająć oraz jakie miałbym trudności do pokonania, aby odzyskać sprawiedliwe prawa do połowy własności. Odpowiedział, że nie ma dokładnych danych, lecz mój wspólnik wzbogacił się bardzo z części, która do niego należała i, jeżeli go pamięć nie zawodzi, trzecia część przyznana królowi i odstąpiona klasztorowi przynosiła przeszło dwieście moidorów rocznego dochodu. Co się tyczy odzyskania z powrotem majętności, nie widzi żadnych przeszkód, gdyż mój wspólnik zaświadczy za mną, zwłaszcza że moje imię i nazwisko zapisane jest w księgach urzędowych. Zapewnił mnie również, że spadkobiercy upoważnionych przeze mnie plenipotentów są to ludzie bardzo uczciwi i majętni, którzy nie tylko dopomogą mi odzyskać moje prawa, ale wręczą mi znaczną sumę zebraną z mej platacji.

Przypomniałem jednak staremu kapitanowi, że to jego właśnie mianowałem swoim głównym spadkobiercą.

Starzec przyznał mi rację, ale dodał, że skoro śmierć moja nie była udowodniona, nie mógł działać jako wykonawca ostatniej mojej woli; kazał tylko wciągnąć do ksiąg mój testament i zastrzec swoje prawa na wypadek, gdy będzie mógł złożyć jakiś dowód mojej śmierci lub życia. Wtedy działałby na mocy danego mu upoważnienia i wziąłby w posiadanie fabrykę cukru oraz zobowiązałby syna, przebywającego obecnie w Brazylii, aby stosowne do tego przedsięwziął kroki.

– Lecz – dodał – powiem ci jeszcze jedną rzecz, mniej dla ciebie przyjemną, a mianowicie, że twoi wspólnicy i pełnomocnicy, uważając cię za zagubionego, wręczyli mi dochód, jaki na ciebie przypadał za sześć czy też osiem pierwszych lat, i ja go przyjąłem. Przez ten czas wiele trzeba było łożyć na maszyny i budynki w ingenio oraz na zakup niewolników, więc dochody były dużo mniejsze niż w latach poprzednich. W każdym razie przedstawię ci dokładny rachunek z tego, co odebrałem i wydałem.

Z wyliczeń okazało się, że część na mnie przypadająca była bardzo mała, to znaczy kapitan był mi winien czterysta siedemdziesiąt złotych moidorów oraz za sześćdziesiąt pak cukru i za piętnaście podwójnych bel tytoniu, które zaginęły podczas zatonięcia jego statku w powrotnej drodze do Lizbony, jedenaście lat po moim odjeździe z Brazylii. Tu poczciwy starzec zaczął się użalać na swoje nieszczęścia, które zmusiły go do użycia moich pieniędzy w celu odbicia strat i wkupienia się do spółki na innym, nowym statku.

– W każdym razie, mój stary przyjacielu – rzekł – nie zostaniesz bez grosza w tej chwilowej potrzebie i skoro tylko mój syn powróci, zwrócę ci wszystko.

To mówiąc, przyniósł starą sakiewkę z pieniędzmi, wyjął z niej sto sześćdziesiąt złotych moidorów, dołączając do tego papiery świadczące, iż na spółkę z synem jest właścicielem czwartej części statku, którym dowodzi.

Poczciwość i dobroć starca wycisnęły mi łzy z oczu, zwłaszcza gdy sobie przypomniałem wszystko, co dla mnie uczynił. Zapytany, czy obecna sytuacja materialna pozwala mu bez uszczerbku ogołacać się z tak znacznej sumy, oświadczył, że sprawia mu to nieco kłopotu, ale jest to moja własność, do której mam w każdej chwili prawo.

Słowa tego zacnego człowieka były tak wzruszające, że nie mogłem powstrzymać się od łez. Krótko mówiąc, wziąłem od niego tylko sto moidorów, po czym oddając mu resztę, zapewniłem, że jeżeli kiedyś odbiorę moją plantację, zwrócę mu nawet i to, co wziąłem od niego (w istocie tak uczyniłem). Co się zaś tyczy moich praw do ładunku na statku jego syna, zrzekam się ich raz na zawsze, wiedząc, że nie zostawią mnie w potrzebie.

Wówczas starzec zaproponował mi kilka sposobów dochodzenia mych roszczeń do plantacji. Oto na Tagu stoi kilka statków gotowych do odpłynięcia do Brazylii, przeto on wstawi moje nazwisko do rejestru publicznego wraz z potwierdzeniem na piśmie, że żyję i jestem tą samą osobą, która nabyła niegdyś ów kawał ziemi pod plantację. Gdy akt ów był gotowy i zaświadczony przez notariusza, starzec polecił mi, abym dołączył do niego upoważnienie i wysłał wraz z jego własnoręcznym listem do znajomego kupca mieszkającego w Brazylii, w okolicy, gdzie znajdowała się moja plantacja. Następnie zaproponował mi u siebie gościnę aż do czasu uzyskania odpowiedzi.

Nigdy chyba żadna sprawa nie była uczciwiej załatwiona niż ta. W niespełna siedem miesięcy otrzymałem od sukcesorów moich pełnomocników paczkę listów i dokumentów. Po pierwsze: rachunki dochodów z mej plantacji za sześć lat wynosiły tysiąc sto siedemdziesiąt cztery moidory.

Po drugie: dochody z czterech lat, w ciągu których mój majątek był w ich ręku, dopóki rząd nie zaczął się nim opiekować jako należącym do osoby, która zaginęła bez wieści, wyniosły 38 892 kruzadów, czyli trzy tysiące dwieście czterdzieści jeden moidorów.

Po trzecie: rachunek od przeora klasztoru Świętego Augustyna, który czerpał zyski przez przeszło czternaście lat, lecz większość z nich wydał na szpital, a pozostałe osiemset siedemdziesiąt dwa moidory przekazał mnie. Co się tyczy części królewskiej, z tej nic nie dostałem.

Był też list od mego wspólnika, który bardzo szczerze cieszył się z mojego ocalenia i zdawał relację z sytuacji, w jakiej znajdowało się gospodarstwo: opisywał szczegółowo liczbę morgów, sposób pracy, liczbę niewolników należących do plantacji. W końcu nakreślił dwadzieścia dwa krzyżyki na znak, że tyle zdrowasiek odmówił, dziękując Matce Boskiej za moje życie. Zapraszał mnie gorąco, bym przyjechał objąć swoją własność, i prosił jednocześnie o wskazówki, dokąd ma odesłać moje dochody. Kończąc swój list wieloma serdecznościami od siebie i swojej rodziny, przysłał mi w darze siedem konfitur i blisko sto sztuk złota trochę mniejszych od moidorów. Tą samą pocztą dwaj kupcy, spadkobiercy moich dawnych agentów, przysłali mi dwieście pak cukru, osiemset skrętów tytoniu i część moich należności w złocie. Mogłem teraz powiedzieć, że koniec życia Hioba szczęśliwszy jest niż początek.

Niepodobna opisać mojego wzruszenia podczas czytania tych listów, a przede wszystkim na widok tylu bogactw.

Przez kilka godzin nie mogłem przyjść do siebie. Posłano po doktora, któremu wytłumaczyłem powody mojej słabości. Puścił mi krew, po czym od razu poczułem się zdrowszy i z wolna wracałem do równowagi. W rzeczy samej jestem pewny, że nie przeżyłbym, gdyby mnie nie poratowano.

W jednej chwili stałem się panem około pięciu tysięcy funtów szterlingów i miałem w Brazylii majętność przynoszącą mi ponad tysiąc funtów rocznego przychodu. Słowem, byłem w położeniu, które ledwo mogłem ogarnąć rozumem i z którego nie wiedziałem, jak się cieszyć.

Pierwszą rzeczą, którą uczyniłem, było odwdzięczenie się memu dobroczyńcy, zacnemu staremu kapitanowi, który okazał mi tyle serca w trudnych dla mnie chwilach i pozostał uczciwy do końca. Pokazałem mu wszystko to, co mi przysłano, i powiedziałem, że poza Opatrznością boską, która wszystkim rządzi, przede wszystkim jemu zawdzięczam me bogactwo. Zwróciłem mu sto moidorów, które od niego otrzymałem, potem posłałem po rejenta, aby skreślił zapisane na moją korzyść czterysta siedemdziesiąt moidorów. Następnie sporządziłem nowy akt, w którym uczyniłem kapitana poborcą mych rocznych dochodów z plantacji, zlecając memu wspólnikowi, by zdawał mu wszelkie sprawozdania, za co w osobnej klauzuli wyznaczyłem starcowi sto moidorów rocznie z mych dochodów, a po jego śmierci pięćdziesiąt moidorów dożywotnio jego synowi. W ten sposób odwdzięczyłem się staremu przyjacielowi za jego uczynność.

Z kolei musiałem pomyśleć o tym, jak postąpić z majątkiem, który Opatrzność złożyła w moje ręce. Doprawdy, miałem teraz więcej kłopotów, niż kiedy wiodłem cichy żywot na wyspie, gdzie posiadałem tylko to, czego mi było potrzeba. Teraz byłem w posiadaniu wielkiej fortuny i kłopotałem się, jak ją zabezpieczyć: nie miałem jaskini, gdzie mógłbym ukryć swoje pieniądze, ani też takiego miejsca bez zamka i klucza, gdzie mogłyby leżeć, póki nie pokryłyby się śniedzią i nie sczerniały. Nie wiedziałem, gdzie je schować ani komu je powierzyć, z wyjątkiem starego kapitana.

Poza tym moje interesy w Brazylii wzywały mnie w tamte strony. Nie chciałem jednak wyjeżdżać przed uporządkowaniem mych spraw i ulokowaniem pieniędzy w pewnych rękach. Z początku pomyślałem o mojej przyjaciółce, wdowie, która była uczciwa i mi życzliwa, ale była zbyt stara, aby obarczać ją takim obowiązkiem. Wobec tego postanowiłem powrócić do Anglii i zabrać pieniądze ze sobą.

Jednak kilka miesięcy upłynęło, zanim się na to zdecydowałem. Tymczasem wynagrodziłem starego kapitana, mego dobroczyńcę, pomyślałem także o zubożałej wdowie, której wręczyłem sto funtów gotówką oraz zapewnienie, że dopóki żyć będę, nie przestanę wszelkimi siłami jej wspierać. Posłałem też po sto funtów każdej z mych sióstr, które co prawda nie były w nędzy, ale miały kłopoty finansowe, bo jedna owdowiała, a druga nie najlepiej żyła z mężem.

Jednak wśród wszystkich mych znajomych i krewnych nie miałem nikogo, komu powierzyć mógłbym całą sumę pieniędzy, by spokojnie pojechać do Brazylii. Bardzo to mnie niepokoiło.

Nieraz zastanawiałem się nad tym, aby osiąść w Brazylii, której byłem obywatelem, lecz pewne względy religijne odwodziły mnie od tego postanowienia. Jednakże nie religia wstrzymywała mnie od wyjazdu, tak jak niegdyś nie przeszkodziła mi udać się w tamte strony. Przez cały czas mego pobytu wśród katolików otwarcie i bez zastrzeżeń wyznawałem religię tego kraju i teraz czyniłem to samo. Lecz z czasem, gdy lepiej zastanowiłem się nad tym, zacząłem żałować, iż zostałem papistą, nie będąc pewnym, czyli wiara ta jest najlepsza, żeby w niej spokojnie umrzeć.

Jakkolwiek było, nie pojechałem do Brazylii dlatego, ponieważ nie wiedziałem, komu powierzyć mój majątek. Postanowiłem na koniec wziąć go ze sobą do Anglii, gdzie spodziewałem się znaleźć jakichś krewnych lub osoby, którym mógłbym we wszystkim zaufać. Tak więc przygotowywałem się do wyjazdu z całym moim majątkiem.

Ponieważ właśnie odpływały statki do Brazylii, odpisałem na wszystkie listy. Przeorowi podziękowałem za ofiarowaną mi sumę ośmiuset siedemdziesięciu dwóch moidorów, przeznaczając pięćset moidorów na klasztor, a trzysta siedemdziesiąt dwa na ubogich i polecając się jego modłom. Podziękowałem też pełnomocnikom za uczciwe zawiadywanie moją majętnością, lecz podarunku nie dołączyłem żadnego, gdyż ten w ich oczach nie miałby żadnej wartości. Na koniec napisałem mojemu wspólnikowi, jak wysoko oceniam jego starania, które ulepszyły moją plantację, i rzetelność, z jaką obracał dochodami, aby ulepszyć cukrownię. Posłałem mu instrukcje dotyczące dalszego zarządzania moją częścią majątku w związku z pełnomocnictwem, które dałem staremu kapitanowi. Prosiłem mego wspólnika, aby jemu przesyłał wszelkie należne mi dochody, dopóki nie usłyszy ode mnie bardziej szczegółowych rozporządzeń. Zapewniłem go, że mam zamiar nie tylko przyjechać do niego, lecz na stałe osiedlić się na plantacji. Do listu dołączyłem w prezencie dla jego żony i dwóch córek kilka sztuk włoskiego jedwabiu, dwie bele sukna angielskiego, najlepszego, jakie mogłem znaleźć w Lizbonie, pięć sztuk czarnej bai i kilka zwojów kosztownych koronek brabanckich.

Tak załatwiwszy wszystkie sprawy, sprzedałem cały mój towar i zamieniwszy brzęczącą monetę na dobre papiery bankowe, zacząłem się zastanawiać, jaką drogą dostać się do Anglii. Byłem obyty z morzem, a jednak tym razem czułem do morskiej podróży jakąś dziwną niechęć, której nie mogłem sobie wytłumaczyć. Dwa lub trzy razy kazałem wynosić na ląd rzeczy już poprzednio załadowane na statek.

Prawda, że tylu doznałem nieszczęść na morzu, iż samo to mogło usprawiedliwić moją niechęć. Ale raz jeszcze powtarzam, że nigdy nie należy lekceważyć podobnych przestróg. Obydwa statki, na które wsiąść miałem, zaginęły na morzu: jeden zabrany został przez Algierczyków, drugi rozbił się niedaleko od Torbay i zaledwie trzech ludzi uszło z życiem.

Dręczony niepewnością, zwierzyłem się memu staremu żeglarzowi, a on doradził mi, abym wyruszył lądem aż do Korunny, przebył Zatokę Biskajską aż do Rochelle, skąd łatwo dostanę się do Paryża, a stamtąd do Calais i Dover, lub też żebym pojechał do Madrytu i stamtąd lądem przez Hiszpanię i Francję aż do Calais.

Byłem do tego stopnia niechętny morskiej podróży, iż ta ostatnia droga najwięcej przypadła mi do gustu. W dodatku stary kapitan przydzielił mi za towarzysza pewnego Anglika, syna kupca z Lizbony. Znaleźliśmy ponadto dwóch innych kupców angielskich i dwóch młodych Portugalczyków, którzy udawali się do Paryża. Tak więc było nas sześciu, nie licząc pięciu służących, gdyż dwaj kupcy angielscy i Portugalczycy mieli po jednym służącym, ja zaś zwerbowałem sobie na sługę starego żeglarza angielskiego oraz Piętaszka, który niebywały w Europie, nie radził sobie z obowiązkami podczas podróży.

Stanowiliśmy więc karawanę dobrze uzbrojoną i zaopatrzoną w silne wierzchowce, gdzie mnie przypadła rola kapitana, nie tylko dlatego, że byłem najstarszy i miałem dwóch służących, ale również dlatego, że byłem inicjatorem całej tej wyprawy.

Nie będę czytelnika zanudzał dziennikiem onej lądowej podróży, tak samo jak nie nudziłem go notatkami z mych morskich wypraw. Ograniczę się tylko do ciekawszych zdarzeń.

Przybywszy do Madrytu, zamierzaliśmy pobyć tu jakiś czas, aby zobaczyć królewski dwór i inne osobliwości tego miasta, gdyż żaden z nas nie znał dotychczas Hiszpanii. Ale że lato miało się już ku schyłkowi, więc w połowie października wyruszyliśmy w dalszą drogę. Gdy dojechaliśmy do granic Nawarry, zaniepokoiły nas wiadomości o śniegach pokrywających góry po francuskiej stronie tak obfitych, iż wielu podróżników po daremnych próbach przebrnięcia musiało zawrócić do Pampeluny.

Wkrótce sami się o tym przekonaliśmy. Przywykły przez wiele lat do wielkich upałów, bardzo źle znosiłem zimno. W dziesięć dni po opuszczeniu starej Kastylii, gdzie pogoda była nie tylko piękna, ale nawet upalna, niespodziewanie natrafiliśmy na przeszywające, lodowate wiatry. W nieznośnie zimnych Pirenejach groziło nam odmrożenie rąk i nóg.

Biedny Piętaszek przeraził się na widok gór pokrytych śniegiem i poczuł zimno, jakiego nigdy dotąd nie doświadczył. Niebawem rozszalała się zawieja śnieżna, która wszystkie drogi uczyniła niemożliwymi do przebycia, zmuszeni więc byliśmy zostać dwadzieścia dni w Pampelunie. Ponieważ nie mieliśmy nadziei na poprawę pogody, gdyż nadciągała zima, najgroźniejsza w tym roku w całej Europie ze wszystkich, jakie pamięć ludzka zanotowała, zaproponowałem żeby przejść do Fontarabii, stamtąd zaś wziąć statek do Bordeaux.

Tymczasem jednak spotkaliśmy czterech Francuzów, którzy zdołali znaleźć przewodnika, co ich bez szwanku przeprowadził przez góry; napotkali wprawdzie gdzieniegdzie zwały śniegu, ale tak twardego, iż zarówno oni sami, jak i konie mogli po nim stąpać bezpiecznie.

Posłaliśmy więc po niego i tym razem podjął się przeprowadzić nas tą samą drogą, nie narażając na niebezpieczeństwa, bylebyśmy tylko byli dobrze uzbrojeni przeciw dzikim zwierzętom.

– Kiedy spadną wielkie śniegi – mówił – grasują często rozjuszone wilki w poszukiwaniu żywności.

Zapewniliśmy go, że nie boimy się takiego spotkania, w przeciwieństwie do kontaktu z dwunożnymi wilkami, daleko niebezpieczniejszymi od tamtych, a bardzo licznymi szczególnie po francuskiej stronie Pirenejów. Zapewnił nas, iż na drodze, którą nas poprowadzi, niczego nie powinniśmy się obawiać. Zgodziliśmy się więc z nim jechać, tak jak dwunastu innych podróżników, Francuzów i Hiszpanów ze swymi służącymi, którzy początkowo sami próbowali przejść, lecz musieli zawrócić.

Wyjechaliśmy z Pampeluny 15 listopada i nie bez zdziwienia spostrzegłem, iż nasz przewodnik zawrócił na drogę, którą przybyliśmy z Madrytu i prowadził nas nią blisko dwadzieścia kilometrów. Przebywszy dwie rzeki, dostaliśmy się na równiny i znaleźliśmy się znowu w ciepłym klimacie, wśród pięknych wiosek, gdzie wcale nie było śniegu. Lecz nagle przewodnik nasz skręcił w lewo i zaprowadził nas w góry inną drogą. Ich szczyt i przepaści wyglądały groźnie, on jednak wiódł nas różnymi wijącymi się drogami, dzięki czemu, nie czując stromizny i nie natrafiając na wielkie śniegi, pięliśmy się coraz wyżej. Naraz w oddali ukazały nam się piękne i urodzajne prowincje Langwedocji i Gaskonii, zielone i kwitnące. Niejedno nas od nich dzieliło niebezpieczeństwo.

Tymczasem jechaliśmy dniem i nocą, w czasie bez przerwy padającego śniegu, tak że zaczęliśmy się niepokoić; konie ledwo przedzierały się przez zaspy, ale przewodnik zapewniał nas, iż niedługo dotrzemy do celu. W istocie, zstępując coraz niżej, przechodziliśmy z wolna na północ.

Tuż przed zapadnięciem zmroku, kiedy przewodnik zniknął nam z oczu, trzy ogromne wilki, za którymi postępował niedźwiedź, wypadły z gęstego lasu. Dwa rzuciły się na nieszczęsnego przewodnika, któremu na szczęście zdążyliśmy pospieszyć z pomocą, strzałem z pistoletu uśmiercając bestię.

Wypadek ten przeraziłby nawet śmielszego ode mnie, toteż wszyscy byliśmy niezmiernie zatrwożeni, słysząc ze wszystkich stron wycie wilków, które potęgowało górskie echo. Przewodnik był dość ciężko ranny, bowiem zaciekły zwierz rozszarpał mu rękę i nogę poniżej kolana, zanim dosięgła go kula Piętaszka.

Tego dnia emocjom nie było końca. Za chwilę rozgorzała nowa walka pomiędzy Piętaszkiem a niedźwiedziem. Pojedynek ten niezwykle nas ubawił, choć z początku drżeliśmy o życie młodzieńca. Niedźwiedź, jak wiadomo zwierz bardzo ociężały, niezgrabny i niezdolny dorównać chyżości wilka, ma natomiast dwa przymioty, które zwykle towarzyszą jego działaniu. Przede wszystkim nigdy nie rzuca się pierwszy na ludzi, chyba że w obronie własnej albo w poszukiwaniu pożywienia, jak to mogło się zdarzyć obecnie, kiedy cała ziemia pokryta była śniegiem. W każdym innym razie, jeżeli go nie zaczepisz, niedźwiedź przejdzie spokojnie, byleś mu zostawił wolną drogę. Jeżeli jesteś bojaźliwy, jeden zostaje ci ratunek – iść prosto i udać, że go nie widzisz. Zatrzymując się lub patrząc mu prosto w oczy, możesz godność jego obrazić. Jeszcze większym nierozsądkiem byłoby grozić mu lub rzucić w niego czymkolwiek, gdyż wtedy uważałby się za znieważonego i żądałby zadośćuczynienia. Drugim jego przymiotem jest niezmordowana wytrwałość, z jaką ściga dzień i noc istotę, która go obraziła, dopóki jej nie dostanie w swe łapy.

Kiedy Piętaszek opatrywał przewodnika, naraz z lasu wyłonił się niedźwiedź. Był to ogromny zwierz, jakiego nigdy jeszcze nie widziałem. Na jego widok wszyscy zamarliśmy ze strachu z wyjątkiem Piętaszka, którego twarz zajaśniała radością i odwagą.

– O! O! O! – zawołał. – Pan, ty dać mi pozwolenie, ja jemu podać łapa, ja tu narobić śmiech.

Zdziwiłem się reakcją chłopaka i zawołałem:

– Czy jesteś szalony, chłopcze? On cię pożre!

– On mnie zjeść? – powtórzył. – On mnie zjeść! Ja go zjeść prędzej i narobić wam dobry śmiech!

Piętaszek usiadł na ziemi, w mgnieniu oka zdjął buty i wdział parę łapci na cienkiej podeszwie, oddał swego konia memu drugiemu słudze i z fuzją w ręku pobiegł z szybkością strzały.

Niedźwiedź szedł z wolna i wydawało się, że nikogo nie myśli zaczepiać. Piętaszek jednak, zbliżywszy się do niego, zaczął go wyzywać, jakby niedźwiedź mógł go zrozumieć.

– Słuchać, ty! Słuchać! – zawołał Piętaszek. – Ja mówić do ciebie.

Postępowaliśmy za nim w pewnej odległości. Znajdowaliśmy się teraz po stronie Gaskonii i wchodziliśmy właśnie w obszerny las na równinie, którego rzadko rosnące drzewa nie zasłaniały nam widoku. Piętaszek deptał niedźwiedziowi po piętach, a kiedy go dogonił, podniósł duży kamień i cisnął nim w zwierza, nie uczyniwszy mu żadnej krzywdy. Gdy niedźwiedź poczuł uderzenie, nie mógł puścić tego płazem. Zwrócił się do Piętaszka i zaczął na niego nacierać. Chłopak puścił się pędem w naszą stronę, jak gdyby szukając ratunku. Wszyscy przygotowaliśmy się do strzału, mierząc w pędzącą bestię.

– Głupcze jeden – krzyknąłem do Piętaszka – takim to sposobem chciałeś nas rozśmieszyć? Zmykaj co żywo i siadaj na koń, żebyśmy bez przeszkód mogli wystrzelić!...

Na te słowa Piętaszek zawołał:

– Nie strzelać, wy stać spokojnie, wy się dużo śmiać!

Piętaszek biegł dwa razy szybciej od niedźwiedzia, a spostrzegłszy wielki dąb, wdrapał się szybko na drzewo, położywszy strzelbę na ziemi.

Niebawem nadbiegł niedźwiedź, zatrzymał się przy fuzji i ją obwąchał, a potem zaczął wdrapywać się na drzewo jak kot, mimo swego ciężaru. Przeraziłem się szaleństwem mego sługi i nie mogłem znaleźć nic śmiesznego w jego czynie.

Tymczasem Piętaszek siedział na najcieńszym końcu gałęzi, a niedźwiedź w połowie drogi do niego.

– Ach! Ach! – wołał Piętaszek. – Wy zobaczyć, ja jego uczyć tańcować.

Zaczął trząść gałęzią, której trzymał się niedźwiedź. Oburzony zaczął spoglądać za siebie, żeby zapewnić sobie odwrót. Niepokój zwierzęcia pobudził nas rzeczywiście do śmiechu, ale Piętaszek nie był jeszcze zadowolony i wołał do niedźwiedzia:

– Dlaczego ty nie iść dalej?... No, chodź! No, chodź!...

W pewnej chwili znieruchomiał i niedźwiedź wdrapał się wyżej; wtedy Piętaszek znowu zaczął podskakiwać, a niedźwiedź znieruchomiał. Sądziliśmy, że już czas, aby mu łeb roztrzaskać, ale mój chłopiec zawołał:

– Och! Proszę, ja sam strzelić, ja strzelić sam w ten moment!

Rzeczywiście widok był iście zabawny, tak że nie mogliśmy pohamować śmiechu i przewidzieć, jak się to wszystko skończy. Wyobrażaliśmy sobie, że Piętaszek potrząsając gałęzią, zwali niedźwiedzia na ziemię, lecz ten był zbyt chytry, żeby się dać wciągnąć w zasadzkę. Trzymał się mocno gałęzi wielkimi pazurami, tak że nie wiedzieliśmy, jaki będzie koniec tej igraszki.

Lecz chłopak wnet położył kres tej zabawie.

– Dobrze! Dobrze! – krzyknął. – Ty nie chcieć iść do mnie, to teraz ja do ciebie iść... – I doszedłszy na sam koniec gałęzi, która zgięła się pod jego ciężarem, zeskoczył na ziemię bez szwanku, potem pobiegł po strzelbę i stanął pod drzewem.

– Cóż teraz zamyślasz robić? – krzyknąłem. – Czemu nie strzelasz do zwierza?

– Jeszcze nie strzelać – odpowiedział. – Ja wnet strzelać, ja go zabić, ale dać wam wprzód jeszcze śmiać.

W rzeczy samej dokazał tego, co zaplanował. Niedźwiedź, widząc swego nieprzyjaciela na ziemi, chciał także zleźć i robił to ze szczególną ostrożnością, za każdym krokiem oglądał się za siebie, wycofywał się tyłem po gałęzi, żeby dosięgnąć pnia, po którym dopiero spuszczał się niezgrabnie na dół, czepiając się pazurami kory i stawiając z wolna jedną nogę za drugą. W momencie gdy już miał dotknąć ziemi, Piętaszek przyłożył mu lufę do ucha i trupem położył go na miejscu.

Szelma rozejrzał się, czy nas ubawił, a poznawszy z naszych min, że jesteśmy zadowoleni, zaczął się śmiać na całe gardło, mówiąc:

– Tak zabijać niedźwiedź w nasz kraj.

– Lecz – spytałem go – jak to robicie, nie mając strzelby?

– Nie – odparł. – My nie mieć fuzje, my strzelać długie, mocne strzały.

To wydarzenie rozweseliło nas, lecz w niczym nie polepszyło naszego położenia. Nasz przewodnik był poważnie ranny, znajdowaliśmy się na odludziu i nie wiedzieliśmy, co ze sobą począć. Wycie wilków słyszałem jeszcze w głowie i byłem tak bardzo przestraszony, jak rzadko kiedy.

Lęk przed wilkami i nadchodząca noc nagliły nas do drogi, mimo nalegań Piętaszka, który chciał zdjąć skórę z ogromnego niedźwiedzia. Mieliśmy jednak trzy kilometry drogi do odbycia, a przewodnik nalegał, aby się pospieszyć, ruszyliśmy więc naprzód bez dalszego namysłu.

Ziemia wszędzie pokryta była śniegiem. Wilki, wyszedłszy z lasów, czyniły wielkie szkody po wsiach; trapione głodem, napadały niespodzianie wieśniaków, zjadały owce i konie, a nawet ludzi.

Na pół godziny przed zachodem słońca wyjechaliśmy z lasu i wydostaliśmy się na równinę. W lesie nie spotkało nas nic złego, jedynie na wąskiej ścieżce spostrzegliśmy pięć ogromnych wilków biegnących jeden za drugim przed nami, jak gdyby w pogoni za zdobyczą, ale nie zwróciły na nas uwagi. Lecz gdy wyjechaliśmy na równinę, słuszna opanowała nas trwoga na widok konia w połowie już pożartego przez wilki, które otaczały go ciasnym kołem. Nie należało przeszkadzać im w biesiadzie, one też nie zwróciły na nas uwagi. Piętaszek chciał do nich strzelać, lecz zakazałem mu surowo, gdyż byłem pewny, iż wkrótce będziemy mieli więcej nieprzyjaciół do pokonania. Zaledwie przejechaliśmy połowę drogi, gdy dało się słyszeć okropne wycie od strony lasku i niebawem wypadło na nas co najmniej sto wilków w tak porządnej kolumnie jak wojsko prowadzone do bitwy przez doświadczonych oficerów. Ustawiliśmy się w szeregu jeden obok drugiego. Aby uniknąć długich przerw pomiędzy wystrzałami, kazałem dawać ognia na zmianę co drugiemu. Wtedy ci, co pierwsi dali ognia, nie tracąc czasu na nabijanie fuzji, mogli chwycić za pistolety. Tym sposobem mogliśmy sześć razy wystrzelić, lecz nie było takiej potrzeby, gdyż po pierwszych strzałach nieprzyjaciel się wstrzymał, przerażony zarówno ogniem, jak i hukiem. Cztery wilki padły z roztrzaskanymi łbami, kilka zaś rannych pozostawiło na śniegu krwawe ślady. Wilki zatrzymały się tylko, lecz nie cofnęły. Przypomniawszy sobie, co mi opowiadano, że głos ludzki wywołuje strach u wszystkich zwierząt, kazałem moim towarzyszom wrzeszczeć, ile tylko tchu w piersi. Skoro tylko zaczęliśmy krzyczeć, wilki odwróciły się i uciekły. Wtedy kazałem drugi raz dać ognia, co przyspieszyło ich odwrót, tak że niebawem zniknęły w lesie. Mieliśmy więc czas, by na nowo nabić broń i posunąć się naprzód, gdy naraz usłyszeliśmy okropną wrzawę dochodzącą z tej samej strony.

Noc się zbliżała i z każdą minutą było coraz ciemniej, a nasze położenie coraz bardziej się pogarszało. Po chwili spostrzegliśmy trzy nadciągające bandy, jedna szła z lewej strony, druga zachodziła nas od tyłu, a trzecia naprzeciw nas, tak iż zostaliśmy otoczeni. Ponieważ nas jednak nie atakowały, posuwaliśmy się szybko swoją drogą, na ile konie mogły nadążyć. Przemierzywszy dolinę, zbliżyliśmy się do drugiego lasku, który musieliśmy przebyć. Tutaj przeraził nas widok gromady wilków czyhających u wejścia do wąwozu.

Naraz usłyszeliśmy wystrzał, a spojrzawszy w tę stronę, spostrzegliśmy okiełznanego konia z siodłem, który wypadłszy z krzaków, pędził jak wiatr ścigany przez szesnaście lub osiemnaście wilków. Koń szybszy był od nich, lecz nie był w stanie wytrzymać zbyt długo w tym pędzie. W końcu wilki musiały go dopaść. Tak się też wkrótce stało.

Po chwili ujrzeliśmy najokropniejszy widok: u wejścia do wąwozu, z którego wybiegł koń, znaleźliśmy szczątki innego konia oraz dwóch ludzi. Jednym z nich musiał być ten, którego wystrzał słyszeliśmy, bo na ziemi obok niego leżała strzelba, a twarz i górna część ciała tego nieszczęśliwego człowieka były objedzone do kości.

Bardzo nas to przeraziło i nie wiedzieliśmy, co dalej czynić, lecz decyzję za nas podjęły wilki. Nadzieja znalezienia nowego łupu zgromadziła dokoła nas około trzystu sztuk. Na szczęście u wejścia do lasu leżały wielkie kloce pościnanych drzew. Zaraz za tymi klocami ustawiłem mój batalion w trójkąt, umieściliśmy w środku konie. Nie było czasu do stracenia, albowiem te zaciekłe potwory otaczały nas błyskawicznie, wśród ponurego warczenia, i zaczęły włazić na pnie drzew służące nam za przedmurze, rozjątrzone widokiem koni. Kazałem dać ognia w tym samym porządku, co podczas pierwszego ataku. Każdy z nas dobrze wycelował i wiele wilków padło. Zdawało się jednak, że odeprą nasz ogień, gdyż tłumnie wdzierały się na pale popychane jedne przez drugie.

Za drugą salwą zabiliśmy siedemnaście lub osiemnaście wilków, a dwukrotnie większej liczbie roztrzaskaliśmy łapy lub grzbiety, jednakże ciągle jeszcze powiększała się ich gromada.

Obawiając się, żebyśmy zbyt prędko nie wystrzelali naszych ostatnich naboi, zawołałem mojego służącego, aby rozsypał wzdłuż barykady szeroki pas prochu, który podpaliłem.

Nastąpił gwałtowny wybuch i wilki, które już wdzierały się na kloce, stanęły w ogniu. Wiele z nich, przerażonych ogniem, rzuciło się między nas.

Poradziliśmy sobie z nimi od razu, inne zaś odstąpiły nieco, spłoszone niespodziewanym widokiem ognia. Wtedy kazałem wystrzelić naraz ze wszystkich pistoletów, jakie nam jeszcze pozostały. Potem poczęliśmy krzyczeć przeraźliwie na całe gardło i wilki zaczęły uciekać na wszystkie strony. Wtedy rzuciliśmy się na poranione i tarzające się po ziemi – a było ich przynajmniej dwadzieścia – dobijając je pałaszami, wśród żałosnego wycia i skomlenia.

W sumie zabiliśmy około sześćdziesięciu wilków. Po oczyszczeniu placu wyruszyliśmy w dalszą drogę, mając jeszcze blisko kilometr do przebycia. W godzinę potem dotarliśmy do miasteczka, gdzie wypadło nam zanocować. Tam całą ludność zastaliśmy w pogotowiu i pod bronią, ponieważ poprzedniej nocy wilki i kilka niedźwiedzi podkradło się pod bramy.

Nazajutrz przewodnik nasz był tak słaby od odniesionych ran, że w żaden sposób nie mógł iść dalej; musieliśmy wziąć innego, aby doprowadził nas do Tuluzy. Tam znaleźliśmy się w kraju ciepłym, przyjemnym i urodzajnym, bez śniegów, wilków ani też innych dzikich zwierząt. Gdy opowiadaliśmy naszą przygodę, dziwiono się niezmiernie, że przewodnik odważył się tamtędy nas prowadzić i że nas wilki nie rozszarpały.

Co do mnie, wyznać muszę, że nigdy w większym nie znajdowałem się niebezpieczeństwie. Widząc przed sobą trzy setki zaciekłych diabłów, nacierających z rykiem i otwartymi paszczami, miałem się za zgubionego i mimo że udało mi się ujść cało z tej potyczki, drugi raz nie dałbym się skusić na podobną przeprawę przez góry, choćby przyszło przebywać mi tysiąc mil morzem i co tydzień wytrzymać nową nawałnicę.

W drodze przez Francję nie zdarzyło się nic godnego uwagi. Z Tuluzy udałem się do Paryża, stąd zaś, bez dłuższych po-

stojów, do Calais. Dnia 14 stycznia, po wielce uciążliwej prze-
prawie z powodu zimy, wylądowałem bezpiecznie w Dover.

Tak więc dobiłem do kresu podróży, mając przy sobie
niedawno odzyskany majątek, papiery bankowe, które wy-
płacono mi bez przeszkód w gotówce. Głównym mym do-
radcą w sprawach pieniężnych była zacna wdowa, która
z wdzięczności za przysłaną jej kwotę nie szczędziła trudów,
by moimi sprawami pokierować jak najlepiej i dla mnie naj-
bezpieczniej. Nigdy nie zawiodła mego zaufania i miałem
w niej zawsze jak najbardziej bezinteresowną przyjaciółkę.

Przez pewien czas planowałem zostawić u niej pieniądze
i wyjechać do Lizbony, stamtąd zaś udać się do Brazylii, lecz
powstrzymały mnie skrupuły religijne. Gdybym osiedlił się
w Brazylii, musiałbym bez żadnych zastrzeżeń uznać religię
rzymskokatolicką. Zdecydowałem się więc zostać w ojczyźnie
i, jeśli mi się uda, sprzedać moją plantację.

Napisałem więc o tej sprawie do starego przyjaciela w Lizbonie, a ten obiecał mi pomoc. Znał bardzo bogatych ludzi
w Brazylii, którzy chętnie kupią moją część i dadzą za nią
o trzy czy cztery tysiące talarów więcej niż każdy inny kupiec.

Zgodziłem się na jego pośrednictwo, poleciłem, aby do
nich w tej sprawie napisał, co też niezwłocznie uczynił. Mniej
więcej osiem miesięcy później, gdy statek powrócił z Portugalii
starzec przysłał mi wiadomość, że kupcy przyjęli moją ofertę
i przesyłają trzydzieści trzy tysiące talarów przekazem na bank
w Lizbonie. Podpisałem akt sprzedaży mej plantacji, wysłałem
go kapitanowi do Lizbony, a on w zamian za to przysłał mi
przekazy na Londyn, opiewające na sumę trzydziestu dwóch
tysięcy ośmiuset talarów. Równocześnie, stosownie do umowy,
nabywcy zobowiązali się płacić dalej roczną rentę stu moidorów memu przyjacielowi kapitanowi, a po jego śmierci pięćdziesiąt moidorów rocznie renty dożywotniej jego synowi.

Tak zakończyła się pierwsza część mojego życia, w której
Opatrzność przesuwała jak na szachownicy dobre i złe

przygody, tak różnorodne, że trudno byłoby znaleźć podobne, rozpoczęte lekkomyślnie i nierozważnie, zakończone jednak szczęśliwiej, niż kiedykolwiek mogłem marzyć.

Może kto pomyśli, że te zmienne skoki fortuny wybiły mi z głowy wszelką chęć ponownego kuszenia losu. Byłoby tak w istocie w innych okolicznościach, ale że byłem nawykły do włóczęgi, nie miałem rodziny ani licznych krewnych, ciągnęło mnie, aby jeszcze raz zobaczyć moją wyspę.

Zacna wdowa, zawsze mi życzliwa, odradzała mi wyprawę tak skutecznie, że niemal przez siedem lat nie dopuściła do mego wyjazdu za granicę. W tym czasie zaopiekowałem się dwoma synowcami, sierotami po bracie. Starszego, który posiadał niewielki majątek, wychowałem po szlachecku, zapisawszy mu na wypadek mej śmierci nieco mego mienia. Drugiego powierzyłem opiece znajomego kapitana statku. Ponieważ okazał się młodzianem roztropnym, śmiałym i przedsiębiorczym, więc wsadziłem go na statek i posłałem na morze.

Później młokos ten, pomimo mego dość poważnego wieku, wciągnął mnie w nowe rozliczne przygody.

Tymczasem trochę się ustatkowałem, ożeniłem, doczekałem trojga dzieci: dwóch synów i córki.

Wkrótce żona moja zmarła, a synowiec wrócił z bardzo pomyślnej podróży do Hiszpanii. Chęć wyruszenia znowu na morze opanowała mnie silniej niż kiedykolwiek i po usilnych namowach mego synowca zwyciężyła. Tak więc w 1694 roku, na jego statku, jako prywatny kupiec, wyruszyłem do Indii Wschodnich.

Po drodze odwiedziłem moją nową kolonię na wyspie i Hiszpanów, którzy opowiedzieli mi zarówno historię swego życia, jak i postępowanie owych hultai, których zostawiłem. Na przemian kłócili się i godzili, rozłączali i znowu łączyli ze sobą. Opowieści te zawierały przypadki równie rozmaite i cudowne jak moje oraz historię walki z dzikusami, którzy kilkakrotnie napadali na wyspę. Pięciu wyspiarzy zrobiło wycieczkę

na stały ląd, skąd zabrali szesnastu jeńców: jedenastu mężczyzn i pięć kobiet. Tak więc po przybyciu moim na wyspę zastałem osadę powiększoną o przeszło dwadzieścioro dzieci.

Na wyspie spędziłem około dwudziestu dni, zostawiwszy zapasy różnych pożytecznych przedmiotów, między innymi broń, proch, ołów, odzież i inne tego rodzaju rzeczy, oraz dwóch rzemieślników, cieślę i kowala, których przywiozłem z Anglii.

Rozdzieliłem również grunty między moich poddanych, zastrzegając dla siebie własność całości. Wydawszy te wszystkie rozporządzenia, zobowiązałem osadników, aby nie opuszczali swoich osiedli, i odjechałem.

Potem zatrzymałem się w Brazylii, skąd posłałem moim wyspiarzom barkę, na której wraz z różnymi użytecznymi przedmiotami przesłałem siedem kobiet bądź do usług, bądź też w celu zaślubienia. Co się tyczy Anglików, przyrzekłem im kobiety z Anglii wraz z zapasem najpotrzebniejszych przedmiotów. Kazałem im również przesłać z Brazylii pięć krów, z których trzy były cielne, kilka owiec i świń. Po moim następnym powrocie na wyspę zastałem już stada znacznie rozmnożone.

Wszystkie inne szczegóły dotyczące mojego późniejszego życia odkładam do drugiej części tej historii: jak dzicy najechali na wyspę i zniszczyli plantacje, jak wyspiarze dwukrotnie toczyli z nimi bitwy, przegrywając pierwszą i tracąc trzech swoich ludzi, jak potem, podczas burzy, która czółna Indian rozpędziła po morzu, wyniszczyli ich głodem lub orężem, odebrali na powrót wszystkie swoje posiadłości i na koniec żyli spokojnie.

Szczegóły te oraz inne niezwykłe wypadki, jakie wydarzyły mi się w ciągu następnych dziesięciu lat, zachowuję do drugiej części mej historii, którą, być może, kiedyś napiszę.

OFERTA PRENUMERATY*

• PIERWSZY TOM 5 ZŁ • KOLEJNE TOMY TYLKO 13 ZŁ •
• KOSZTY WYSYŁKI POKRYWA SPRZEDAWCA •

Poczta: Wypełnij kartę zamówienia i prześlij na adres:
QG Centrum Dystrybucji, Dział Prenumeraty,
ul. Pułtuska 120, 07-200 Wyszków

Telefonicznie: 801 000 869, 22 336 79 01
Czynny pon.-pt. w godz. 8-18

Internet:
www.literia.pl/klubpodroznika

Mail:
prenumerata.axel@qg.com

WARUNKI PRENUMERATY	
KOSZT PRENUMERATY	**SPOSÓB PŁATNOŚCI**
Tomy 1-35 - 447 zł. **Tomy 2-35 - 442 zł.** Płatność kartą kredytową lub przelewem na wskazane konto.	Płatność jednorazowa lub w dwóch ratach: • **tomy 1-35: dwie raty 226 zł i 221 zł** • **tomy 2-35: dwie raty po 221 zł.**

ZASADY WYSYŁKI
Wysyłka raz na 6 tygodni po dwa lub trzy tomy w paczce.   Tomy 1-35: ostatnia przesyłka zawierać będzie dwie książki.   Tomy 2-35: przesyłki pierwsza i ostatnia zawierać będą dwie książki.

* Oferta ważna do 31 stycznia 2018 r. Obowiązuje na terenie Polski.

OFERTA PRENUMERATY*

KLUB PODRÓŻNIKA

- **PIERWSZY TOM 5 ZŁ** • **KOLEJNE TOMY TYLKO 13 ZŁ** •
- **KOSZTY WYSYŁKI POKRYWA SPRZEDAWCA** •

* Oferta ważna do 31 stycznia 2018 r. Obowiązuje na terenie Polski.

✂ -

KARTA ZAMÓWIENIA

Zamawiam prenumeratę kolekcji KLUB PODRÓŻNIKA

Prenumerata * ☐ tomy 1-35 ☐ tomy 2-35

Sposób płatności * ☐ jednorazowa ☐ w dwóch ratach

imię   nazwisko

ulica   numer domu i mieszkania

kod   miejscowość

telefon

podpis

Wyrażam zgodę na zamieszczenie moich danych osobowych w bazie Ringier Axel Springer Polska Sp. z o.o., ul. Domaniewska 52, 02-672 Warszawa i wykorzystywanie ich w celach marketingowych (zgodnie z ustawą z dn. 29.08.1997 r. o ochronie danych osobowych, Dz.U.02.101.926 z późn. zm.) z możliwością wglądu do swoich danych oraz prawem ich aktualizowania. Wyrażam zgodę na otrzymywanie od Ringier Axel Springer Polska Sp. z o.o informacji handlowych w rozumieniu ustawy z dn. 18 lipca 2002 r. o świadczeniu usług drogą elektroniczną (Dz.U. nr 144, poz.1204).

TAK   **NIE**   Czytelny podpis osoby pełnoletniej.
☐   ☐   Jeśli nie ukończyłeś 18 lat, prosimy
                    o podpis rodzica lub opiekuna.

* zaznacz, którą opcję wybierasz

KOLEJNOŚĆ I TERMINY UKAZYWANIA SIĘ POSZCZEGÓLNYCH TYTUŁÓW